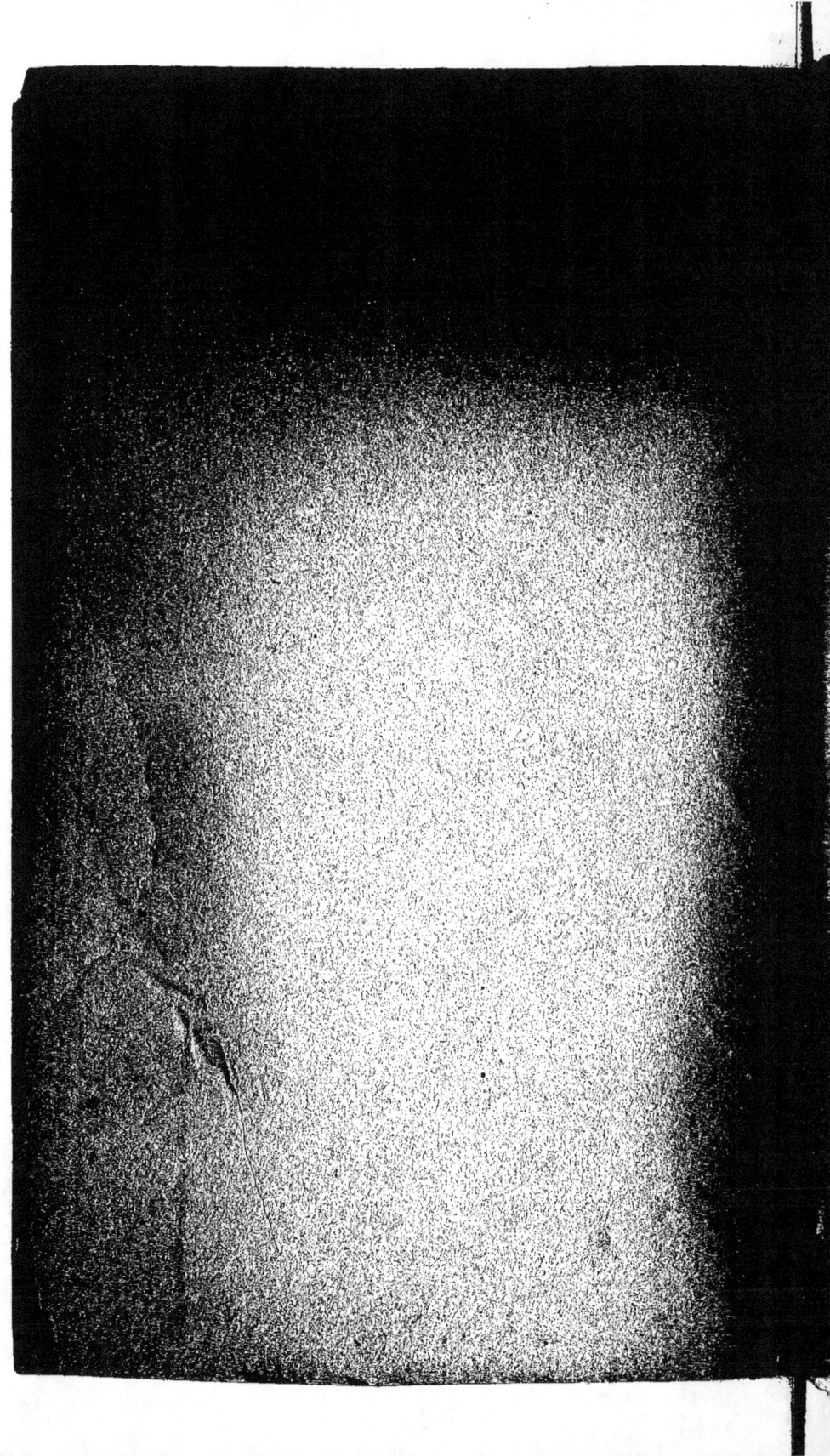

L'ARCHITECTURE
ÉGYPTIENNE

PAR

LE Cte DU BARRY DE MERVAL

ÉTUDES

SUR

L'ARCHITECTURE ÉGYPTIENNE

PARIS. — IMP. SIMON RAÇON ET COMP., RUE D'ERFURTH, 1.

ÉTUDES

SUR

L'ARCHITECTURE

ÉGYPTIENNE

PAR

LE Cte DU BARRY DE MERVAL

PARIS
LIBRAIRIE HACHETTE ET CIE
BOULEVARD SAINT-GERMAIN, 79
—
1875

Tous droits réservés.

AVANT-PROPOS

Vous me demandez qui je suis ? — Pourquoi vous le cacher ? En vain me présenterais-je à vous sous le titre d'archéologue ; ma supercherie vous serait révélée dès les premiers feuillets de cet ouvrage. La longue oreille de l'âne ne tarderait pas à paraître sous la dépouille du lion. Soyons donc franc, et avouons-le en toute humilité : nous ne sommes, pardon, je ne suis qu'un simple touriste.

Un touriste est un voyageur qui parcourt des pays qui lui sont inconnus, autant pour les étudier que pour les voir : tout ce qui l'entoure l'intéresse. Il effleure la littérature du peuple chez lequel il se trouve; il lit l'abrégé de son histoire; il jette un coup d'œil rapide sur les transformations que l'art a subies chez lui. Il cherche à posséder sur toutes choses un ensemble de connaissances superficielles, qui lui plairont parce qu'elles seront variées et faciles à acquérir, et qu'elles ne lui demanderont d'autre étude que des observations, d'autre temps que des loisirs. Pour simplifier encore son travail, le touriste cherche à s'entourer d'ouvrages élémentaires qui lui feront promptement acquérir les notions générales qui lui suffisent le plus souvent.

Touriste moi-même, j'ai fait comme les autres. Avant de parcourir la vieille Égypte, j'ai voulu m'initier à ses mœurs et à ses coutumes, à son histoire, et surtout à son architecture. Sur ce dernier point, je n'ai pu trouver de documents à ma portée. Les hommes éminents qui se sont consacrés à l'archéologie égyptienne se sont attachés à des questions plus importantes; jusqu'à ce jour il n'a paru aucun ouvrage sur l'histoire de l'art en Égypte. Livré à mes propres ressources, j'ai étudié avec l'attention la plus grande les monuments de la vallée du Nil; je les ai interrogés;

ils ont répondu à mes questions, en me laissant lire dans leur plan et sur leurs façades les règles que l'art a suivies aux grandes époques de son histoire. J'ai pu, en les contrôlant sur une série d'édifices, m'assurer de leur exactitude. Elles forment le fond de ces études.

Je les publie aujourd'hui pour éviter aux touristes qui, comme moi, parcourront la vallée du Nil, le regret de ne pouvoir étudier, faute d'un manuel, l'antique architecture dont ils verront de si imposants spécimens. C'est un ami inconnu qui, en leur dédiant ce livre, veut leur rendre un léger service. L'intention qui le guide rendra indulgent sur les défauts de son ouvrage. D'ailleurs, il le répète : il n'a pas de prétention à la science ; il n'est pas un archéologue, il n'est qu'un touriste.

Comte DU BARRY DE MERVAL.

ÉTUDES
SUR
L'ARCHITECTURE ÉGYPTIENNE

CHAPITRE PREMIER

L'ARCHITECTURE ÉGYPTIENNE

Les idées matérialistes qui ont cours de notre temps ont faussé la véritable notion de l'art. Elles nient sa grandeur en ne voyant dans ses œuvres qu'une servile copie de la nature, ou une satisfaction donnée aux plaisirs des sens, ou aux besoins d'une société. Abaisser l'art à ce point, c'est plus que le profaner, c'est le supprimer. L'art est, en effet, l'aspiration de l'âme vers le beau, rendue visible sous une forme matérielle ; c'est la reproduction imparfaite d'un idéal aperçu trop au-dessus de la réalité pour s'incarner dans une forme réelle sans perdre de sa beauté. C'est, en un mot, un reflet du beau absolu. Aussi l'art considéré en lui-même est-il *un* comme Celui dont il est le rayonnement. S'il nous apparaît multiple dans ses productions, c'est que nous l'envisageons à part dans chaque manière dont il se manifeste à nous. Nous le nommons peinture, sculpture, musique, poésie, selon que le rayon divin se réfléchit sur une toile, sur un bloc de marbre, dans un son, dans la pensée. Nous décomposons ainsi l'art, comme nous décomposons au moyen du prisme, en couleurs différentes, la lumière qui est *une*, et qui jaillit d'une source unique, le soleil.

Cette définition de l'art suffit à prouver qu'une idée élevée doit se retrouver au fond de toute œuvre artistique.

L'architecture ne fait pas exception à cette règle, quoiqu'elle diffère en un point essentiel des autres branches de l'art. Le peintre et le sculpteur sont amenés sur la trace de l'idéal par les modèles imparfaits qu'ils ont sous les yeux. L'architecte n'a aucun guide ; il doit s'élever par la seule force de son intelligence à la conception du type monumental qu'il veut reproduire. Il devra parvenir, sans aide extérieure, à traduire dans une langue de pierre, difficile à manier et peu précise, l'idée grande et élevée qui pourra seule rendre son œuvre artistique.

Cette idée dominante, dont l'ensemble du monument n'est que l'expression, varie de peuple à peuple.

L'étude des différentes raisons qui ont amené un peuple à donner dans ses monuments la préférence à une idée plutôt qu'à une autre constitue la véritable histoire de l'architecture, la philosophie de l'architecture, si je puis ainsi dire. Mentionner par époques, cataloguer en quelque sorte les changements introduits dans les types primitifs des monuments ne constitue pas l'histoire de l'architecture dans le sens large de ce mot. La concevoir de cette façon étroite, c'est avoir une idée aussi fausse que celle que professaient en fait d'histoire nationale les chroniqueurs du moyen âge.

Si je me livrais à cette étude, je ferais à l'architecture de chaque peuple une large part dans la nature du pays qu'il occupe, et qui a dû frapper son imagination. A propos de l'Inde et de l'Assyrie, j'établirais un rapport entre l'étendue des steppes et des déserts de ces régions, où l'horizon recule à ses dernières limites, entre les proportions gigantesques des animaux que la nature y fait naître et des plantes qu'elle y fait pousser, et les monuments immenses qui remontent à ces peuples. A propos de la Grèce, où l'horizon se rapetisse, où l'immensité de la mer est diminuée par les îles nombreuses dont elle est parsemée, où tout est riant, j'établirais un rapport entre la nature admirable du pays et l'art qui y a fleuri, et qui n'a point cherché le beau dans la randeur des dimensions, mais dans l'harmonie des lignes.

A propos de l'Égypte, enfin, je voudrais indiquer la connexité qui existe entre la grandeur sauvage et sévère de ses sites et le caractère ample et grave qui marque toutes les constructions qui y furent élevées. Des deux côtés du Nil, derrière les deux longues chaînes de collines de calcaire et de grès qui dessinent la vallée, et dont la crête uniforme présente un aspect grandiose par sa monotonie même, s'étend le désert à perte de vue. Comme l'Océan, cette mer de sable a ses tempêtes et ses naufrages. Le simoun dans sa violence fait rider sa surface unie et soulève des vagues de sable qui engloutissent des caravanes entières. Le fleuve apporte la fertilité sur ce sol stérile ; quand il le recouvre de ses eaux partout répandues, les hauts palmiers ne semblent plus être que des touffes de roseaux excrues au bord d'un lac immense.

L'impression produite sur le voyageur est vive et profonde. Elle l'est moins, assurément, chez l'homme qui, dès son plus jeune âge, a vu ce grand spectacle se dérouler sous ses yeux. Mais l'impression que la nature fait sur l'homme n'a pas besoin pour exister de se manifester à lui d'une manière vive et sensible. L'influence qu'elle exerce sur lui se produit d'une manière lente et latente, si je puis ainsi dire. Je pourrais ajouter d'une manière fatale, car si les hommes peuvent s'y soustraire individuellement, les peuples ne le peuvent point. Les grands spectacles de la nature élèvent l'âme vers Dieu. La vue de la mer et des montagnes rend religieuses les populations du littoral comme celles des contrées alpestres. La vue du désert devait également rendre profondément religieuse la population égyptienne.

L'idée religieuse est aussi l'idée inspiratrice de son architecture. Tous ses monuments sont des édifices funéraires ou des temples, c'est-à-dire des lieux de prières. Les palais se confondent avec les temples. La partie destinée au culte absorbe celle destinée à la vie matérielle. Partout on retrouve des images ou des emblèmes de la Divinité. Les hommages qu'on lui rendait étaient incessants : les générations devaient se succéder les unes aux autres, sans interruption dans le culte, qui devait être éternel comme la Divinité elle-même. Les édifices destinés au culte devaient participer eux-mêmes à cette éternité. — De là ce caractère de solidité que présente toute construction égyptienne, car la solidité n'est qu'une condition de la durée. La solidité est, à proprement parler, le seul principe de l'architecture égyptienne. Tous les autres lui sont subordonnés. C'est une raison de solidité qui fait incliner les murailles extérieures en forme de talus ; une raison de solidité qui dicte l'emploi des piliers et des colonnes ; une raison de solidité enfin qui, proscrivant les ouvertures extérieures, interdit l'usage des fenêtres et restreint celui des portes.

L'idée de grandeur se lie intimement à celle d'éternité. L'éternité est l'immensité dans le temps ; la grandeur est l'immensité dans l'espace. L'idée de grandeur devait logiquement se retrouver au fond de toute construction égyptienne. Celles que nous ont laissées les vingt-cinq premières dynasties, avant que l'influence grecque se fît sentir, nous présentent des dimensions colossales. L'esprit droit et simple des Égyptiens n'était pas propre à saisir des nuances. Il n'a pas compris que l'idée abstraite de la grandeur se traduisait dans une œuvre matérielle par l'ampleur et non par la grandeur réelle de l'ensemble. Pour lui, les deux notions d'ample et de grand se réduisaient à une seule. Cette confusion, dans laquelle sont tombés tous les peuples de la haute antiquité, provient de ce que dans la nature, tout spectacle grandiose se déroule sur une vaste scène ; la vue simultanée de la grandeur et du grandiose leur a fait regarder l'une comme la cause de l'autre. Erreur grave, qui devait les porter, pour reproduire l'impression de grandiose dans leurs monuments, à leur donner des proportions gigantesques. Il est à peine besoin de rappeler ici les dimensions prodigieuses du palais de Sargon à Khorsabad, en Assyrie, qui couvrait une superficie de dix hectares, et des pagodes de Kaïlaça et de Mahavalipouram dans l'Indoustan. Les monuments égyptiens des trois premières périodes se ressentent de cette erreur. Leur plan est conçu sur des proportions immenses. Nul édifice ne peut se comparer aux pyramides de Gizeh ; transporté en Égypte, le colosse de Rhodes semblerait la statue d'un enfant auprès des colosses de Memnon, à Thèbes, et le Colisée lui-même, dont les dimensions étonnaient les Romains, semblerait près des ruines de Karnac un monument sans importance.

Nous verrons à l'époque grecque ces dimensions se réduire. Mais le style est en dehors d'elles ; et les variations que celles-ci ont subies lui ont laissé son caractère intact. Le peuple égyptien l'avait tiré de la nature de son pays. C'était la seule source où il pût puiser. L'imitation, cette autre cause qui réclame une large part dans la formation de la plupart des styles, lui était impossible. Si nous pouvons saisir entre l'architecture égyptienne et celle des peuples étrangers quelques lointains rapports, nous pouvons être assurés d'avance que c'est l'art égyptien qui a rayonné hors de son pays. Sa haute antiquité ne saurait laisser de doute sur la question. Dès la quatrième dynastie, il a atteint son point culminant. Mais les monuments de cette époque prouvent par leur perfection même qu'ils ne sont point sortis les premiers de la main des Égyptiens. S'ils datent de trois mille quatre cents ans avant l'ère chrétienne, comme le pense le savant auteur de l'histoire d'Égypte, M. Brugsch, dont les chiffres, toutefois, ne doivent être regardés que comme des appréciations ; s'ils comptent deux ou trois siècles de moins d'après les calculs de MM. de Bunsen et Lepsius, quelle n'est point l'antiquité des premières œuvres de ce peuple qui remonte si haut dans l'histoire? Je le répète, cette prodigieuse antiquité de l'art égyptien nous est la garantie de sa complète originalité.

La nature était donc le seul modèle qu'il pût copier. L'horizon droit n'y est limité par aucune ligne courbe. Le palmier, qui forme presque à lui seul la végétation de l'Égypte, pousse son tronc verticalement hors du sol. Les lignes horizontales et verticales sont les seules que présentent les paysages de la vallée du Nil : ce sont les seules que nous retrouvons dans l'architecture égyptienne. Nous avons déjà eu occasion de dire que le peuple égyptien n'était pas observateur et qu'il n'analysait pas ses impressions. Pour lui, chaque partie de l'horizon était limitée par une ligne droite. Pour les Grecs, au contraire, cette ligne tracée par la jonction apparente du ciel et de la terre, était courbe, et chaque fraction de cette ligne devait l'être aussi, quoique l'œil ne puisse s'en apercevoir. A strictement parler, on ne rencontre dans la nature aucune ligne droite : on ne devait en retrouver aucune dans les monuments. La courbe invisible des lignes des temples grecs est le secret, longtemps ignoré de nos archéologues, de leur extrême légèreté. Les Égyptiens n'eurent jamais recours à cet ingénieux procédé : les lignes horizontales de leurs monuments sont complétement droites : elles leur donnent plus de lourdeur, mais accentuent en même temps davantage leur caractère de solidité. Elles sont obtenues par une série de linteaux de pierre, qui forment les plafonds. L'emploi de ces linteaux était commandé par le système d'architecture qui proscrivait les lignes courbes, et non par la nécessité de recourir à eux pour relier deux colonnes l'une à l'autre. Les Égyptiens connaissaient en effet la voûte : ils l'employèrent de bonne heure dans les édifices où le plafond était masqué à l'extérieur. On en trouve de nombreux exemples dans les petites pyramides surmontant des tombes à Abydos, qui remontent jusqu'à la sixième dynatie, et où leur emploi a permis d'économiser la brique. On en rencontre aux hypogées de la dix-huitième dynastie, à Kournah-Murayi, près de Thèbes, où elles recouvrent la paroi de calcaire friable qui forme le plafond. On les trouve enfin dans les pyramides de Meraoui, qui doivent remonter à la fin du nouvel empire. L'emploi du cintre n'était donc pas inconnu, mais rejeté systématiquement.

La longueur des linteaux, forcément très-restreinte, multipliait le nombre des lourds piliers et des grosses colonnes destinés à les soutenir. Les colonnes amin cies à leur partie supérieure reproduisaient l'inclinaison des façades. Elles contribuaient pour une large part à l'ornementation des édifices. Quand un rayon de soleil venait les frapper, elles se détachaient sur le plan obscur qui s'étendait derrière elles. Cette opposition d'ombre et de lumière, dont l'effet est plus saisissant en Orient que dans les autres pays, par suite de l'éclat des rayons solaires, semble avoir été vivement appréciée des Égyptiens. C'est pour le produire dans l'ensemble de leurs monuments qu'ils les couvraient d'un badigeon dont les traces sont encore visibles, et qui permettait à leur silhouette de se détacher avec plus de netteté sur l'horizon jaunâtre formé par la pierre de la colline ou le sable du désert.

Nous sommes portés instinctivement à blâmer l'emploi de la couleur, surtout des tons chauds, dans la décoration extérieure des monuments. Les peuples méridionaux ont de tout temps montré sur ce point un goût différent du nôtre. Les briques émaillées, trouvées dans les ruines de Ninive nous le montrent chez les Assyriens. Nous le trouvons chez les Grecs avec les enduits de pourpre qui recouvraient le Parthénon ; de nos jours, nous le voyons chez les populations arabes, qui décorent leurs mosquées de raies blanches et rouges ; et chez les Perses, qui emploient des carreaux de faïence pour orner leurs édifices. C'est là un fait général qui a, comme tous les faits généraux, sa raison d'être dans la nature des choses. Nous sommes enclins à le blâmer au nom de l'harmonie des couleurs; c'est pourtant cette harmonie, dont le besoin se fait partout sentir, qui en est la cause. L'harmonie des couleurs consiste, en effet, dans le rapport de l'intensité des couleurs avec l'intensité de la lumière qui les fait ressortir. Sous un climat brumeux, où l'atmosphère est terne, cette harmonie serait rompue par l'emploi de couleurs vives. Sous un ciel limpide comme celui de l'Orient, il faut au contraire pour rétablir l'harmonie des couleurs des tons vifs et chauds. Les artistes égyptiens l'avaient senti.

C'est à dessein que je n'emploie pas le mot compris, car le peuple égyptien a eu l'instinct de l'art plutôt que la connaissance de l'art. Son caractère superficiel ne l'a pas porté à l'analyse de ses impressions; il s'est borné à les ressentir sans les raisonner. En fait d'art, il n'a connu qu'une règle, son goût. Sur quoi reposait ce goût qui se rencontrait le même chez toutes les générations? Question qu'il ne s'est pas posée et qu'il n'eût pu résoudre. Il n'aurait pas su, comme le peuple grec, découvrir la raison intime du beau architectural, qui est l'harmonie du rapport des parties avec l'ensemble. Ce rapport des proportions peut s'exprimer par des chiffres; le beau en architecture peut donc se traduire par des formules abstraites et s'exprimer par des nombres. En cela consiste la connaissance que je pourrais appeler les mathématiques de l'architecture, expression qui serait demeurée vide de sens pour tous les artistes égyptiens. Ils ne se sont imposé de règles fixes que dans une double branche de l'art, la sculpture et la peinture. Cette exception porte en elle-même son explication. Le peintre et le sculpteur ne reproduisaient que des images dont le modèle leur était fourni par la nature, qui ne variait pas ses proportions : eux-mêmes ne les ont pas variées. En sculpture, ils suivaient en quelque sorte les contours d'un calque invariable. En architecture, ce modèle leur manquait, car ils n'avaient pas arrêté un type idéal pour chaque sorte de monument. C'est là pour l'art égyptien une cause d'infériorité réelle : c'est l'infériorité de l'homme qui entonne d'une voix juste et sonore un hymne dont il sent l'harmonie sans pouvoir la noter, par rapport au chanteur de profession, qui en fera mieux ressortir les beautés par la souplesse et les modulations de sa voix.

En un mot, une masse présentant par sa forme en talus et ses colonnes légèrement coniques l'aspect le plus complet de la solidité, imposante par ses dimensions, terminée de tous côtés par des lignes droites, s'harmonisant avec les lignes de l'horizon, et se détachant avec netteté sur le fond qui l'entoure : tels sont les caractères de l'architecture égyptienne, inspirés par la nature du pays où elle a fleuri. Ils ressortiront davantage en étudiant une à une les modifications que son système d'ornementation a subies. On ne saurait les accentuer davantage sans faire ici l'histoire de ces modifications, qui trouvera sa place plus loin. Ils forment la base du style architectural des Égyptiens qui est demeuré le même tant que la monarchie a subsisté sur les bords du Nil. Ne devait-il pas en être ainsi dans le pays par excellence des traditions? Comme la race indigène qui a civilisé ce pays n'a pu être absorbée par les populations conquérantes qui l'ont asservie ; comme les espèces indigènes d'animaux ou de plantes n'ont pu être remplacées par celles introduites par une main étrangère, l'art indigène n'a pu être altéré. Il a subi quelques modifications, il a progressé et reculé, sans jamais franchir les limites que son type lui assignait. Il a été original dans toute l'acception de ce mot. C'est un titre que peu d'architectures peuvent invoquer, et qui doit encore hausser à nos yeux la valeur que lui donnent et son propre mérite et sa haute antiquité.

CHAPITRE II

MARCHE DE L'ART EN ÉGYPTE

La vallée du Nil de la Méditerranée à Gebel-Balkal, nous montre les ruines de monuments construits sur le même type ; entre ces deux points extrêmes, elle forme l'Égypte, de la mer à la première cataracte, et l'Éthiopie, aujourd'hui la Nubie, ou le Soudan, au delà de ce point. L'art a-t-il fleuri simultanément sur toute cette ligne ? s'est-il au contraire avancé pas à pas dans ces régions ? et dans ce cas, quelle marche a-t-il suivie ? a-t-il descendu la vallée, ou l'a-t-il remontée ?

Ce sont là autant de questions qui relèvent de l'histoire de l'art, mais que l'histoire de l'Égypte peut seule résoudre. L'histoire et l'archéologie égyptienne sont deux sciences jumelles, si je puis ainsi dire. Elles sont nées ensemble, marchent sans cesse côte à côte, s'appuient l'une sur l'autre et se facilitent mutuellement leurs progrès. Les monuments permettent de reconstituer l'histoire, et l'histoire permet à son tour à l'art de reformer son passé. Nous ne saurions donc parler de l'une sans parler de l'autre. Aussi, pour expliquer la marche de l'art en Égypte, sommes-nous obligés d'entrer dans quelques détails sur l'histoire proprement dite de ce pays.

Pour plus de clarté, nous la diviserons, suivant l'exemple de M. Mariette, en quatre périodes : la première formant l'ancien empire s'étend de la première à la onzième dynastie, depuis les temps les plus reculés jusqu'à Abraham (4400-2800?); la deuxième formant le moyen empire, commence à la onzième dynastie et se termine avec la dix-septième qui fut contemporaine de Joseph (2800-1600?). La troisième formant le nouvel empire, commence à la dix-huitième dynastie et finit à la conquête grecque (1600? 332). La quatrième enfin comprend la domination grecque (trente-deuxième dynastie) et la domination romaine (332. 30 av. J.-C. ; 36 av. J.-C. 395 apr. J.-C.).

Ces quatre périodes comprennent trente-deux dynasties d'après l'indication du grand-prêtre Manéthon, chargé par le second Ptolémée d'écrire une histoire d'Égypte. Elle contenait la liste des rois qui ont gouverné le pays, liste qui nous a été conservée en partie par Georges Syncelle. Les nouvelles découvertes ont en général confirmé son exactitude.

I

On fait commencer l'histoire de l'Égypte à Ménès, le premier pharaon de la première dynastie. C'est alors seulement que les peuples errant dans la basse Égypte, furent réunis sous le commandement d'un chef unique qui fixa à Memphis le siége du gouvernement. La deuxième dynastie le porta à Thinis, mais sous la troisième et la quatrième, il fut de nouveau à Memphis. La quatrième dynastie correspond à une période de prospérité et de civilisation, auxquelles nous initie la peinture des tombeaux. « Des villes sont fondées, de grandes fermes enrichissent les campagnes. On y élève des milliers de têtes de bétail. Des antilopes, des cigognes, des oies sauvages y sont gardées en domesticité. Des moissons abondantes et soignées couvrent le sol. Une architecture élégante embellit les habitations : là le maître de la maison vit aimé et entouré des siens. Il cultive des fleurs; des jeux, des danses sont exécutés devant lui, il chasse et il pêche dans les nombreux canaux dont la contrée est sillonnée. De grandes barques, aux voiles carrées, flottent pour lui sur le Nil, instruments d'un commerce sans doute très-actif. Partout l'Égypte nous apparaît alors dans l'épanouissement d'une jeunesse vigoureuse et pleine de vie [1]. »

Les arts sont le produit de la prospérité qui les fait éclore au milieu des biens qu'elle enfante. Ils ont pris naissance en Égypte durant cette période heureuse qui a commencé dès la deuxième dynastie, et qui a atteint son apogée sous la quatrième. Les monuments se multiplient à cette époque dans la plaine de Memphis, dont les sables fouillés par une main savante et zélée, nous rendent chaque année quelques nouveaux débris. Les plus anciens monuments de l'Égypte sont dans la région que gouvernèrent les plus anciennes dynasties.

La cinquième est originaire d'Éléphantine sur la frontière méridionale de l'Égypte. Cette ville fut-elle durant les neuf règnes qui composent cette dynastie, la capitale du royaume? Les nombreux monuments qui remontent à elle dans la plaine de Memphis, semblent indiquer que la vieille métropole n'avait pas perdu son rang. En tous cas, elle le retrouve sous la sixième dynastie.

De la sixième à la onzième, 436 ans s'écoulent sur lesquels les monuments sont muets. Durant cette longue période, l'Égypte a-t-elle été en proie aux invasions qui se renouvelèrent plus tard, et qui semblent

---

[1] *Aperçu de l'histoire d'Égypte*, par M. Mariette.

avoir commencé dès le règne d'Apapus, de la sixième dynastie, que nous voyons guerroyer contre les Ua-ua, et contre les Herouscha? A cette époque les cataractes du Nil ne présentaient pas comme maintenant une barrière infranchissable à la navigation, et livraient facilement passage aux bandes armées de l'Éthiopie. L'idée d'une invasion doit être admise en Égypte plus facilement que partout ailleurs. Sa fertilité excitait la convoitise des peuples voisins.

II

Quoi qu'il en soit, sous la onzième dynastie, la royauté et les arts à sa suite, s'enfoncent plus avant dans l'Égypte. Les onzième, douzième et treizième dynasties sont thébaines. La haute Égypte voit à son tour des monuments s'élever sur son sol et des tombeaux s'ouvrir dans le flanc des montagnes. Siout, Béni-Hassan, Abydos et Thèbes, nous en fournissent de nombreux exemples. Elles ouvrent à l'Égypte une nouvelle période de prospérité et de gloire. Les peintures des hypogées nous rappellent par leurs sujets celles de l'ancien empire; les inscriptions nous montrent les rois thébains étendant leur domination au nord jusqu'à la mer, et au sud, jusque dans l'intérieur de la Nubie. Cette seconde ère de prospérité devait enfanter une seconde ère artistique. Nous verrons plus loin la renaissance que les arts ont subie à cette époque. Bornons-nous à noter maintenant qu'ils ont fait un pas de plus encore dans le Sud : ils ont franchi la frontière égyptienne, et ont pris pied à Dongolah (île d'Argo) où fut trouvé un colosse d'un pharaon de la treizième dynastie.

Les trois dynasties suivantes nous sont inconnues. Ce manque de monuments semble indiquer une époque agitée. Nous ne sommes pas loin de la dix-septième dynastie, celle des rois pasteurs. Avant de se rendre maître de la partie septentrionale de l'Égypte, ils y ont sans doute fait de nombreuses incursions qui ont occupé les règnes précédents. C'est un peuple barbare qui ravage les édifices des villes qu'il a conquises. Mais il ne tarde pas à se civiliser au contact des Égyptiens : il répare les ruines qu'il a faites, et copie, de son mieux, l'art égyptien. La ville de Sân, dont il a fait sa capitale, devient le centre d'un art marqué d'un caractère particulier. Il ne fleurit pas longtemps. Le chef de la dix-huitième dynastie, Amosis, expulsa les pasteurs, et fit rentrer sous sa domination les provinces un moment détachées du royaume.

III

C'est à ce moment que commence le nouvel empire, sous lequel l'Égypte se relève. Des campagnes nombreuses, dirigées par les pharaons des dix-huitième, dix-neuvième et vingtième dynasties, toutes trois thébaines, assurent la paix à l'intérieur, et permettent au commerce de prendre un grand développement. Le Soudan leur est soumis : des vice-rois le gouvernent en leur nom, et des garnisons égyptiennes campent jusqu'au bord de l'Euphrate et du Tigre, jusqu'au fond de la Mésopotamie. Cette époque, à laquelle appartiennent les rois dont les noms nous sont à juste titre un peu plus familiers que les autres : Amosis, Aménophis, Thoutmès, Séti, Ramsès (Sésostris), devait recevoir des arts un nouvel éclat. Elle sème de monuments toute la vallée du Nil, et importe d'une manière définitive dans le Soudan le style égyptien, qui y avait fait une courte apparition sous la treizième dynastie. Les campagnes en Asie ont exercé sur le peuple une influence assez forte ; les costumes et les ornements s'en ressentent ; des mots sémitiques s'introduisent dans la langue ; des dieux étrangers sont admis dans les sanctuaires. Les mœurs efféminées de cette région semblent se répandre sur le bord du Nil ; elles amollissent l'énergie qui a caractérisé le règne des pharaons précédents ; le dernier de la vingtième dynastie se laisse enlever la couronne par la caste sacerdotale, qui règne à Thèbes, tandis que la dynastie légitime se réfugie à Tanis (San).

Les populations soumises au joug de l'Égypte profitent de cet affaissement pour se soulever. Les Éthiopiens, que, dans leur orgueil, les Égyptiens appelaient « la vile race de Cousch ; » les Libyens et les Syriens se révoltent. Quelques succès sont d'abord remportés contre eux : Scheschonk (le Sésac de la Bible) conduit ses armées en Palestine et s'empare de Jérusalem. Mais les revers vont commencer : les Couschites ont franchi les cataractes, et étendent leur domination sur la Thébaïde. La basse Égypte ne peut même se défendre contre les Maschouasch, peuplade libyenne, que Ramsès III (dix-neuvième dynastie) avait plus d'une fois repoussée au delà des frontières du Delta. Sous la vingt-quatrième dynastie, l'Égypte disparaît même comme État indépendant. Elle est réunie à l'Éthiopie par Sabacon, qui devient le chef de la vingt-cinquième dynastie.

Nous voyons alors se produire pour la seconde fois le fait remarquable de l'adoption par les vainqueurs de la civilisation du peuple vaincu. Comme les rois pasteurs, les rois éthiopiens adoptent les usages égyptiens : ils se font construire à Méroë des tombeaux en pyramides et des temples copiés sur ceux de la vieille Égypte. Cette civilisation d'emprunt devait durer pour eux plus longtemps que leur domination en Égypte. Le dernier roi de la vingt-cinquième dynastie perd le Delta, où douze chefs égyptiens font reconnaître leur autorité. L'un de ceux-ci, Psammétichus, s'empare du pouvoir, bat ses collègues, défait les ennemis de l'Égypte et lui rend ses anciennes frontières, la mer au nord, la première cataracte au sud. Il fut le chef d'une dynastie prospère. Ses successeurs firent quelques campagnes malheureuses, mais ils rachetèrent par l'éclat des arts celui qui manquait à leurs armes. Ils établirent la capitale du royaume à Saïs, d'où ils prirent leur nom de *Saïtes*, dans la basse Égypte. Leur politique générale fut tout entière dans le soin d'ouvrir l'Égypte aux peuples étrangers. Ils attirèrent particulièrement les Grecs, et permirent à des enfants de cette nation d'être élevés dans les écoles du pays. C'est à ce contact que l'art sous la vingt-sixième dynastie doit le caractère de finesse qui le distingue de celui des autres époques.

A cette période de prospérité en succède une de revers. Cambyse veut s'emparer de l'Égypte; sa campagne est malheureuse; dans sa fureur, il renverse tous les monuments qu'il trouve sur son chemin. La lutte contre la Perse dura sous les vingt-huitième, vingt-neuvième et trentième dynasties, dont le dernier roi, Nectanébo, dut s'enfuir dans le Soudan, en abandonnant définitivement son royaume.

IV

Avec la trente-deuxième dynastie, l'Égypte passe sous les mains des Macédoniens. Alexandre a le temps de fonder la ville qui porte encore son nom, et d'inaugurer une politique de modération et de tolérance qui permit de conserver ce nouvel État parmi ses nombreuses conquêtes. Son empire se démembre à sa mort. L'Égypte échoit à Ptolémée, le chef de la famille des Lagides.

Les événements politiques qui signalèrent cette époque ont peu d'importance : ils se résument dans des compétitions au trône et dans des luttes pour la possession des îles de la Méditerranée. La gloire des Ptolémées leur vient tout entière de leur sage administration. Ils étaient Grecs, mais ils se firent Égyptiens. Ils adoptèrent la langue, les coutumes et les mœurs de leurs sujets; mais ils conservèrent le goût des lettres et des arts qui caractérisait leur nation. C'est à eux que l'Égypte a dû sa célèbre bibliothèque et le musée qui passait pour la première académie du monde. Ce sont eux enfin qui, par les savants qu'ils appelèrent, jetèrent les premiers fondements de l'école d'Alexandrie. Le dernier roi de cette dynastie,

Ptolémée-Alexandre, légua ses États à Rome. En vain Cléopâtre essaya, par ses charmes, d'empêcher la réunion à l'Italie de la vieille monarchie égyptienne; l'empire des pharaons devint une simple province de l'empire des Césars.

Les Romains continuèrent la politique inaugurée par Alexandre; ils surent se plier aux mœurs du pays. La civilisation romaine finit néanmoins par s'introduire un peu dans la vallée du Nil; les monuments se ressentent de cette occupation. Un préfet est à la tête du pays; il fait quelques campagnes contre les Éthiopiens qui ont franchi la frontière, mais le peuple égyptien ne prend pas part à l'expédition. L'administration est distincte de la nation, chez laquelle toute vie politique est éteinte. L'histoire d'Égypte s'arrête bien à la conquête romaine : à partir de ce moment, l'administration a son histoire, le peuple n'en a plus.

Ces indications, quelque brèves qu'elles soient, nous permettent de suivre à plusieurs milliers d'années de distance la marche de l'art dans la vallée du Nil. Nous le voyons se développer aux époques de paix et de prospérité, et disparaître sous les dynasties agitées par des invasions ou des querelles intérieures. Nous le voyons, comme un attribut inséparable de la couronne, avancer et reculer dans la vallée du Nil avec la domination des pharaons. Parti avec eux de la basse Égypte, de Memphis, il devait avec eux revenir dans le Delta, et briller à Saïs et à Alexandrie d'un dernier éclat.

Ses œuvres, avons-nous dit, ont amplement souffert des invasions des peuples barbares. Ceux-ci ont leur excuse dans leur barbarie même. Mais que dire des conquérants de l'Égypte qui, à même d'apprécier ses monuments, les ont renversés par haine, par vengeance ou par ambition? quelles paroles seraient assez fortes pour flétrir leur conduite? Cambyse, après ses victoires, fit, au dire des historiens grecs, dépouiller les temples de leurs richesses, et détruire une partie des merveilles qu'il avait sous les yeux (527). Thèbes ne trouva même pas grâce à ses yeux.

Quelques siècles plus tard, elle eut à subir de nouvelles dévastations de la part de l'un de ses propres rois. Elle avait refusé de reconnaître Ptolémée-Lathyre, qui avait détrôné son frère Alexandre; ce prince en fit le siége, et, maître de la ville, après trois ans de résistance, il la mit, comme le conquérant perse, à feu et à sang.

Alexandrie, cette autre capitale de l'Égypte, vit le quartier qui renfermait ses tombeaux brûlé par César; Dioclétien, dans une révolte de la ville, devait la livrer au pillage.

Mais ce n'était là que des actes de destruction isolés. Le fameux édit de Théodose, de 389, ordonnant la destruction du Sérapéum d'Alexandrie, autorisa en quelque sorte les chrétiens à renverser dans toute l'Égypte les temples des faux dieux. « Non-seulement on abattit dans cette ville divers petits édifices consacrés aux idoles (et il y en avait presque autant que de colonnes), mais, de plus, on jeta à terre tous les temples et toutes les statues qu'on put trouver dans toutes les villes de l'Égypte, dans les châteaux, dans les bourgs, dans la campagne, sur les bords du fleuve et jusque dans les déserts. » (Villemont, *Histoire des conquérants.*)

Le nombre des monuments était néanmoins si considérable que le fanatisme chrétien, se donnant libre carrière, se calma avant leur complète destruction. La main fatiguée du démolisseur laissa tomber son instrument avant d'avoir achevé son travail.

Les Arabes, maîtres à leur tour, au septième siècle, de cette riche contrée, se montrèrent étonnés des restes de sa splendeur. Amrou, entré dans Alexandrie (641) après un siége de quatorze mois, écrivant au calife Omar pour l'informer de sa conquête, lui mande qu'il a trouvé quatre mille palais! Memphis elle-même présentait encore d'innombrables édifices; ils devaient servir bientôt de carrière aux constructeurs de Fostat (l'ancien Caire). Les pierres des temples, des tombeaux et des pyramides, entrèrent dans la construction des mosquées et des maisons de la ville nouvelle.

Cette destruction sans calcul se continue de nos

jours. Que de monuments ont disparu depuis que la commission d'Égypte, marchant à la suite de notre armée, en relevait les plans ! L'île d'Éléphantine, où jusqu'en 1822 se voyaient les ruines de deux temples, n'en contient plus une pierre. De place en place, dans les constructions modernes, on aperçoit un caractère hiéroglyphique qui nous indique la cause réelle de la disparition à jamais regrettable de ces précieux vestiges. Parfois même ils ne laissent aucune trace : jetés dans des fours, ils sont réduits en chaux.

Le gouvernement égyptien a pris, sous l'inspiration de M. Mariette, de sages mesures de conservation, mais il est à craindre qu'elles n'amènent pas le résultat vers lequel elles tendent. Comment faire appliquer une loi, quand tout un peuple se rend complice de sa violation ?

Les amis de la science ont donc raison de se hâter de recueillir les inscriptions encore debout : demain peut-être il serait trop tard. Grâce à la riche moisson qu'ils ont déjà faite, l'histoire de l'Égypte a pu être en partie reconstituée. Déchiffrées avec une admirable patience, elles ont révélé le secret qu'elles n'eussent jamais laissé deviner sans le génie de Champollion. Chacun sait comment il fut amené à sa merveilleuse découverte. Il est intéressant de le suivre dans les premiers pas qu'il fit dans cette voie d'investigation, et d'assister en quelque sorte à l'éclosion dans la cervelle d'un seul homme, de cette science qui devait s'appeler l'égyptologie.

L'écriture égyptienne comprend trois variétés. Quand elle a recours à des représentations de figures, d'animaux, ou d'autres objets, elle s'appelle écriture hiéroglyphique ; elle est spécialement réservée pour les monuments. Ces signes, par une abréviation approprié à l'usage du calame, forment l'écriture hiératique. L'écriture démotique n'est encore qu'une abréviation, de cette dernière, employée pour les usages ordinaires. Certains signes représentent des idées ; ils sont dits : idéographiques ; d'autres représentent des sons ; ils sont dits : phonétiques. C'est dans la reconnaissance de ce fait, que consiste l'importance de la découverte de Champollion. La célèbre pierre de Rosette, qui, en a été l'objet, contenait un édit de Ptolémée-Épiphane et présentait trois inscriptions à la suite l'une de l'autre, l'une en caractères hiéroglyphiques, l'autre en caractères démotiques, la troisième en grec. De la comparaison de ces trois textes, Champollion a tiré la série de conséquences, que son frère Champollion-Figeac, a indiquées dans un passage que je cite en entier, de son remarquable ouvrage sur l'Égypte (*Égypte*, p. 222) :

1° Le texte grec prouve que l'inscription est un décret des prêtres de l'Égypte, en l'honneur de Ptoléméc-Épiphane ; 2° Ce décret contient plusieurs fois le nom de ce roi, et plusieurs autres noms propres ; 3° On a pu traduire et écrire en égyptien toutes les *idées* exprimées dans le texte grec ; mais les noms propres grecs n'exprimaient aucune idée en égyptien, ils n'ont pu être traduits ; il a donc fallu *écrire* en caractères égyptiens les *sons* que forment ces noms propres dans le grec ; 4° Il doit donc y avoir dans l'inscription grecque de Rosette, des signes hiéroglyphiques exprimant des sons ; il pourrait donc y avoir aussi dans l'écriture hiéroglyphique des *signes phonétiques*, ou exprimant les sons et non pas les idées ; 5° Le texte égyptien présente un groupe de signes hiéroglyphiques, distingué par un encadrement elliptique qui l'entoure : ce groupe est répété plusieurs fois dans le texte égyptien ; le nom propre du roi Ptolémée était aussi répété plusieurs fois dans le texte grec : le groupe d'hiéroglyphes encadré peut donc être le nom de Ptolémée, et, dans cette supposition, les signes ainsi groupés, écrivant ce nom en hiéroglyphes, ces signes sont *alphabétiques* et le premier est un P, le second un T, etc. Voilà déjà plusieurs des hiéroglyphes alphabétiques retrouvés, et il ne reste qu'à compléter cet alphabet si désiré ; 6° Bien des obstacles s'y opposent encore : le groupe encadré dans une ellipse, ou *cartouche*, est le nom d'un Ptolémée ou bien il ne l'est pas : dans le premier cas, il est nécessaire d'éprouver la vérité de ce premier résultat alphabétique sur d'autres noms propres écrits à la fois en hiéroglyphes et en grec, et dans lesquels se retrouvent toutes les lettres déjà reconnues ou supposées l'être, par le nom de Ptolémée. L'inscription grecque de Rosette, contient plusieurs autres noms propres vers son commencement; mais le texte hiéroglyphique étant tronqué vers ce point, nous sommes privés de ce moyen de comparaison. Il n'y avait donc rien de rigoureusement certain jusque-là dans le résultat de tant de recherches, et le temps seul pouvait mettre fin à tant d'incertitudes : il ne refusa pas ce grand bienfait aux lettres et à l'histoire;

7° L'infortuné Belzoni, découvrit à Philæ, un cippe portant une inscription grecque, et un petit obélisque portant aussi une inscription hiéroglyphique : on reconnut que le cippe et l'obélisque formaient un seul et même monument; ce point capital fut publiquement constaté : l'inscription grecque nommait aussi un roi Ptolémée, une reine Cléopâtre, et l'on remarquait dans l'inscription hiéroglyphique, au lieu même où devait se trouver le nom du roi Ptolemée, le *même groupe encadré*, que dans l'inscription de Rosette, qu'on avait supposé être le mot *Ptolémée* : ce premier résultat tiré de l'inscription de Rosette était donc pleinement confirmé; on avait donc avec certitude le nom du roi grec Ptolémée écrit en hiéroglyphes; dès lors le groupe de hiéroglyphes encadrés qui, sur l'obélisque suivait le nom de ce roi, ne pouvait être que le nom de la reine Cléopâtre, et le premier signe du mot Ptolemée P se trouva en effet être le cinquième de celui de Cléopâtre ; le deuxième de l'un, le T, le septième de l'autre ; le quatrième du premier, le L, était bien le deuxième du second. Le nombre des signes reconnus s'accrut donc de tous ceux qui composaient le nom de Cléopâtre ; ils étaient la moitié de l'alphabet. »

L'alphabet fut promptement complété, et Champollion put se convaincre que des signes phonétiques se joignaient à des caractères idéographiques dans l'écriture égyptienne, qui seule était inconnue : la langue à laquelle elle répondait était l'ancien cophte, conservée jusqu'au moyen âge comme langue liturgique sur les bords du Nil. Les applaudissements du monde savant accueillirent cette découverte qui devait donner au nom de Champollion l'immortalité.

Gloire à Champollion, mais gloire aussi à ses successeurs qui ont complété et fécondé sa découverte. Gloire à ces nombreux savants, dont les travaux par leur profondeur même, demeurent inconnus du public ! Gloire à Renaudot, Jablonski, Barthelémy, de Sacy, Quatremère, Biot, Letronne, Ch. Lenormant, Raoul Rochette, de Rougé, de Saulcy, et Mariette ; gloire à Lepsius, à de Bunsen, à Brugsch ; gloire à Birsch et à Wilkinson ; gloire à Barucci, à Migliarini, à Ungarelli ; gloire à Gliddon, gloire à eux tous, quelque soit leur nation. Grâce à eux, la France, l'Allemagne, l'Angleterre, l'Italie et l'Amérique, ont réuni leurs efforts pour servir la science, et lui permettre d'opérer un de ses plus grands prodiges : la résurrection d'un peuple, enseveli dans l'oubli depuis près de deux mille ans !

CHAPITRE III

MATÉRIAUX ET MODE DE CONSTRUCTION

L'architecture égyptienne est en tous points une architecture originale. Elle semble avoir surgi de la vallée du Nil dans tout l'éclat de sa perfection. L'état arriéré des autres peuples avec lesquels l'Égypte devait plus tard avoir de nombreuses relations la réduisit à ses propres ressources. Elle ne pouvait emprunter des règles d'architecture à des peuples qui n'avaient point encore de monuments. Elle aurait pu du moins leur emprunter les matériaux qui lui semblaient utiles. Elle aurait pu tirer du Liban les arbres que son sol ne nourrissait pas, pour former des charpentes. Elle préféra tirer tout de son sein. Les arbres lui manquaient pour couvrir d'un plafond les salles de ses temples : elle sut s'en dispenser en tirant de ses carrières de larges dalles qu'elle parvint à soutenir en multipliant les colonnes.

Les matériaux employés par les Égyptiens dans leurs constructions proviennent tous des carrières situées dans leurs anciens États. Ces matériaux sont le granit, le calcaire et le grès. Je dois citer l'albâtre pour compléter cette nomenclature, quoique nous n'ayons que peu d'exemples de l'emploi de cette matière comme pierre de construction. Nous le voyons dans une des salles de l'édifice connu sous le nom de temple du sphinx à Gizeh et dans le temple de Gharmy, dans l'oasis de Syaouah. (Caillaud, *Voyage à Méroë*, t. I, ch. vii.) Les autres roches, dont on trouve des blocs en Égypte, n'y étaient pas assez communes pour qu'on les employât dans une construction. On les utilisait pour les sarcophages, les statuettes, les figurines. Beaucoup de ces objets sont en basalte, en jaspe noir, en diorite et en serpentine.

La dureté de la roche était une qualité aux yeux des Égyptiens qui semblaient en classer les différentes espèces par la résistance qu'elles offraient au mordant du temps. Des trois roches les plus communes en leur pays, le granit, le calcaire et le grès, le granit est celle qu'ils préféraient.

On conçoit du reste qu'un peuple qui semble avoir compris mieux que tout autre les notions de l'immortalité, qui, comparant la vie d'un homme à la durée du monde, en arrivait à regarder sa demeure sur cette terre comme une habitation passagère, indigne d'un grand travail, on conçoit qu'un semblable peuple, lorsqu'il venait à bâtir, construisit pour l'éternité. Ses édifices étaient des tombes ou des temples : les tombes devaient durer assez longtemps pour abriter les momies durant les pérégrinations de l'âme dans les régions inférieures, pour les conserver intactes jusqu'à la résurrection du corps qui ne devait avoir lieu qu'après de longues séries de siècles. Les temples devaient rester debout tant qu'il y aurait des hommes sur la terre pour célébrer la puissance de Dieu. La dureté de la pierre employée était une garantie de la durée de la construction. L'infériorité du calcaire et du grès sur le granit découle d'une manière naturelle de ces considérations. Le granit devait être forcément la pierre par excellence. Aussi, pour les pyramides, emploie-t-on, pour les recouvrir d'un revêtement qui fera disparaître leurs gradins, des blocs de granit; on en tapisse les parois de la chambre sépulcrale, ainsi que les couloirs et les galeries qui y donnent accès. Un sarcophage de granit recouvrira enfin le sarcophage de bois qui contiendra la momie. S'agit-il d'élever un monument qui se distinguera de ceux qui l'entourent par la richesse de ses matériaux, qui dénotera une fondation royale? C'est encore au granit que l'on aura recours, comme pour le temple du sphinx.

Enfin beaucoup de statues trouvées dans les tombes

de l'ancien empire, comme dans celles des époques postérieures, sont en granit : elles étaient recouvertes d'un badigeon comme celles de calcaire, et l'apposition de la couleur, en masquant l'aspect naturel du granit, prouve une fois de plus que dans cette roche, ce n'était pas son apparence, mais sa durée que les Égyptiens estimaient.

Les raisons sur lesquelles cette préférence était fondée empêchaient qu'elle ne se soutînt pas. Nous ignorons à quelle époque furent construits en Égypte les premiers temples. Les plus anciens dont nous connaissons encore des vestiges ne datent que du moyen empire, de la douzième dynastie[1]. Les obélisques qui en décorent l'entrée et qui symbolisent l'idée de stabilité, sont toujours en granit. C'eût été en effet, un contre-sens que de ne pas employer la pierre la plus résistante pour l'ornement qui était l'emblème de la durée. Bien que dépouillée par les empereurs romains de ses nombreux obélisques, qui décorent actuellement plusieurs places de Rome, l'Égypte en conserve encore de la douzième dynastie à Héliopolis et à Sân, de la dix-huitième à Karnak, de la dix-neuvième à Louqsor, de l'époque grecque à Philæ. Aucun d'eux ne fait exception à la règle.

[1] Le temple de Gizeh remonte à l'ancien empire, mais son rôle de chapelle funéraire m'empêche de le classer dans les temples proprement dits.

C'est avec le granit, avec la pierre par excellence qu'était construit le sanctuaire des temples, le *sécos* où se trouvait renfermé le *naos*, sorte de tabernacle, creusé aussi dans le granit pour recevoir la statue de la divinité. Karnak nous offre un sanctuaire de la douzième dynastie où les murs sont de granit. Louqsor voit son sécos s'élever aussi en blocs de granit au milieu de salles construites avec des matériaux moins précieux. La dix-neuvième dynastie, qui fut comme la précédente une dynastie constructrice, fit à Tanis qui devait sous la vingt et unième dynastie devenir la capitale de l'Égypte, de grands et remarquables travaux. Ramsès II releva le grand temple qui jusqu'à lui avait été abandonné, et le construisit en entier comme le temple de l'Est, de blocs et de colonnes de granit. C'était là une œuvre gigantesque, digne de ce grand roi que son amour pour les arts eût dû suffire à rendre immortel. C'est sans doute à ces constructions de granit qu'il est fait allusion dans le poëme de *Pen-ta-our*, gravé sur les temples de Karnak et de Louqsor, quand Ramsès II, entouré d'ennemis, invoque les dieux. Il énumère les actes par lesquels il les a honorés, et, en parlant des temples élevés par lui, il mentionne les *pierres éternelles* qu'il y entassa.

C'était encore dans de gigantesques blocs de granit qu'étaient taillés la plupart des colosses qui accompagnaient les obélisques à l'entrée des temples. Ces colosses représentaient le roi fondateur, soit sous la forme humaine, soit sous la forme symbolique de la royauté, sous la forme du sphinx. Ces statues devaient rappeler éternellement les traits du pharaon à la munificence duquel on devait la construction du temple. La majesté de la personne royale, et le désir d'en perpétuer les traits jusqu'à la consommation des siècles firent à toutes les époques rejeter pour ce genre de travail les roches dont la dureté n'était pas excessive. Quelques-uns de ces sphinx sont en basalte noir. Le colosse de Séti II, fils de Menephtath, de la dix-neuvième dynastie qui se voit au musée du Louvre, est en grès rouge. Les deux plus grands colosses de l'Égypte, représentant Aménophis III, dix-huitième dynastie, et connus sous le nom de colosses de Memnon, sont en grès brèche. Ce ne sont là que des exceptions : l'emploi du granit était pour ce genre de travaux devenu la règle générale.

C'est encore au granit que l'on avait recours pour graver les textes dont on voulait garantir la préservation. Les tombes particulières de toutes les époques nous offrent des stèles de granit, mais en fort petit nombre : cette matière était en quelque sorte réservée à ce que l'on peut appeler les stèles officielles. Accolées à la paroi d'un temple, elles étaient comme un livre sans cesse ouvert sous les yeux des prêtres, les conservateurs de toutes les connaissances de l'esprit humain.

Elles relataient les victoires remportées par les rois, et les offrandes offertes par eux pour témoigner à la divinité toute leur reconnaissance.

On conçoit que nous ne retrouvions pas entre le grès et le calcaire, une distinction aussi tranchée qu'entre le granit et ces deux roches. Leur dureté bien secondaire auprès de celle du granit, ne les faisait point admettre au rang de matériaux de premier choix. La proximité des carrières semble avoir donné la préférence à ces deux roches l'une sur l'autre. On employait celle qui se trouvait le moins loin. C'est ainsi qu'à Philæ tous les monuments qui s'élèvent dans l'île sont bâtis en grès, par suite du voisinage des carrières de cette pierre à Silsileh. Dans la basse Égypte, où le calcaire est abondant, c'est surtout en cette matière que les monuments sont construits. Le nombre de ceux-ci était du reste plus considérable que nous pouvons le juger à présent, car leur destruction a dû être plus fréquente que celle des monuments de grès. Les Arabes ont converti en chaux les pierres de beaucoup d'entre eux. Les anciens Égyptiens ne prévoyaient certes point que leurs monuments disparaîtraient par une semblable cause. Mais leur instinct les guidait bien, en les portant à ne pas regarder cette pierre comme offrant des garanties suffisantes de durée.

La facilité avec laquelle le calcaire pouvait se travailler était un avantage réel pour un peuple qui couvrait d'inscriptions et de dessins, les murs tant extérieurs qu'intérieurs de ses temples. Les blocs dont le grain était plus fin étaient réservés pour recevoir des bas-reliefs ou des inscriptions. La plupart des stèles sont en calcaire.

C'est la matière que les Égyptiens semblaient aussi employer le plus communément pour les statues. Mais il faut donner à l'emploi de cette matière, plus général que l'emploi d'une roche plus dure, une cause plutôt économique qu'artistique. La difficulté de travailler un bloc de granit ou de basalte n'empêchait pas les anciens sculpteurs de l'Égypte d'en tirer de fort belles œuvres, mais cette matière devenait un luxe par la résistance qu'elle offrait au ciseau. Sous le nouvel empire, alors que l'art atteint une perfection nouvelle, on emploie à Memphis le calcaire pour quelques sarcophages, mais le granit et la basalte n'en demeurent pas moins les roches préférées pour ce genre de travail.

Quant au grès, son emploi devient de plus en plus général sous le moyen empire. La difficulté d'y tracer des figures et des hiéroglyphes n'est pas suffisante pour y faire renoncer. On le recouvre d'une sorte de stuc sur lequel l'on grave figures et caractères.

Pour permettre au stuc de s'appliquer contre la pierre, on se dispensait d'en égaliser la surface, et l'on pratiquait de place en place des trous analogues à ceux que produirait un gros clou. S'il s'agissait de revêtir une colonne de cet enduit, on n'arrondissait pas la pierre, qui présentait des facettes assez frustres. La colonne, vue de loin paraissait proto-dorique. Le stuc, qui rendait sa surface unie, lui a laissé en tombant, l'aspect qu'elle présentait avant d'en avoir été recouverte. Une salle du palais de Thoutmès III (dix-huitième dynastie) à Karnak, en offre un intéressant exemple.

Plus tard, et particulièrement sous les Ptolémées, on négligea cette précaution, et le grès reçut directement les gravures que nous voyons encore.

Les briques crues étaient d'un emploi général en Égypte. Elles constituaient les seuls matériaux dont les Égyptiens se servaient dans la construction de leurs maisons et des murailles des villes. Elles ont fini à la longue par se désagréger, et ont formé des monticules de terre, qui marquent seuls, maintenant, l'emplacement qu'ont occupé des villes dans l'antiquité. Ces matériaux si friables ne pouvaient avoir la moindre valeur aux yeux des Égyptiens, qui n'estimaient, comme nous l'avons déjà dit, que les matières offrant une certaine dureté, et par suite une véritable garantie de durée.

Nous avons déjà remarqué que ce peuple, si profondément religieux, et sans cesse préoccupé de l'idée de la mort, attachait fort peu d'importance à ses habitations ; aussi ne devons-nous point être surpris de le voir employer pour elles de simples briques crues. C'étaient là encore les matériaux employés pour élever les murs d'enceinte qui entouraient parfois les tombeaux et toujours les temples. Ce mur qui déterminait l'étendue du terrain consacré, ne faisait point partie, à proprement parler, des monuments, aussi les raisons qui faisaient employer des matériaux solides pour la construction de ceux-ci, n'existaient point pour ces murs d'enceinte.

Mais toute règle a ses exceptions : nous trouvons en Nubie quelques temples où la brique fut employée pour l'édifice, comme pour l'enceinte. Celui de Beheni, à Ouadi-halfa, construit par Aménophis II (dix-huitième dynastie) est du nombre : mais ses colonnes sont en grès. (Ch. Figeac, *L'Égypte ancienne*, p. 292, b. Champollion, le jeune, *Lettres d'Égypte et de Nubie*, p. 100.) Le temple de Gourien-Taoua a les fondations de ses murs de pierres en briques, ce qui a amené sa ruine, les briques s'étant désagrégées. (Caillaud, *Voyage à Meroë*, t. I.) Enfin, le temple de Deir-el-Hagor présente, dans un portique de la cour qui le précède, des colonnes bâties en briques triangulaires. (*Ibid.*, t. I, ch. XIII.)

Ces deux derniers temples ne remontent pas au delà de l'époque grecque.

Les briques portent pour la plupart l'empreinte du sceau royal ou d'un haut personnage. M. Wilkinson (*Manners and customs of the anc. Egyp.*, t. II, ch. v) a été conduit par ce fait à supposer que le gouvernement avait le monopole de cette industrie. Les briques qui ne présentent pas de marques auraient été fabriquées par des personnes qui en auraient obtenu l'autorisation du roi. Des milliers d'ouvriers étaient employés à ce genre de travail, qui était fort pénible. On pétrissait le limon avec de la paille coupée en brins très-courts, qui liaient entre elles les molécules de terre. Nous savons par la Bible que les Hébreux furent employés à ce rude labeur. (*Exode*, ch. v.) Les détails que Moïse nous a laissés à ce sujet dans l'*Exode*, quoique particuliers à sa nation, nous montrent la sévérité des pharaons pour les peuples captifs, et l'activité cruelle avec laquelle les travaux étaient menés en Égypte. L'emploi de la brique cuite était assez rare.

Les briques se fabriquaient à l'endroit où elles devaient être employées : le limon, de même nature dans toute l'Égypte, pouvait être façonné partout. Quant aux pierres, il fallait les extraire des carrières, souvent très-éloignées des localités où l'on devait les utiliser. Les blocs sont en général d'un gros volume ; ils mesurent plusieurs mètres de long. Sous l'époque grecque, ils prennent des proportions moins considérables.

Quel procédé employait-on pour les extraire ?

Les Égyptiens avaient-ils recours comme la plupart des peuples de l'antiquité, à des coins de bois, qui en se gonflant sous l'action de l'humidité occasionnée par l'arrosage, produisaient une force suffisante pour faire éclater la pierre ? En parcourant les carrières de granit de Syène, on aperçoit des séries d'entailles pratiquées en ligne, et également distancées. Chacune de ces entailles n'était-elle point destinée à recevoir un coin ?

Beaucoup de voyageurs l'ont cru, mais je ne saurais me ranger à leur avis. L'entaille n'a en général que de 3 à 4 centimètres de profondeur : un coin ne pourrait donc y être solidement fixé. Je suis porté à croire, vu le rapprochement de ces entailles, qu'un nombre considérable d'ouvriers frappaient à la fois sur le bloc qu'il s'agissait de détacher. Les entailles pratiquées à l'avance déterminaient le sens de la fissure que le choc devait occasionner. Quel que fût d'ailleurs le moyen employé, le bloc détaché était rarement régulier. La déchirure de la roche n'était presque jamais nette. Quant aux carrières de grès et de calcaire, elles portent encore l'empreinte des instruments semblables à ceux dont se servent nos tailleurs de pierre, et qui ont sans doute servi à égaliser les faces unies que présentent actuellement les galeries à ciel ouvert pratiquées dans la roche. Ces carrières portent de nombreux cartouches, où sont inscrits les noms des pharaons qui les ont fait exploiter. Aucun peuple n'a été plus que le peuple égyptien prodigue d'inscriptions. On en mettait sur les blocs détachés : le nom de Chéops, que l'on a pu lire dans les chambres supérieures de la grande pyramide de Gizeh, semble avoir été tracé dans la carrière.

C'est là que le bloc était dégrossi, et recevait une forme régulière. Nous en avons la preuve dans l'obélisque à moitié taillé, qui se voit encore à Syène. Les blocs présentaient le plus souvent la forme rectangulaire. La forme trapézoïde se rencontre pourtant quelquefois dans les mastabas de l'ancien empire, mais les joints horizontaux sont toujours de niveau. Les assises n'ont pas toujours la même hauteur; parfois, deux assises peu élevées continuent la ligne d'une assise plus haute. Quant aux faces intérieures, elles ne sont pas toujours dressées sur toute leur surface : le tour l'est simplement sur une largeur de quelques centimètres.

Les fondations reposaient généralement sur le roc naturel : elles n'étaient donc pas bâties; lorsqu'elles l'étaient, elles n'offraient qu'un épatement peu saillant. Parfois pour donner plus de fixité à la première assise, le rocher sur lequel elle reposait était entaillé, et présentait, comme aux pyramides, une sorte de rainure verticale de 6 à 7 pouces de profondeur. Quant au pavage, il était formé de dalles peu épaisses quand la surface égalisée du rocher ne pouvait en tenir lieu.

Quelle que fût la forme des blocs, ils étaient appareillés avec tant d'art que le joint est à peine apparent, l'épaisseur du mortier est à peine calculable. Le mortier n'était pas jugé suffisant pour assurer l'adhérence des blocs entre eux : dans la plupart des pierres contiguës, on voit deux entailles correspondantes en forme de queue d'aronde, destinées à recevoir des tenons, qui s'emboîtaient dans les deux pierres comme une large agrafe. Ces tenons étaient-ils en métal ? il n'est pas à supposer qu'ils le fussent, car on n'en a trouvé aucun de cette sorte : ceux qu'on a mis au jour étaient en bois de sycomore ; la sécheresse des pierres, et l'absence de tout souffle d'air, rendaient le bois incorruptible. (Voy. Lancret, *Descript. de l'île de Philœ*, dans la description de l'Égypte, par la commission chargée d'accompagner l'armée française, t. I.).

S'ils eussent été en métal, ils n'eussent été qu'en cuivre : le fer était regardé par les Égyptiens comme un métal impur.

C'est avec un instrument de fer que d'après la fable, Osiris aurait été mis à mort par son frère Typhon. Le mythe sacré fut sans doute inventé pour détourner de l'emploi de ce métal, que l'oxyde détruit, les ouvriers égyptiens qui n'appréciaient du reste que la durée. Un seul morceau de fer a jusqu'à ce jour été découvert dans l'une des grandes pyramides : il est noyé dans du mortier.

Mais si les Égyptiens n'avaient pas recours aux métaux pour augmenter la solidité de leurs constructions, ils les employaient souvent à titre d'ornement. Les portes des temples étaient souvent en bronze ainsi que celles des naos. Quelques trous pratiqués dans la pierre, dans la gorge formant la corniche de tous les monuments, semblent même indiquer que des ornements de métal y étaient attachés.

Les Égyptiens possédaient sur la construction des connaissances avancées : ils savaient calculer la pesée des pierres et leur résistance, équilibrer l'une avec l'autre et éviter les tassements. Ils connaissaient tous les genres de voûte; nous avons cité plus haut des monuments où se rencontrent des voûtes à voussoirs. Dans la grande pyramide, nous trouvons un exemple de la voûte arc-boutée : deux dalles inclinées se rapprochent dans leur partie supérieure et s'appuient mutuellement l'une sur l'autre. A Deir-el-Bahri nous trouvons enfin la voûte d'allégement. Au-dessus d'une ouverture cintrée, ménagée dans des assises horizontales, et par suite sans solidité, se trouve une voûte arc-boutée, destinée à préserver du poids du mur supérieur la partie évidée de la muraille.

Le volume des blocs détachés des carrières offrait

pour leur transport de graves difficultés. La direction de ces travaux constituait une véritable charge publique que l'on ne confiait, du moins sous l'ancien empire, qu'à de hauts dignitaires. Une inscription trouvée à Abydos, dans la tombe d'un fonctionnaire de la sixième dynastie nommé Onna, nous montre la faveur dont il jouit. « Le roi Papi, dit le texte dont j'emprunte la traduction à M. Mariette, l'aima par-dessus tous ses autres grands, par-dessus tous ses autres Sah, par-dessus tous ses autres serviteurs. » Il fut chargé d'amener de la terre de Roaou une pierre destinée à un sarcophage. Suit la description du monument : « Jamais, dit le texte, ne fut faite œuvre pareille par aucun serviteur, à la grande satisfaction de Sa Majesté. » Notre personnage fut honoré des plus hautes dignités en récompense de ses services. Il commande plusieurs expéditions dans le Sud. La gloire qu'il y acquiert ne rend pas indigne de ses soins une mission analogue à celle qu'il a déjà remplie sous Papi, le prédécesseur du roi actuel Meri-en-Ra. « Sa Majesté envoya au pays d'Abhat pour amener une image de Dieu, ainsi qu'un naos avec sa grande porte et son pyramidion pour la pyramide de Meri-en-Ra Schanefer... Et Sa Majesté envoya aussi à Éléphantine, pour amener une pierre de granit pour la pyramide du roi. Ces pierres furent placées dans de grandes barques et jamais chose pareille ne fut faite dans le pays d'Abhat et dans le pays d'Abou, et tout fut fait conformément aux ordres de Sa Majesté. »

Onna eut aussi à s'occuper du transport d'une grande table d'albâtre du pays de Ha-Noub. Dix-sept jours furent employés à cette opération. La table fut déposée dans une barque de bois d'acacia. Quand les matériaux arrivèrent devant la pyramide en construction, l'inondation du fleuve n'était pas assez forte pour leur permettre d'approcher. Il fallut faire de nouvelles barques, plus plates sans doute, qui purent approcher davantage, grâce aux canaux qui furent creusés à cet effet [1].

Les œuvres immenses entreprises par les Égyptiens ont été exécutées entièrement à mains d'hommes. C'est par un surcroît d'ouvriers qu'ils ont pu suppléer aux machines : c'est en multipliant les forces individuelles par elles-mêmes qu'ils ont pu obtenir une force collective assez considérable pour l'érection de leurs monuments. Ils n'employaient des bœufs comme animaux de trait que pour le transport de blocs de petites dimensions. S'agissait-il de transporter une pierre d'un grand volume de la carrière d'où elle était tirée, au bord du fleuve, où un radeau la recevait pour la porter jusqu'à la rive la plus proche de sa destination ? Des hommes s'attelaient au traîneau

---

[1] Cette stèle est déposée au musée de Boulaq.

sur lequel elle était posée. S'il fallait la hisser à une certaine hauteur, on construisait un plan incliné sur lequel des hommes encore la tiraient. Une seule précaution tendait à rendre le travail moins dur : c'était l'apposition sous le traîneau d'une substance destinée à adoucir le frottement. D'anciennes peintures nous en ont conservé de curieux exemples. M. Prisse croit avoir retrouvé à Karnak les restes d'un plan incliné en terre qui permettait de hisser les blocs de pierre sur les massifs du pylone qui n'a pas été terminé. Ce plan aurait été construit en briques crues de très-grandes dimensions. C'est à un procédé analogue que les Grecs durent recourir, au dire de Pline (Pline, XXXVI, 21, 64), pour construire, au temps de Crésus et sous la direction de Chersiphron, le premier temple d'Éphèse. Pour élever les lourdes architraves jusqu'au sommet des colonnes, on enfouit celles-ci sous un monceau de sacs de sable sur lesquels on put rouler les pierres. (Voy. le mémoire de M. Letronne publié dans le *Recueil de l'Acad. des inscript.*, t. XVII.)

Le cas où il fallait poser un bloc plus bas que le niveau du sol se présentait moins souvent. Il avait lieu pour les fondations des édifices et pour la descente dans les caveaux funéraires des immenses sarcophages qu'on y a découverts. M. Mariette suppose que l'on formait une butte de sable dont le sommet était au niveau du bloc à descendre. Dès qu'on l'avait placé sur cette butte, on dégarnissait ses côtés du sable qui les entourait. La masse par son propre poids tendait à faire affaisser la petite éminence qui devait s'abaisser à mesure que l'on retirait sur les côtés la matière qui la formait. Mais ce procédé fort simple, auquel on put avoir recours pour les gigantesques sarcophages du Sérapéum, n'était pas applicable à la plupart des tombes humaines : le puits qui sert d'entrée au caveau est en effet trop étroit pour qu'on ait pu retirer le sable dont on l'aurait précédemment comblé.

Faute des notions les plus élémentaires de la mécanique, les Égyptiens ne devaient obtenir par un effort donné, qu'une partie de la force qu'il était capable de produire. La traction pure et simple par une corde semble sous les premières dynasties avoir été seule en usage. Les peintures des tombeaux représentant le transport de colosses d'un poids considérable n'indiquent point d'autre procédé. Quelques poulies ont été retrouvées dans des tombes, mais recueillies avant que l'âge de celles-ci n'ait été constaté. Nous ignorons donc à quelle époque elles appartiennent : nous pouvons simplement affirmer qu'elles ne sauraient remonter au delà du commencement du moyen empire, puisque l'usage de déposer dans les tombeaux des objets de toute sorte ne date que de la onzième dynastie. D'ailleurs, si les Égyptiens avaient connu quelque appareil pour simplifier le travail, nous le trouverions mentionné dans Hérodote, qui nous a laissé sur la construction des pyramides d'intéressants détails. On n'avait recours pour hisser les blocs de pierre qu'à un plan incliné que l'on obtenait par un appareil de bois qui faisait disparaître, lorsqu'il était en place, les gradins formés par les assises, comme le revêtement de granit devait le faire définitivement plus tard. Le récit d'Hérodote ne saurait laisser de doute à cet égard. Écoutons un moment le vieil historien. « Les uns appellent table d'attente et les autres tables d'autel, celles (les pierres) qui sont assises en forme de degrés, car quand la première était assise, ils avaient de petits engins de bois qu'ils posaient dessus pour monter les autres pierres. Et par ce moyen était la première pierre levée de terre avec son engin particulier, puis sur icelle était dressé un autre engin pour monter la seconde pierre, et ainsi conséquemment des autres, tellement qu'autant y avait d'engins comme il y avait de marches, ou bien n'y avait qu'un engin : lequel, pour être aisé à manier, était levé de degré en degré quand besoin était de monter une pierre. » (Hérodote, liv. II, § 125. Traduction de Pierre Saliat.)

Supposons le récit d'Hérodote inexact sur quelques points ; admettons qu'il n'a pu à une si grande distance se rendre un compte précis des instruments employés : regardons comme exagéré le chiffre de cent mille hommes qui auraient d'après lui travaillé pendant dix ans pour faire un chemin pour voiturer les pierres de la grande pyramide et creuser les chambres ménagées dans le sol, et la durée de vingt années pour l'érection du monument (Hérodote, liv. II, § 124); nous ne pouvons nier que le chiffre des ouvriers employés à ces immenses constructions n'ait été très-considérable.

Où trouver ces myriades d'ouvriers? dans le peuple sans doute, qui aurait, au dire des anciens auteurs, voué à la haine la plus vive la mémoire des pharaons qui se firent élever pour tombeaux ces monuments qui semblaient peser de tout leur poids sur les épaules de leurs sujets. Peut-être, à cette époque comme aux siècles postérieurs, réservait-on pour les travaux publics les peuples captifs. La Bible nous apprend que, pendant leur captivité en Égypte, les Hébreux travaillaient à construire les villes de Pithom et de Ramsès. Divers documents de la dix-neuvième dynastie font mention de gens nommés Abari, occupés à divers travaux. Plusieurs auteurs ont voulu voir dans ce nom la désignation du peuple hébreu; sans nous arrêter aux raisons qui ont fait adopter ou rejeter cette interprétation, bornons-nous à constater qu'une inscription postérieure de deux siècles au règne de Ramsès II (Sésostris), et par suite au départ des Hébreux, mentionne encore quatre cents travailleurs désignés par le même nom d'Abari, accompagné comme plus haut du signe qui, dans l'écriture égyptienne, indique la qualité d'étranger. (Étude du vicomte E. de Rougé, dans les *Mémoires de la société française de numismatique et d'archéologie*. 1869.)

Les prisonniers faits sur le champ de bataille n'étaient point réservés à ces rudes travaux. L'émasculation qu'ils subissaient après leur défaite, comme l'indique un des tableaux du grand temple de Medinet-Abou, leur retirait leurs forces, si elle leur laissait la vie. Au dire d'Hérodote, un changement introduit par l'Éthiopien Sabacon (vingt-cinquième dynastie) dans les lois criminelles, aurait donné aux travaux publics un contingent d'ouvriers. Ce roi aurait aboli la peine de mort et l'aurait remplacée par la condamnation aux travaux publics.

Mais si nous pouvons concevoir que les moyens primitifs dont les Égyptiens disposaient étaient suffisants pour l'accomplissement de leurs immenses travaux, nous ne saurions comprendre à quel procédé ils avaient recours dans l'état de leur civilisation, pour tailler les roches les plus dures. On sait que le granit rose de Syène, pour lequel ils avaient une prédilection marquée, émousse les ciseaux les mieux trempés. La sculpture d'une statue de cette matière est moins surprenante que les inscriptions que l'on y voit gravées. Le polissoir permet de donner aux corps les plus résistants des surfaces unies. Mais cet instrument ne pouvait servir à creuser les hiéroglyphes profonds qui ornent la plupart des anciens monuments. La partie latérale qui forme la profondeur présente toujours en effet une surface rude au toucher.

Aux dernières époques de l'art en Égypte, la gravure au tourillon a pu être en usage. Un sarcophage de basalte, conservé au Louvre, semble avoir été gravé par ce procédé, dont on ne trouve nulle trace sur les monuments d'un âge antérieur. Les Égyptiens employaient-ils un liquide qui avait la propriété de décomposer la pierre? employaient-ils l'émeri en morceau? Un passage d'un auteur grec semble, au dire d'un écrivain moderne, indiquer que l'on trouvait en morceau cette matière que nous ne connaissons plus qu'en poudre. Le champ est ouvert à toutes les conjectures. Celle qui semble le plus conforme à la vérité, consiste à supposer que les Égyptiens employaient des outils de bronze. On n'a pas encore analysé les instruments de cuivre que l'on a retrouvés dans les tombes; il est probable qu'ils contiennent un peu d'alliage qui donne à ce métal une grande dureté. La découverte de couteaux de cuivre dont le tranchant n'était pas émoussé appuie cette hypothèse.

Ici se présente une objection. Le granit, nous l'avons vu, était travaillé dans la carrière. Or les roches réputées les plus dures, telles que le silex et le porphyre, se travaillent avec une facilité relative au sortir de terre ; elles n'acquièrent leur extrême dureté qu'au bout de quelque temps d'exposition à l'air. Les Égyptiens n'avaient donc pas à tailler une matière aussi dure qu'elle se présente actuellement à nous. Cette remarque suffirait pour supprimer la difficulté qui nous occupe, si l'inspection des monuments anciens ne nous présentait pas la question sous une autre face. Un même bloc de granit recevait parfois une inscription postérieure de plusieurs règnes à l'époque de son érection. Il avait donc eu le temps d'acquérir, entre deux, sa dureté complète.

La résistance de la roche n'empêchait pas les Égyptiens de la travailler avec une rapidité qui nous étonnerait de nos jours, quoique nous soyons habitués à tous les prodiges de l'industrie et de la mécanique. Sur la base de l'obélisque érigé à Karnak par la régente Hatasou (dix-huitième dynastie), se lit la phrase suivante : « Il est en une seule pierre de granit dur ; il n'est pas assemblé ; il n'est pas construit ; il a été commencé dans l'année 15e (du règne), le 1er du mois de méchir, et il a été terminé l'année 16e, le dernier jour du mois de mesori, ce qui fait sept mois depuis le commencement dans la montagne. » Cet obélisque, dont la hauteur dépasse d'un quart environ celle de l'obélisque de Louqsor, actuellement à Paris, avait dû être transporté de 50 lieues.

L'érection d'un édifice était considérée comme un titre de gloire. Les rois qui en firent élever eurent soin de le rappeler aux générations suivantes par de longues inscriptions, où figurent tous leurs titres. Je transcris ici celle qui se lit au palais de Kournah (Thèbes), qui peut être regardée comme le type de toutes les autres. Elle est ainsi conçue :

« L'Aroëris puissant, ami de la vérité, le seigneur de la région inférieure, le régulateur de l'Égypte, celui qui a châtié les contrées étrangères, l'épervier d'or, le soutien des armées, le plus grand des vainqueurs, le roi-soleil, gardien de la vérité ; l'approuvé de Phré, le fils du soleil, l'ami d'Ammon, Rhamsès (Sésostris), a exécuté des travaux en l'honneur de son père Ammon-Ra, le roi des dieux, et embelli le palais de son père, le roi-soleil, stabiliteur de justice, le fils du soleil, Ménephta-Borei. Voici qu'il a fait élever..... (grande lacune)..... les propylones du palais..... et qu'il l'a entouré de murailles de briques, construites à toujours. C'est ce qu'a exécuté le fils du soleil, l'ami d'Ammon-Ra, Rhamsès. » (Traduction d'Ampère.)

Sur les quatre faces du dé des chapiteaux du portique se lisent les légendes de Ménephtha et de son fils Ramsès, les deux fondateurs du temple. On les retrouve sur les fûts des colonnes.

Dans une inscription qui se voit à Louqsor, Aménophis III (dix-huitième dynastie) est loué pour avoir remplacé d'anciennes constructions en briques par des édifices en pierres. C'était là un mauvais exemple pour les pharaons qui se vantèrent plus tard, par une pompeuse inscription, de la moindre réparation faite par eux aux édifices publics. Une chapelle de Médinet-Abou, embellie par Ptolémée-Soter II, porte cette inscription : « Cette belle réparation a été faite par le roi seigneur du monde, le grand germe des dieux grands, celui que Phtah a éprouvé, image vivante d'Ammon-Ra, le fils du soleil, le seigneur des diadèmes, Ptolémée toujours vivant, le dieu aimé d'Isis, le dieu sauveur, en l'honneur de son père Ammon-Ra, qui lui a concédé les périodes des panégyries sur le trône d'Horus. » (Traduction d'Ampère.)

Sur beaucoup de monuments, le nom des rois qui les ont bâtis ou simplement embellis a été martelé. La légende s'est emparée de ce fait; les auteurs grecs, qui ont inventé le jugement des rois après leur mort, ont voulu trouver dans le martelage des noms de plusieurs d'entre eux sur les monuments, la preuve de l'exécration où était leur mémoire. Les pharaons dont le nom a été effacé, souvent assez mal pour permettre de le déchiffrer encore, étaient regardés comme des usurpateurs. Les rois légitimes cherchaient à effacer toute trace de leur règne. C'est ainsi que, sous les Saïtes, on fit marteler par une mesure générale les noms des conquérants éthiopiens sur tous les monuments de l'Égypte.

On est porté à croire qu'un peuple qui attachait à l'érection d'un monument une si grande importance en ait célébré la construction par une fête. Plusieurs découvertes confirment cette supposition, et permettent d'avancer que la pose de la première pierre était, comme de nos jours, l'occasion d'une cérémonie. A Médinet-Abou, sous le pavage d'une des salles, furent trouvées un grand nombre de statuettes d'Osiris en bronze. A Sân, on mit au jour des tablettes de terre au nom du roi Smendès (vingt-et-unième dynastie), ainsi que des tablettes d'or au même nom. Dans le grand temple, qui doit à la même dynastie des remaniements considérables, on découvrit dans le sable, sous le dallage du sanctuaire renouvelé par Psousennès, de nombreuses tablettes de terre émaillée, portant le cartouche royal et comme jetées au hasard. A Canope, enfin, fut trouvée, dans les fondations du temple d'Osiris fondé par Ptolémée-Évergète, une plaque d'or où son nom est tracé en caractères arrondis, en pointillé.

En attachant leur nom à des constructions pour le rendre éternel, les Pharaons d'Égypte ont atteint leur but. Leur mémoire est sauvée de l'oubli. Ils regardaient l'érection d'un édifice comme un titre de gloire. La postérité a jugé comme eux : un roi qui protége et encourage les arts est un grand roi.

CHAPITRE IV

CARACTÈRES DISTINCTIFS DES MONUMENTS

AUX GRANDES ÉPOQUES DE L'ART

I

Ancien empire.

Tant que la science n'eut pas trouvé la clef de l'écriture hiéroglyphique, il fut impossible de classer les monuments égyptiens dans l'ordre de leur antiquité. Ceux réputés les plus anciens ne remontaient pas au delà des Césars et des Ptolémées. Cette erreur, dans laquelle sont tombés d'illustres savants, a son excuse dans le phénomène tout particulier que présente l'art en Égypte. Il a atteint presque du premier coup une perfection qu'il ne devait pas toujours conserver, et ses premières œuvres devaient être supérieures sur bien des points à ses dernières.

Nous ne saurions dire à quelle époque, l'art a commencé à fleurir en Égypte. Il y a certainement devancé la fondation de la monarchie, puisqu'au dire d'Hérodote, Ménès, le premier pharaon de la première dynastie, fonda Memphis, et y éleva « un grand et magnifique temple en l'honneur de Vulcain (Phtah). » Son successeur immédiat, Têta (l'Athothis de Manéthon) nous est aussi signalé comme le constructeur d'un palais à Memphis. (Franc. Lenormant, *Manuel d'histoire ancienne d'Orient*, t. I. liv. III.)

Nous ne possédons aucun échantillon de l'art à cette époque reculée. Le monument qui semble le plus ancien est la pyramide à degrés de Saqqarah que des vraisemblances très-puissantes font remonter à Kékeou (le Céchons de Manéthon) de la deuxième dynastie. La porte basse et étroite, qui donnait entrée dans la chambre sépulcrale, déposée maintenant au musée de Berlin, présentait un système de décoration sans autre exemple. Son linteau de calcaire blanc est chargé d'une inscription, ses jambages sont formés de pierre calcaire, de petit appareil, et de cubes de terre émaillée verte. Les rares fragments que nous possédons de la troisième dynastie, semblent indiquer qu'à cette époque aucun plan n'était encore arrêté pour l'ornementation des monuments.

Sous la quatrième dynastie, l'art nous apparaît au

contraire comme définitivement constitué. Il se maintient à la même hauteur, sous la cinquième et la sixième dynastie. A l'exception du sphinx de Gizeh, les monuments de cette époque sont des édifices funéraires : les pyramides et les mastabas. Nous ne les envisagerons ici que sous le point de vue de l'art, nous proposant de les étudier dans un chapitre spécial.

Leur construction dénote un art avancé : les quartiers de pierre qui en forment les assises, sont appareillés avec le plus grand soin. Souvent ils ne sont pas placés sur leur lit, mais le revêtement qui les recouvrait remédiait à l'inconvénient que présentait cette pose défectueuse. Les blocs de granit qui garnissent les couloirs intérieurs, et forment les parois des chambres sépulcrales, sont taillés avec une précision que l'on ne saurait dépasser. Leurs surfaces se touchent de si près, que les joints sont presque invisibles. On a peine à concevoir qu'un peu de mortier ait pu se glisser entre elles. Les chambres sont couvertes de dalles immenses, posées à plat ou arc-boutées deux à deux. Malgré la pression excessive qu'elles supportent, elles n'ont pas fléchi.

Les mastabas offrent dans leur construction la même régularité. Leur porte appartient à un type abandonné plus tard. Elle est basse et formée d'un linteau arrondi dans sa partie inférieure, et reposant sur deux pilastres droits, et précédés parfois de piliers carrés.

Franchissons-la. Nous sommes dans une salle dont les dalles du plafond sont soutenues par de gros piliers carrés rappellant ceux de l'extérieur. Ils n'ont point de base et point de chapiteau. Leur apparition est un fait important dans l'histoire de l'art. En fournissant le moyen d'ajouter un linteau à un linteau, ils ont permis d'augmenter la dimension des salles destinées à être couvertes, et d'abriter le pourtour de celles dont le milieu devait rester à jour. Ils ont mis sur la trace du péristyle, qui devait occuper plus tard une grande place dans la distribution des temples et des palais, et dont le tombeau de Ti à Saqqarah offre peut-être l'exemple le plus ancien.

C'est surtout à cette époque que l'architecture égyptienne présente le caractère de solidité que nous lui avons reconnu. L'inclinaison des murailles extérieures est plus forte : la forme pyramidale, qui offre le plus de garantie de durée a la préférence sur les autres : elle est adoptée dans toute sa pureté pour les tombes royales ; elle est légèrement modifiée pour les tombes particulières, dites mastabas, qui rappellent une pyramide tronquée. Le goût de l'ornementation ne s'est pas encore répandu : le luxe des monuments est dans les matériaux employés et dans la manière dont ils sont appareillés. La surface polie qui égalisait les pyramides, ne valait-elle pas une ornementation réelle? et les piliers parfaitement équarris, avaient-ils besoin, surtout quand ils étaient en granit, de recevoir quelques sculptures?

L'absence d'ornementation est la règle générale, mais on y connaît quelques exceptions. Un mastaba de Saqqarah, qui a reçu la momie d'un personnage d'un rang élevé, nommé Peh-en-Ka, présente sur les piliers carrés qui en décorent l'entrée, deux feuilles de lotus, accompagnées de rainures horizontales et verticales. (Voy. pl. I, fig. 2). Mais ces piliers, comme tous les autres, manquent encore de base et d'abaque. L'idée d'en tirer parti sous le point de vue de la décoration, d'en abattre les angles, pour les changer en colonnes, n'est venue encore à l'esprit d'aucun constructeur. Ce système d'ornementation, composé de la feuille de lotus et de rainures droites, si rare sur les monuments, se rencontre un peu plus fréquemment sur les sarcophages. La feuille de lotus que nous rencontrons ici pour la première fois, et qui joue un rôle important dans la décoration égyptienne, est l'emblème de l'Égypte.

De toutes les parties des mastabas, celle qui fut le plus ornée est la stèle. Elle se compose d'une inscription en mémoire du défunt, et se termine généralement par une prière à Osiris, le juge des morts. Cette inscription occupe le plus souvent le fond de la chapelle, ce que j'appellerais volontiers la place d'honneur. Elle est entourée d'une sorte de cadre ménagé dans la pierre, et qui rappelle la porte d'entrée par sa disposition. Voulait-on une ornementation plus riche? on répétait la même quatre ou cinq fois : on imitait alors une enfilade de portes.

Quelques stèles de l'ancien empire nous présentent pourtant un système de décoration différent de celui que je viens d'indiquer. Il se compose dans sa partie supérieure, d'une forte moulure droite, surmontée d'une gorge profonde formant corniche. C'est le type des portes des temples. Quelques stèles présentent un double cadre formé par deux portes appartenant à chacun de ces modèles, celui que j'ai indiqué en dernier, enveloppant l'autre. Elles sont toujours de grande dimension, et les caractères qui y sont gravés, espacés les uns des autres. Jamais on n'y déchiffre de généalogies comme aux époques postérieures, mais les titres du défunt y occupent une large place. (Voy. pl. I, fig. 4.)

Sous l'ancien empire, la couleur ne joue qu'un rôle secondaire dans l'ornementation des monuments. Elle recouvre les statues, quelles que soient leurs dimensions : le sphinx de Gizeh porte encore des traces de l'enduit rouge foncé dont il était revêtu. Elle recouvre aussi les bas-reliefs formant dans la chapelle une série de tableaux relatifs à la vie du défunt. Mais ici, encore, elle semble n'être que le complément de la sculpture. Les parties de murailles qui ne portent point de tableaux, comme les plafonds et les piliers, ont conservé la couleur de la pierre : en un mot, la peinture que nous trouvons dans les monuments de l'ancien empire n'a point le caractère décoratif qu'elle devait présenter plus tard.

II

Moyen empire.

Durant la longue période qui s'étend de la sixième dynastie à la onzième, l'art a subi, au point de vue de l'ornementation, des changements considérables. L'absence de tout monument intermédiaire à ces deux époques ne nous permet pas de le suivre dans ses transformations. Nous ne pouvons que constater ses progrès. Pour les monuments de l'ancien empire, la solidité semble avoir été la seule préoccupation des architectes. Sous le moyen empire, à ce caractère fondamental qui se retrouve dans les édifices de toutes les époques, se joint l'élégance. Ce second caractère qui se retrouve dans les productions de la onzième dynastie, s'accentue davantage sous la douzième. A ce moment, l'architecture égyptienne entre dans une seconde phase. Confiante en elle-même, elle introduit quelques innovations dans les règles qu'elle s'était posées. Elle s'ouvre une voie nouvelle, et sûre d'arriver à produire, sans s'en préoccuper exclusivement, la solidité qui est à ses yeux la première qualité, elle cherche à donner de la grâce à toutes ses créations.

Le changement le plus considérable que l'on puisse constater dans l'ornementation des monuments, sous le moyen empire, est la transformation du massif pilier carré des premières dynasties en colonne élégante. Le pilier est abandonné, mais n'est pas proscrit : on l'emploie rarement. Sous le nouvel empire, nous le retrouverons encore, mais les monuments, où il se voit sont fort peu nombreux. Ses angles sont abattus, ce qui en fait une colonne prismatique à huit facettes, puis à seize si nous les doublons en abattant une seconde fois les angles. C'est le type de la colonne dorique, dont le premier modèle, loin de se trouver en Grèce, se voit dans les admirables hypogées de Beni-Hassan. Ce type primitif de colonne a été surnommé proto-dorique. Les Hellènes dont l'architecture découle de l'art égyptien, et qui sont devenus des maîtres inimitables dans cette partie, ont su apprécier toutes les ressources que présentait, pour la décoration des monuments, la colonne de cet ordre. C'est la colonne dorique qu'ils ont employée à la grande époque de Périclès, lorsque l'art était à son apogée ; c'est la colonne dorique qui décore leurs plus beaux chefs-d'œuvre, y compris le Parthénon. Nous pouvons nous en rapporter à leur jugement sur la valeur de ce modèle de colonne, et leur emprunter une partie de leur admiration pour la reporter sur le modèle analogue que les vieux architectes égyptiens avaient créé et aimaient à employer.

Quoique la colonne proto-dorique se rencontre dans les hypogées de la XIe dynastie, avec un type de colonne plus délicat et plus élégant, la colonne fasciculée à bouton de lotus (voy. planche II, fig. 1), elle doit avoir une origine plus ancienne. Si nous mettons au jour les ruines de quelques monuments appartenant à l'époque intermédiaire de celles que nous pouvons seulement étudier, c'est-à-dire remontant de la sixième à la onzième dynastie, nous y trouverons, je n'en doute pas, la colonne proto-dorique employée seule. Elle sert de trait d'union entre le pilier de la colonne : elle doit appartenir au style de transition, dont nous ne possédons aucun spécimen, employé entre l'ancien empire, époque caractérisée par le pilier carré et le commencement du moyen empire, époque caractérisée par la colonne. Toutefois, s'il fallait la classer dans une de ces deux catégories, il faudrait la ranger de préférence dans la première : elle tient plus encore du pilier que de la colonne : à strictement parler, elle n'est qu'un pilier à pans coupés. Ce qui caractérise la colonne égyptienne, c'est la base et le chapiteau. Or la colonne proto-dorique ne présente que rarement l'une, et jamais l'autre. Elle est surmontée, il est vrai, d'un abaque carré et peu élevé, mais l'abaque prend dans l'architecture égyptienne une grande importance sous la dénomination de dé, et ne constitue pas une portion du chapiteau, mais une portion spéciale de la colonne.

La colonne fasciculée à bouton de lotus, nous présente, au contraire, comme parfaitement établies les parties constitutives de la colonne, au nombre de quatre : la base, le fût, le chapiteau et le dé.

Passons en revue chacun de ces éléments.

La base, nous l'avons dit, faisait parfois défaut à la colonne proto-dorique. On la retrouve toujours dans les autres modèles. Elle est large, peu élevée et cylindrique. Sa face horizontale est plane, sa face annulaire légèrement convexe. Elle n'a varié à aucune époque.

Le fût se rétrécit insensiblement de la base au chapiteau. Cet amincissement repose-t-il, comme l'inclinaison des façades à laquelle il semble correspondre, sur une raison de solidité ? nous n'en saurions douter. Un certain nombre de colonnes appartenant au nouvel empire nous présentent même dans leur partie inférieure, à l'endroit où elles seraient sujettes à fléchir sous le poids qu'elles supportent, un renflement destiné à les consolider. Une remarque suffit à prouver que ce renflement, quoiqu'en donnant une certaine grâce au fût, ne vise que la solidité : les colonnes sur lesquelles nous l'observons sont celles qui forment, dans les salles hypostyles, la travée centrale, c'est-à-dire celles qui sont plus élevées et qui soutiennent des linteaux plus longs. Quand il n'est pas à facettes, le fût est lobé ; il semble composé de colonnettes juxtaposées : il constitue la colonne fasciculée.

Le chapiteau qui surmonte la colonne de ce modèle reproduit la forme du fût et représente un faisceau de boutons de lotus ; il se rétrécit dans sa partie supérieure. Les Égyptiens n'ont employé la fleur épanouie du lotus en forme de campane que sous le nouvel empire ; le développement qu'ils lui ont donné semble correspondre au développement de l'art lui-même. (Voy. planche II, fig. 1.) Le chapiteau renflé à sa partie inférieure, qui fait saillie sur le fût, présente une surface unie, mais sa section comme celle de la colonne est lobée. Il faudrait donc dire, pour être plus exact, que chaque tige et chaque bouton de lotus dont le faisceau forme la colonne et le chapiteau, a une surface unie, dont l'ensemble forme une section lobée. Dans la pensée des anciens constructeurs, ce modèle de colonne si élégant et si original, qui porte empreint plus que tout autre le caractère égyptien, devait représenter non pas des tiges de lotus *juxtaposées*, mais bien *liées* en faisceau. Un certain nombre de moulures imitant un lien et décrivant, non pas une circonférence lobée, mais une circonférence régulière, sépare le fût de la colonne du chapiteau. Mais la dimension de leur diamètre peut les faire considérer plutôt comme le complément du fût que comme la base du chapiteau. Un dé, analogue à celui que j'ai indiqué pour la colonne proto-dorique, surmonte le chapiteau, et le sépare du large cordon de pierre, de section carrée, qui relie les uns aux autres les dés des colonnes disposées sur la même ligne, et qui forme l'entablement. Ce cordon que l'on pourrait appeler un sommier de pierre, formé dans les constructions par les linteaux recevant les dalles transversales qui servent de plafond, est ménagé dans le roc, pour les monuments qui sont creusés dans le flanc de la montagne. Dans ce cas, le bandeau ne sert qu'à isoler la colonne dans sa partie supérieure, pour lui donner à l'œil une plus grande légèreté.

Quand plusieurs rangées de colonnes garnissent une même salle, le bandeau divise le plafond en travées parallèles. Ce plafond est parfois plat, parfois légèrement concave. Les Égyptiens ne proscrivaient les lignes courbes que pour les façades extérieures : elles auraient contrasté avec les lignes droites de l'horizon : un besoin d'harmonie les leur interdisait. Il en était différemment pour l'intérieur d'un édifice. Nous aurons à constater souvent l'emploi d'ornements curvilignes : c'est dans les tombeaux du moyen empire que nous trouvons les premiers.

Quelques notables que soient les changements que nous présentent les monuments du moyen empire, comparés à ceux de l'époque antérieure considérés spécialement sous le point de vue de l'ornementation, nous trouvons un grand rapport entre eux, dans la manière dont ces ornements sont employés. Nous avons dit à propos des matabas que deux piliers accompagnaient souvent la porte d'entrée. Les tombeaux du moyen empire, les hypogées de Beni-Hassan, nous présentent deux colonnes qui leur correspondent. Ces colonnes appartiennent toujours au modèle qui décore la salle intérieure. Ce sont elles qui forment le motif principal de la décoration de la façade : elles en occupent le premier plan. La porte est reléguée au second plan. Elle est d'une extrême simplicité : le linteau demi cylindrique des mastabas a disparu.

De tous les ornements caractéristiques du moyen empire, ce sont ceux qui accompagnent la stèle qui nous présentent le plus de modifications. Ils ont varié sous les onzième, douzième et treizième dynasties. La page suivante que j'emprunte à M. Mariette (*Catalogue du musée de Boulaq*, introduction) les indique de la manière la plus précise : « Les stèles de la onzième dynastie sont rudes ; elles ont conservé la forme quadrangulaire, dépouillée cependant des ornements à rainures prismatiques qui caractérisent l'ancien empire, mais elles semblent avoir un point de départ inconnu, et ne présentent avec les stèles de la sixième dynastie aucune de ces ressemblances qui accusent un lien de parenté. Sous la douzième dynastie, la transformation est déjà sensible. Les stèles arrondies par le haut paraissent; des dates royales se montrent. La formule des proscynèmes n'est plus comme autrefois une brève invocation à Anubis, suivie tout aussitôt des titres du défunt. On sent que cette formule se fixe. Les titres des dieux y prennent plus de place; Osiris y est en pleine possession du séjour des morts. Autrefois la stèle n'était qu'un texte tracé sur une façade d'édifice; elle tend maintenant à devenir un tableau où le défunt est représenté entouré des siens et assistant aux offrandes par lesquelles ses mânes sont honorées. Malgré quelques points de contact communs, malgré les exemples où les stèles de la douzième dynastie nous montrent l'Égypte renouant avec la sixième les traditions interrompues, on découvre donc entre les deux périodes des différences marquées. Sous la treizième dynastie, la séparation est complète. A ce moment, les stèles deviennent confuses, chargées, hérissées de noms propres. La famille envahit de plus en plus le champ du monument, et en général, ses divers membres sont représentés, à droite et à gauche de la stèle, à genoux, et alignés sur deux lignes verticales. Du reste ici, comme sur tous les monuments funéraires de l'ancien et du moyen empire, se remarque l'absence intentionnelle de toute représentation de divinités : il est évident que l'usage de ces représentations ne s'est pas encore introduit, ou plutôt n'a pas encore été appliqué aux tombeaux. »

Les stèles du moyen empire, comme tous les bas-reliefs qui recouvrent les murailles des tombeaux, sont enduites de couleur. Mais contrairement à ce que nous avons observé pour les monuments de l'ancien empire, la peinture cesse d'être considérée uniquement comme l'accessoire de la sculpture. Elle constitue un nouveau système de décoration. La pierre disparaît complétement sous le badigeon qui la recouvre. Les plafonds présentent une teinte bleue assez foncée sur laquelle se détachent en jaune des traits formant tantôt une série de losanges dont le centre est occupé par un ornement de forme gracieuse, tantôt ce genre de méandre que les Grecs ont adopté, et auquel ils ont donné leur nom. C'est à Siout que se voit le plus ancien exemple de la *grecque*, comme c'est à Beni-Hassan que se voit le plus ancien modèle de la colonne dorique. Quelque peu importante que soit en elle-même la priorité d'invention de cet ornement, elle est intéressante à constater : elle apporte un argument de plus à l'opinion d'après laquelle le style grec n'est qu'une dérivation du style égyptien.

Comme les plafonds, les colonnes sont peintes. Elles sont divisées en bandes horizontales de deux couleurs, alternant l'une avec l'autre. L'usage où sont les Arabes d'Égypte de nos jours, de peindre en raies blanches et rouges les façades de leurs mosquées, semble être un reste de cette vieille coutume. Dans un pays où les usages agricoles ne se sont pas modifiés depuis les anciens pharaons, on ne saurait être surpris de voir transmise de siècle en siècle une méthode de décoration qui correspond d'ailleurs au goût de tous les Orientaux.

Que dirons-nous de la décoration adoptée à la fin du moyen empire par les pharaons appartenant à la race des Hycsos? Nous n'avancerons rien de positif à cet égard, car si l'Égypte possède encore quelques monuments fondés par eux, les sables les tiennent cachés à nos yeux. Nous ne possédons de cette époque que quelques statues que nous étudierons dans le chapitre qui leur sera spécialement consacré. Elles nous présentent certains caractères particuliers de rudesse. Les types qu'elles reproduisent diffèrent essentiellement des types égyptiens ; mais par la pose et l'ensemble, elles rappellent l'art national.

Les inscriptions que portent ces statues, conçues en langue égyptienne, où les rois pasteurs se donnent les titres portés par les anciens pharaons, démontrent, d'ailleurs, que cette dynastie étrangère a subi de bonne heure l'influence de la vieille civilisation propre à l'Égypte. Si les monuments remontant aux premières années de l'invasion présentaient quelque caractère particulier, ceux construits postérieurement n'ont dû vraisemblablement ne différer en rien de ceux élevés par les dynasties indigènes. Je répète toutefois que ce n'est là qu'une induction et que de nouvelles découvertes pourraient amener des conclusions contraires.

III

Nouvel empire.

En dehors des tombeaux, du sanctuaire de Karnak, et de quelques ruines du Labyrinthe, nous ne possédons aucun monument remontant au moyen empire. L'invasion des pasteurs aura causé la ruine de la plupart d'entre eux. Les envahissements que l'Égypte eut à subir plus tard de la part d'autres peuples étrangers ont été moins funestes à la civilisation ; aussi, les monuments qui remontent aux premières dynasties du nouvel empire sont-ils fort nombreux. Nous ne pourrions avancer sans témérité qu'elles ont construit plus d'édifices que celles qui les ont précédées, mais ceux qu'elles nous ont laissés nous montrent une architecture définitivement constituée et dans toute la splendeur de son épanouissement. Leurs proportions colossales nous sont une preuve de l'expérience qu'avaient acquise les architectes à cette époque, dont la hardiesse ne saurait être dépassée.

Le système de décoration adopté durant cette période n'a subi aucune variante : il est d'une grande simplicité, et repose tout entier sur l'agencement des grandes lignes. Les façades sont plates; de grandes figures y sont tracées, mais ne suffisent pas à couvrir leur nudité. Une grosse moulure ronde les termine à leur partie supérieure, et se prolonge sur les angles; elle les encadre donc de trois côtés. Une baguette de laurier s'enlace autour de la moulure et l'orne de quelques feuilles espacées gravées en creux. (Voy. planche III, fig. 1.) Au-dessus de la moulure est une gorge, plus creusée dans sa partie inférieure que dans sa partie supérieure, qui avance en guise de corniche; au milieu de la gorge est le disque ailé, destiné à devenir, à partir du nouvel empire, l'ornement indispensable de toute façade, de toute porte, et presque de toute stèle. Ce disque est le symbole du soleil, dont la marche dans les deux hémisphères était regardée comme l'image de la vie et de la mort. C'était un emblème à la fois religieux et funéraire; les ailes qui l'accompagnent sont droites, formées de plusieurs rangées de plumes symétriquement alignées, et se développent sur la droite et la gauche de la gorge. Entre le disque et les ailes figure le double uræus, la tête tournée du côté opposé au disque. La forme de ce serpent est caractéristique : sa gorge renflée lui donne une certaine grâce qui manque aux autres reptiles. « L'aspic ne vieillit pas, dit Plutarque, et, quoique privé des organes du mouvement, il se meut avec la plus grande facilité. » Les Égyptiens ont trouvé là un emblème naturel de l'éternelle jeunesse du soleil et de sa marche dans les cieux. Ils l'ont ajouté au disque ailé qui le symbolisait déjà. La porte rectangulaire, large et haute, rappelle l'ensemble de la façade; elle est surmontée de la même moulure, de la même corniche, ornée du même disque ailé.

Les colonnes qui sont employées sous le nouvel empire appartiennent à différents modèles. Nous retrouvons la colonne proto-dorique et la colonne à faisceau de lotus. Mais ces deux modèles correspondent plutôt à l'idée d'élégance qu'à l'idée de force. Aussi, ne les trouvons-nous pas employés dans les édifices de très-grandes dimensions, ou du moins, si nous les y voyons, ils n'y décorent, que quelques salles, dont les proportions sont ordinaires. Les Grecs semblent, sur ce point encore, s'être inspirés de l'art égyptien. L'ordre ionique, qui surpasse les autres en élégance et en légèreté, n'était employé que pour les édifices de petites dimensions. L'Érecthéion d'Athènes est le plus grand temple où il se voit; ses dimensions sont pourtant restreintes. Nous n'avons pas à revenir sur ces deux modèles.

Les autres ne diffèrent entre eux que par le chapiteau, qui se rapporte à trois types : le chapiteau à bouton de lotus; le chapiteau à fleur de lotus épanouie, dit chapiteau à campane; et le chapiteau à campane renversée.

La base de la colonne n'a pas varié d'une manière sensible. La seule modification qu'on y remarque est le rabattement de l'angle formé par la jonction de sa surface supérieure avec sa surface latérale, modification qui n'a, du reste, lieu qu'au cas où la colonne es étranglée à sa base. Quant au fût, sa section présente une circonférence régulière. La section polygonale et lobée des modèles du moyen empire était la cause de leur élégance. Pour éviter cette apparence de légèreté, il fallait un fût plus massif, qualité que le fût cylindrique possède plus que tout autre. Le diamètre du fût diminue de bas en haut; quelquefois pourtant il diminue brusquement à sa partie inférieure; la colonne se trouve alors comme étranglée au-dessus de sa base; le fût peut recevoir les différents chapiteaux énumérés plus haut, sauf le dernier, qui exige une légère modification.

Le chapiteau à bouton de lotus mesure à sa base et à sa partie supérieure le même diamètre que le fût à ses deux extrémités correspondantes. Il est placé sur sa partie la plus large. Il en résulte qu'il avance sur le fût, mais l'angle formé par sa surface inférieure et par sa surface convexe est arrondi. Un dé carré, assez peu élevé, recouvre le chapiteau et déborde sur lui.

Le chapiteau à campane a, comme son nom l'indique, la forme d'une cloche. Il s'évase dans sa partie supérieure en décrivant une courbe gracieuse. Son diamètre à sa base excède légèrement celui du fût de la colonne. Il est surmonté d'un dé de pierre, à peu près cubique, plus haut que dans les modèles décrits ci-dessus, et dont la base pourrait s'inscrire dans la circonférence de la colonne. Il ne porte donc point sur la partie évasée du chapiteau, qui, demeurant dégagée de tous côtés, diminue pour l'œil le poids que la colonne doit porter. Le dé n'a point d'utilité réelle ; il donne de la grâce à la colonne, sans lui retirer son aspect de force (pl. II, fig. 2 et 3).

Quant au chapiteau à campane renversée, il ne diffère du précédent que par la manière dont il est posé. Mais la colonne qu'il surmonte s'évase dans sa partie supérieure et permet au chapiteau de reposer sur tous ses points. Son effet est loin d'être heureux comme celui des autres modèles ; aussi n'a-t-il pas été souvent employé. On le voit dans le grand temple de Karnak, dans la partie dite le palais de Thoutmès III (dix-huitième dynastie).

Le chapiteau à bouton de lotus semble avoir eu la

préférence sur celui à fleur de lotus. Tous deux furent pourtant simultanément employés dans les mêmes édifices où se dressaient des colonnes de différente hauteur. Le dernier modèle était réservé pour les plus hautes. Nous verrons, en étudiant la distribution des temples, que la nef du milieu de la salle hypostyle était plus élevée que les autres. Cette différence dans les proportions eût pu rompre l'harmonie de l'ensemble. La diversité des chapiteaux écartait cet inconvénient, en faisant de la nef centrale une partie distincte et séparée du reste de la colonnade.

Le dé, quel que soit le chapiteau qu'il surmonte, supporte deux linteaux juxtaposés, sur lesquels reposent les dalles formant le plafond. Par suite de cette précaution, une dalle peut se briser, accident dont les ruines des rives du Nil nous offrent plusieurs exemples, sans nuire à la solidité de l'édifice, dont elle est en quelque sorte indépendante. Elle pourra demeurer suspendue, maintenue par ses deux extrémités arc-boutées l'une contre l'autre, ou tomber jusqu'à terre, sans nuire à celle qui se trouve à côté, qui conserve son aplomb. Les linteaux sont tous placés dans la même direction, reliant l'une à l'autre les colonnes d'une même file.

A côté de la colonne, nous rencontrons le pilier. Nous n'en devons pas être surpris, puisqu'il n'est point dans la nature de l'art égyptien de procéder par des innovations brusques. Le vrai pilier carré des premières dynasties, quoique supplanté par la colonne, n'est pas banni d'une manière définitive de la décoration des monuments. On s'est borné à le rajeunir en lui accolant, sur une de ses façades, la statue d'Osiris, dans la pose hiératique, debout, coiffé du pschent, les bras croisés sur la poitrine, tenant d'une main un martinet, de l'autre le bâton recourbé que je pourrais appeler la crosse égyptienne. La statue occupe toute la hauteur du pilier, dont elle garnit une face complétement; mais, quoique taillée dans le même bloc de pierre, elle peut en être considérée comme une partie détachée. Elle fait complétement saillie, et le linteau qui repose sur le pilier proprement dit n'avance pas sur la statue. Un socle, auquel correspond une base carrée pour le pilier, élève de terre les pieds d'Osiris. Ces piliers, dits osiriaques par suite de l'usage constant de ne les orner de la figure d'aucune autre divinité que du dieu des morts, Osiris, présentent un certain rapport avec les cariatides des Grecs. Nul doute que ceux-ci ne se soient encore, sur ce point, inspirés de l'architecture égyptienne. Mais pour la cariatide, comme pour la colonne proto-dorique, l'idée mère a été seule acceptée chez eux; ils l'ont rendue d'une manière qui leur est particulière; ils se la sont en quelque sorte appropriée par les modifications qu'ils lui ont fait subir. C'est à nous autres, archéologues, de rendre à

César ce qui est à César, de restituer à l'Égypte l'honneur d'une invention architecturale que les Grecs, voleurs de tous temps, ont voulu faire passer dans le domaine de leurs propres inventions.

Les piliers osiriaques sont d'un effet plutôt étrange que grandiose. Dans les monuments qui en contiennent encore, ils sont placés face contre face. Ils forment comme une garde d'honneur rangée à droite et à gauche des péristyles et des salles, sans cesse à son poste pour saluer au passage l'emblème plus saint de la divinité qui sera porté en procession dans le temple aux jours solennels. On en voit à Karnak, à Medinet-Abou, à Gournah. Ce sont des géants de pierre, dont la haute stature est en rapport avec la dimension de l'édifice qui les contient. Les statues elles-mêmes qui ornent les salles des temples du nouvel empire, sont de dimensions colossales. La grandeur dans la mesure est un des caractères les plus marqués de l'architecture à cette époque, comme l'ampleur dans l'exécution.

Les murs de ces constructions immenses, les colonnes mêmes, présentaient de larges surfaces ; on les décora de stèles et de tableaux.

Les stèles sont très-grandes et de forme rectangulaire ; elles simulent une porte : le vide de la porte en forme le champ ; les chambranles, le linteau et la corniche, ornée du globe ailé et accompagnée du double uræus, en forment l'encadrement. Elles mentionnent les grands événements du règne, parfois elles contiennent des hymnes au soleil rédigées dans un style lyrique très-élevé.

Ces compositions en l'honneur du soleil décorent souvent les tombeaux, avec les stèles funéraires, les plus nombreuses de toutes. Leur forme est la même que pour les stèles historiques; mais le champ en est occupé par des représentations qui se reproduisent sur presque toutes avec une très-grande ressemblance : au premier registre, figure Osiris; le défunt, prosterné devant lui, l'adore. Au-dessous, le défunt reçoit les sacrifices de ses parents. Des prières à Osiris pour qu'il accorde au trépassé les joies de l'autre vie remplissent en général le reste de la stèle.

Quant aux tableaux, ils peuvent se diviser en deux catégories : les tableaux historiques et les tableaux religieux. Nous en apprécierons le mérite, comme dessins, dans le chapitre relatif à la peinture. Nous nous bornerons à remarquer ici que, pour les grandes compositions, l'usage de disposer les tableaux en registres, c'est-à-dire de les superposer sur plusieurs rangs, a disparu : ils occupent toute la muraille qu'ils décorent. Quant aux tableaux religieux, ils empruntent à la diversité des coiffures symboliques des personnages célestes un aspect étrange, que ne sauraient présenter les peintures des époques antérieures. Ces tableaux ne descendaient toutefois pas jusqu'au sol;

une bordure assez haute les séparait du pavage du temple. Cette bordure se composait invariablement de tiges de lotus symétriquement et verticalement rangées l'une à côté de l'autre. Le haut d'une tige se terminait par une fleur, la tige suivante en était dégarnie, mais celle d'après en était pourvue, et ainsi de suite. Les dalles des plafonds étaient elles-mêmes décorées d'un ornement formé de lignes brisées se coupant en différents sens et formant un assez gracieux enlacement.

Le tout était badigeonné; mais la couleur n'était pas appliquée par grandes surfaces; on composait des dessins par la juxtaposition de couleurs différentes, disposées horizontalement en raies ondulées ou brisées. Les chapiteaux étaient décorés de cette manière. Leur hauteur ne devait pas permettre à l'œil de distinguer ces couleurs différentes : elles devaient se confondre l'une avec l'autre, et ne pas blesser la vue par le manque d'harmonie qui devait résulter de leur rapprochement.

Tous les monuments remontant au nouvel empire nous offrent ces caractères; seule, la construction bizarre et peu importante qui s'élève à Medinet-Abou, devant le grand temple, nous en présente de différents : je veux parler des ornements curvilignes qui s'y remarquent.

Cette construction connue sous le nom de pavillon

royal se compose d'une porte rectangulaire fort basse, et sans le moindre ornement, surmontée de deux fenêtres, également rectangulaires, plus larges que hautes, et disposées en étage l'une sur l'autre : deux ailes ressemblant à des tours carrées, flanquent la porte à droite et à gauche et avancent sur elle. Elles sont plus hautes que le bâtiment du milieu, et ornées comme lui d'une fenêtre par étage. Ces fenêtres sont surmontées d'un ornement en demi-cercle ménageant une sorte de tympan servant de cadre à un bas-relief. Cet ornement est peu saillant.

Devant chaque aile, à peu de distance, se dressent deux massifs de maçonnerie, imitant la forme d'une pyramide tronquée, et rappelant par la dimension comme par la place qu'elles occupent, deux guérites de factionnaires à cheval. La plate-forme qui surmonte les massifs et le pavillon est entourée d'un ornement en forme de créneaux arrondis : c'est un large feston de pierre qui en fait le tour, et qui remplace le type de corniche habituel.

Ces ornements curvilignes si peu en rapport avec les règles de l'architecture égyptienne ont le droit de nous surprendre. Si nous rapprochons l'anomalie qu'ils nous présentent de celle que nous offrent les fenêtres extérieures du pavillon, et le manque de hauteur et d'ornementation de la porte, et de l'absence de la corniche classique, si contraires à tous les usages

de cette époque, il nous est permis d'avoir quelques
doutes sur l'origine attribuée à cet étrange monument.
Le cartouche royal qui s'y voit porte le nom de Ra-
messes, avec les titres ou surnoms qui appartiennent
au troisième prince de ce nom, le chef de la vingtième dynastie. Nous ne saurions donc lui contester le
titre de fondateur du pavillon. Mais l'a-t-il construit
sur le modèle qu'il nous montre aujourd'hui, avec
la destination que nous lui assignons? On pourrait, à
première vue, supposer qu'il a été, à l'époque romaine,
l'objet de modifications importantes, comme le petit
temple qui s'élève sur sa droite, et que les bizarres
ornements qui nous occupent ont été ajoutés à cette
époque. Mais l'inspection des tableaux historiques qui
décorent le grand temple, construit par le même roi,
prouve que ces créneaux arrondis étaient en usage à
cette époque, et surmontaient les forteresses. Le pavillon royal nous offrirait-il un exemple d'architecture
militaire? Cette opinion pourrait facilement se soutenir : la forme même du pavillon, flanqué de deux tours,
sa porte basse, ses créneaux enfin, pourraient tour à
tour être présentés à titre d'argument. Précédant le
grand temple, c'est-à-dire un édifice destiné à conserver le souvenir des expéditions de Thoutmès III,
n'est-il pas naturel de supposer que l'édifice qui en
formait en quelque sorte l'entrée (l'axe du pavillon se
trouve sur le prolongement de l'axe du temple) était

conçu dans le style militaire? Comme l'arc de triomphe, qui rappelle le succès des armes, se place à l'entrée d'un palais, le pavillon royal, d'aspect militaire, était construit devant le temple. Il était en quelque sorte la préface du grand monument qui était l'histoire sculptée de Thoutmès.

IV

Époque grecque

Sous les Saïtes et sous les Ptolémées, l'architecture perdra deux de ses caractères les plus accentués sous le nouvel empire : la grandeur et la simplicité. Les Grecs, en effet, dont l'influence se fait à partir de cette époque, si fortement sentir, ont de tout temps compris, peut-être aidés en cela par l'aspect charmant de leur pays dont l'harmonie des lignes et des tons fait l'unique beauté, que c'est dans l'harmonie de toutes les parties que résulte la beauté d'un monument, et sa grandeur véritable. Cette vérité, leurs artistes l'ont toujours pratiquée, et les chefs-d'œuvre de leur architecture, le Parthénon en tête, prouvent qu'ils avaient raison. Cette merveille de l'architecture classique étonne par le contraste de son aspect grandiose et de ses dimensions ordinaires. Avec les Grecs, c'est-à-dire avec Alexandre et les Ptolémées, cette vérité se fit jour en Égypte : elle métamorphosa l'architecture au point de vue de la dimension de ses plans. Les temples qui s'élevèrent eurent parfois de vastes dimensions comme à Denderah et à Edfon, mais le plus souvent ils ne furent que de grands sanctuaires comme ceux dont se couvrit l'île sacrée de Philæ. Et même, lorsque leurs dimensions nous les font regarder comme de vastes édifices, nous n'avons qu'à les comparer aux temples-palais du nouvel empire des environs de Thèbes, à ceux de Louqsor, de Karnak, de Medinet-Abou, du Ramesseion qui tous datent de la dix-huitième, de la dix-neuvième et de la vingtième dynastie, pour nous rendre compte du changement qui s'est opéré dans l'opinion des architectes égyptiens. Si Denderah mesure 81 mètres de long, la grande cour de Karnak en mesure à elle seule 84. Le simple rapprochement de ces chiffres prouve plus que mon raisonnement ne pourrait le faire, l'influence que prirent les idées grecques sur l'architecture en Égypte.

La diminution des dimensions des édifices devait entraîner la diminution des matériaux. Sous l'influence grecque, nous voyons disparaître l'usage de ces volumineux blocs de pierre, que nous présentent les plus anciennes constructions. Les assises sont formées de pierres que leurs proportions permettent de manier facilement; les colonnes sont *bâties*, quand leur diamètre est trop fort pour employer facilement des sections d'une seule pièce. Le cas s'est rarement présenté, puisque les dimensions des édifices construits à cette époque avaient beaucoup diminué. Il ne se rencontre guère que dans les réparations faites par les Ptolémées aux monuments antiques. Le temple de Karnak, sans sa partie restaurée, nous fournit l'exemple de quelques colonnes ainsi bâties. En tous cas, nous ne retrouvons jamais des piliers monolithes comme ceux qui décorent l'entrée ou soutiennent les dalles du plafond des mastabas, les seuls monuments qui remontent, avec les pyramides et le temple du Sphinx, aux premières dynasties.

Les statues colossales et les hauts obélisques devaient disparaître, comme les blocs immenses, de la décoration des nouveaux monuments. Les sphinx se rapetissent : les obélisques, comme celui qui se voit encore à Philæ ont de maigres dimensions. Ils sont proportionnés d'ailleurs à la façade qu'ils doivent décorer. On ne condamne point de parti pris les monuments aux dimensions exagérées, on se borne à n'en plus élever, mais on conserve pour eux une sorte d'admiration. Quand Cléopâtre voulut élever à Alexandrie un temple en l'honneur de Césarion, le fils qu'elle avait eu de César, elle eut recours pour le décorer à deux obélisques colossaux qui ornaient l'entrée du temple d'Héliopolis.

Les dimensions d'ailleurs, ne modifient point le style, qui peut rester le même quelles que soient les proportions des monuments. Mais un changement dans les proportions entraîne, comme une conséquence logique, des changements dans la décoration. S'il n'altère point le style proprement dit, il le modifie. Dans un monument aux vastes proportions, l'harmonie des lignes est seule à considérer. L'effet de l'ensemble est seul important, et l'œil qui doit embrasser un si vaste objet ne peut guère observer que les contours. Ce principe élémentaire d'architecture, un peu méconnu de nos jours, fut toujours appliqué dans l'antiquité égyptienne : jusqu'à l'époque grecque, ou du moins jusqu'aux Saïtes, qui ont précédé de peu les Ptolémées, l'ornementation des édifices était aussi simple qu'elle pouvait l'être. A partir de cette époque elle se surcharge de détails : les colonnes perdent leur majestueuse simplicité : nous ne trouverons plus sur un large fût un chapiteau uni ; on lui applique des fleurs ou des feuilles de plantes aquatiques sur trois ou quatre rangs. Mais un goût sûr présidera à l'agencement de ces ornements empruntés tous à la végétation du pays, et permettra d'en varier à l'infini les modèles. Les tiges de ces plantes seront figurées sur la partie supérieure du fût qu'elles orneront de leur faisceau, et que décorera à son tour le lien aux spirales nombreuses et serrées qui les unira les unes aux autres. Parfois, les feuilles d'eau sont remplacées par des palmes juxtaposées, disposées sur un rang unique. Ce dernier modèle, moins usité que les autres, leur est inférieur sous le point de vue de la grâce. (Voy. planche IV, fig. 2.)

Quoique ces chapiteaux à décoration végétale aient, par suite du choix des plantes qui les ornent, un caractère local très-prononcé, leur originalité n'est qu'empruntée. Ils ne sont qu'une appropriation égyptienne du chapiteau corinthien. L'acanthe qui s'épanouit sous le ciel de la Grèce est remplacée par les plantes aquatiques si abondantes en Égypte. Ces deux motifs de chapiteau reposent sur le même principe dont l'application seule diffère. Dans le chapiteau corinthien, la feuille d'acanthe est simplement étagée : dans le chapiteau ptolémaïque, les feuilles sont échelonnées par ordre de grandeur; celles des rangs supérieurs sont plus larges et plus développées que celles des rangs inférieurs qui se trouvent, par contre, être en nombre supérieur. Mais la règle était subordonnée au goût de l'architecte qui ne consultait guère que son imagination. Parfois on traçait sur la circonférence du chapiteau, dans sa partie supérieure, quatre lobes correspondant aux quatre faces du dé qui devait le surmonter; et dans ce cas, la saillie de chaque lobe devenait le centre d'un motif répété quatre fois.

L'ensemble sera gracieux, mais la colonne surmontée d'un chapiteau de ce modèle, n'exprimera plus, comme celle du nouvel empire, l'idée de force; elle n'éveillera en nous que l'idée d'élégance. Ces deux termes, du reste, force et élégance, résument en un seul mot tous les caractères particuliers de l'architecture à ces deux grandes époques de l'art. La même différence qui se remarque dans l'ensemble des monuments se retrouve dans les modèles des chapiteaux.

Le dessus du chapiteau, dans sa partie qui n'est pas recouverte par le dé, est souvent bombé; mais, vu la hauteur du fût, cette disposition n'est visible que pour l'observateur qui se tient dans une partie élevée du monument. Cette inclinaison a sans doute pour raison de rejeter l'eau que ces faces saillantes pouvaient recevoir. Quelque rare qu'elle soit dans la haute Égypte, la pluie n'est cependant pas inconnue; elle a même inspiré dans l'architecture certaines dispositions heureuses. A Dendérâh, les longues façades latérales du grand temple sont ornées de place en place de têtes et de poitrines de lion, faisant une forte saillie. L'animal est dans la position des sphinx, les deux pattes de devant allongées : une console soutient cette partie proéminente. C'est le plus ancien exemple de gargouille que l'on puisse citer.

Revenons à la colonne. Le fût qui est toujours uni, sauf dans sa partie supérieure que décorent les tiges des feuilles s'épanouissant sur le chapiteau, repose sur une base circulaire d'un diamètre peu supérieur à celui du fût. Quand la colonne est isolée, l'angle de la base est abattu. Quand la colonne est prise entre deux murs d'entre-colonnement la base est droite, et répond à la plinthe des murs.

Ce gracieux type de colonne n'a pas été exclusivement employé à l'époque grecque : on lui en a souvent substitué un autre, dans la décoration des temples d'Hathor dont le culte qui se confondait avec celui d'Isis, était prépondérant à cette époque. Hathor était fille du Soleil : les Grecs l'ont assimilée à Vénus, parce qu'elle était spécialement considérée comme le type de la beauté. Son nom signifie l'*habitation d'Horus*; d'où l'habitude de lui donner pour attribut, son hiéroglyphe, un naos contenant le dieu Horus, et des oreilles et des cornes de vache, parce que la vache était son emblème ordinaire.

Avec ces éléments qui semblent se prêter si peu aux besoins de l'architecture, les Égyptiens ont constitué un ordre à part de colonne que nous pourrions appeler pour la distinguer des autres (voy. planche IV, fig. 1), la colonne hathorique. Le chapiteau a quatre faces. Chacune d'elles est ornée d'une figure de femme, plate et très-évasée. Deux oreilles de vache, courtes pour la tête, se dressent sur les côtés et retiennent en arrière l'étoffe qui enroule les cheveux, comme dans les statues de l'époque grecque.

Les bouts de l'étoffe retombent en avant ; le point où ils se terminent indique la naissance du chapiteau. Une petite corniche horizontale surmonte le bandeau. A proprement parler, la colonne est ainsi complète, et le second chapiteau qui la surmonte peut être regardé comme une modification du dé. Ce second chapiteau de forme cubique, et de même dimension que le premier représente sur ses quatre côtés la façade d'un naos. Il est lui-même surmonté d'un abaque, ou dé d'une très-faible épaisseur, par rapport à l'élévation que sous les Saïtes et les Ptolémées cette partie de la colonne a reçue.

L'ensemble de la colonne est lourd ; on n'y retrouve aucune des qualités qui distinguent cette époque, où le sentiment de la grâce et de l'élégance était si répandu. Une variété de la colonne hathorique se remarque dans l'une des salles du temple de Denderah : le chapiteau à bouton de lotus est surmonté de la tête de femme à oreilles de génisse.

Il nous faut arriver jusqu'à l'époque grecque pour voir la religion exercer son influence jusque sur l'architecture. Elle s'était bornée aux époques antérieures à tracer des règles au sculpteur pour les proportions et la pose de ses statues, mais elle avait laissé à l'architecte, sinon le soin de la distribution intérieure des temples, du moins le choix des motifs employés par lui. Sous les Ptolémées, elle décida que dans les temples d'Hathor, le chapiteau représenterait les emblèmes de la déesse, et que dans les temples de Typhon, les piliers rappelleraient l'image du dieu.

Set ou Typhon, était le père et le meurtrier d'Osiris (Notice sur le musée du Louvre, p. 117). Il représentait le génie du mal. Son culte, nous dit M. de Rougé, eut une grande vogue sous divers souverains de la dix-huitième et de la dix-neuvième dynastie, mais une réaction s'opéra plus tard, car les figures de ce dieu furent détruites ou mutilées. A l'époque grecque son culte fut de nouveau en faveur ; de nombreux temples lui furent consacrés, en Nubie surtout. Il était souvent adoré dans le même temple que Hathor, comme le prouve le mélange des colonnes hathoriques, avec les piliers à la face du dieu. Ces piliers ne sont qu'une imitation du pilier osiriaque. Mais tandis que dans celui-ci l'image d'Osiris est simplement accolée contre le pilier proprement dit, et ne supporte pas l'architrave, dans celui-là, la figure est taillée dans l'épaisseur même du pilier ; elle supporte l'architrave qui porte sur la coiffure trapézoïde de haute dimension du dieu. Celui-ci est toujours représenté sous des formes hideuses. Ses membres sont déformés par leur embonpoint ; la ceinture est nue, et les mains sont ramenées en avant, à la naissance de la cuisse. Les bras se trouvent former une légère courbe. La coiffure ressemble à une tiare évasée dans sa partie supérieure.

Dans les ruines de Ouad-beyt-Naga (province de Schendy) on voit des piliers à figure de Typhon surmontés de la tête d'Hathor couronnée elle-même du naos. Ce modèle semble indiquer de la manière la plus précise l'assimilation entre eux des cultes d'Hathor et de Typhon.

La colonne est destinée par sa nature à être dégagée de tous côtés : elle ne doit pas être enchâssée dans une muraille, car elle n'a plus alors de raison d'être : elle ne doit toucher au reste de l'édifice que par ses extrémités. Un mur reliant des colonnes l'une à l'autre, et comblant, ne fût-ce qu'en partie, une partie du vide qui les sépare, est un contre-sens architectural. Sous les Ptolémées, cette erreur a été souvent commise : en Grèce, le rôle de chaque partie d'un monument était trop bien apprécié pour qu'en Égypte les architectes n'aient pas, à l'époque grecque, senti le défaut que présentaient leurs plans à mur d'entre-colonnement. Pour être logiques avec leur art, ils auraient dû, si le besoin se faisait sentir d'une galerie couverte fermée dans sa partie inférieure, et ouverte dans sa partie supérieure, construire un mur plein à la hauteur du mur d'entre-colonnement, et sur ce mur, élever une rangée de colonnes. Mais faire poser une colonne sur un mur, au lieu de la faire descendre jusqu'à terre, c'était rompre avec tous les usages, avec la tradition, respectable en tous pays, mais particulièrement vénérée en Égypte.

Le mur d'entre-colonnement qui relie l'une à l'autre les colonnes formant la rangée extérieure des portiques, et celles qui parfois décrivent autour du temple un péristyle, a une largeur moindre que le diamètre de la colonne qui fait saillie des deux côtés. (Voy. planche V, fig. 1.) Sa hauteur correspond environ à la moitié de celle de la colonne, y compris le chapiteau. Chaque panneau est orné d'une moulure formant cadre, laissant en dehors d'elle une assez large bordure. Une corniche du modèle déjà décrit, le couronne. Souvent des cannelures verticales arrondies dans le haut ornent le vide de la gorge, à l'imitation de la grande corniche de l'édifice, qui reçoit toujours à cette époque, ce complément de décoration.

La travée correspondant à l'axe du monument se ressent de la présence du mur d'entre-colonnement. Ce mur étant destiné à annexer au temple qui devait être fermé, le portique et la galerie extérieure ouverts de leur nature, il était logique d'indiquer à la travée centrale, une porte qui marquât aux yeux de tous que là commençait l'enceinte intérieure du temple.

Cette porte se réduisait à ses plus simples éléments, à deux chambranles surmontés d'un bout de corniche. Elle ressemblait à un panneau d'entre-colonnement dont la partie centrale aurait été démolie. Parfois les deux linteaux tronqués avançaient sur l'ouverture de la porte, comme deux pierres d'attente. Les moulures de la corniche se profilaient sur les retours. Leurs lignes ne régnaient pas avec celles des murs d'entre-colonnement. Les chambranles dépassaient ceux-ci d'une certaine hauteur. Cette différence de niveau s'ajoutait à l'effet malheureux de la porte incomplète, et rompait l'harmonie qu'eût présentée la façade, dégagée de toutes ces annexes.

Une autre innovation de l'architecture à l'époque ptolémaïque consiste dans l'emploi des fenêtres extérieures. L'absence d'ouvertures destinées à donner du jour est un des caractères les plus saillants de l'architecture égyptienne. Les fenêtres des pylones ne méritent pas ce nom. Ménagées uniquement pour le jeu des bannières, elles étaient dissimulées autant qu'elles pouvaient l'être : aucun ornement n'en accusait les contours. Quant aux cadres de pierre, s'élevant sur la travée centrale des salles hypostyles, et destinés à laisser pénétrer le jour et l'air au travers de grandes dalles, placées debout, et percées d'ouvertures, ils constituaient un genre de fenêtre tout spécial, s'ouvrant sur la terrasse du temple : ce n'étaient pas des fenêtres dans la véritable acception de ce mot. Le premier exemple que nous en avons trouvé est à Medinet-Abou, au pavillon royal.

A Deir-el-Medinet, près de ce dernier endroit, dans le petit temple, se voit une fenêtre à trumeaux, ne servant pas à éclairer la cour du temple où elle s'ouvre, cette cour étant à ciel ouvert, mais à orner la muraille où elle a été pratiquée. Des colonettes à chapiteau à feuillages, et des piliers surmontés de la tête d'Hathor, s'alternent et forment entre eux des trumeaux de petite dimension.

Des fenêtres d'une forme analogue, surmontées de la gorge égyptienne se voient dans les rares peintures que nous connaissons, représentant des habitations privées de cette époque.

Le dernier ornement dont il nous reste à étudier les caractères à l'époque grecque, est la stèle. Contrairement à ce que nous aurions pu prévoir, loin de devenir plus ornée qu'aux époques antérieures, elle se simplifie; les encadrements sont supprimés. La pierre est simplement arrondie dans sa partie supérieure, et toujours de dimension ordinaire. La figure d'Osiris a disparu : le défunt, costumé en dieu des morts, se confond avec lui et reçoit les hommages et les présents de sa famille. Les signes hiéroglyphiques qui accompagnent ces figures sont tracés sans soin. La négligence avec laquelle sont gravées toutes les inscriptions tient sans doute à l'emploi exagéré qui en a été fait alors. Les caractères de l'écriture étaient devenus le complément de toute décoration : aucune pierre ne devait présenter une surface que n'eût ornée soit une sculpture, soit une inscription. L'entablement des monuments en est couvert : le dé qui surmonte le chapiteau des colonnes, en est lui-même garni ; mais partout elles présentent une rudesse de style qui contraste d'une manière étrange avec le goût de l'époque.

Les Romains ont marché sur les pas des Grecs. Maîtres de l'Égypte, ils ont suivi envers elle les règles qu'ils s'étaient imposées vis-à-vis de tous les peuples annexés à l'empire ; ils se contentèrent de lui retirer son indépendance politique, lui laissant sa langue, ses croyances et son architecture. Le nom de plusieurs empereurs se lit en caractères hiéroglyphiques sur beaucoup de monuments. Quelques proconsuls essayèrent pourtant d'implanter dans la vallée du Nil l'architecture romaine ; on en voit quelques vestiges à Medinet-Abou, dans les colonnettes de granit rose qui gisent sur le sol de la cour péristyle du grand temple, dans la niche demi-circulaire du temple de Louqsor, dans les ruines de Ombos, dans l'île de Philæ où s'élevait un arc de triomphe, enfin à Naga et à El Kasr où se voyaient des monuments de même genre. Mais le peu d'importance de ces vestiges semble indiquer que ce ne furent que des exceptions.

Depuis Ménès jusqu'à la fin de la monarchie, et même un peu au delà, l'Égypte a donc conservé son architecture nationale. Cette architecture, sortie du sol même de l'Égypte, y tenait par trop d'attaches pour être facilement détruite. Elle répondait au sentiment de la nature, et satisfaisait aux exigences du culte et des mœurs. Elle a subi quelques modifications qui l'ont sans cesse maintenue en rapport avec les idées qui ont prévalu dans les différentes époques de son histoire, mais elle n'a pas été altérée dans son essence. Elle a successivement exprimé les idées de résistance, de grâce, de force et d'élégance, mais elle a conservé, sous les apparences diverses qu'elle a revêtues, sa forte originalité.

Par ce dernier caractère, alors que l'Égypte, léguée par le testament de son dernier roi à l'empire romain, disparaissait de la liste des États, les monuments protestèrent contre cette annexion déshonorante. Ils opposaient le souvenir des Pharaons à la puissance des Césars, et réveillant par leur langage muet, le vieil orgueil national, aidèrent quelque temps encore au maintien d'une civilisation qui fut l'une des gloires de l'humanité.

CHAPITRE IV

TOMBEAUX

L'art égyptien a créé plusieurs types de tombeaux. Les différences qui les caractérisent sont plus remarquables dans les sépultures royales que dans les sépultures particulières. Leurs dimensions colossales les accentuent davantage aux yeux. Entre leurs proportions et celles des tombes particulières, on peut mesurer la distance qui séparait le roi de ses sujets. Après avoir visité les pyramides de la basse Égypte, ces constructions gigantesques placées sur un plateau de calcaire, comme sur un piédestal destiné à les exhausser encore, en vue aux habitants de toute une région, on ne peut se préserver de la surprise la plus profonde en parcourant les longues galeries des tombes de Bal-el-Molouk. Aucune gorge de la montagne ne semble avoir été jugée trop sauvage pour les abriter; aucune entrée trop simple pour en dissimuler l'accès.

Quelque opposés l'un à l'autre que semblent ces deux types de tombeaux, pyramides et hypogées, ils sont dus à la même idée, au désir de conserver la momie. Mais le but que se proposaient les anciens Égyptiens, en déposant leur dépouille mortelle sous une colline de pierres amoncelées à bras d'hommes, ou dans le flanc d'une montagne, n'a pas été atteint : malgré leurs précautions, leurs ossements ont été mis au jour ; et quand ce ne furent pas des spoliateurs, ce furent des savants, qui vinrent, au nom de la science, priver leurs restes du repos éternel qu'ils avaient cru leur assurer.

Certains terrains semblent avoir été consacrés d'une manière spéciale à l'enterrement des morts. Il est à remarquer que les tombes ne sont point dispersées, elles sont rassemblées les unes auprès des autres, et l'agglomération de ces demeures funèbres formait une nécropole, c'est-à-dire la ville des morts, auprès de la ville des vivants. Cette dernière a le plus souvent disparu ; mais l'autre est demeurée, et son étendue peut renseigner l'archéologue sur la position et l'importance de la ville qui s'élevait à ses côtés.

« Mettre les morts à l'abri de l'atteinte de toute inondation, » dit M. Mariette, aux différentes notices duquel j'aurai plus d'une fois recours dans ce travail, « a été le principe qui a toujours guidé les Égyptiens dans le choix de l'emplacement réservé aux nécropoles. Dans le Delta, les morts ont été ensevelis, soit dans l'épaisseur des murs des villes, et des temples, quand ces murs étaient en briques crues, soit dans des *tumuli* élevés au milieu de plaines. La moyenne et la haute Égypte ont profité des avantages que leur offraient les chaînes libyque et arabique qui des deux côtés confinent aux plaines cultivées, et les habitants ont pratiqué dans le rocher qui forme ces deux montagnes, les grottes destinées à recevoir leurs morts. Rarement les morts ont été confiés à la terre nue. Aux basses époques, les buttes qui marquent le site des villes détruites ont été quelquefois employées comme lieu de sépulture ; on se servait aussi pour le même usage des décombres qui s'élèvent en les cachant au-dessus des tombes plus anciennes. »

Mais la conservation des momies qui semble avoir été la préoccupation des Égyptiens dès les temps les plus reculés, était-elle fondée dès le principe sur une idée religieuse ? La momification des corps n'aurait-elle pas été dans le principe une mesure d'hygiène publique, dont les prêtres firent plus tard une obligation religieuse, pour en assurer l'observation ? C'est l'opinion du savant docteur Pariset qui l'appuie sur l'histoire des cruelles épidémies qui ravagèrent l'Égypte. Je ne saurais mieux faire que de reproduire ici une page de Champollion-Figeac, où l'auteur de l'*Égypte ancienne* analyse les motifs qui servent de fondements à cette opinion. (*Égypte ancienne*, p. 94.)

« Après la retraite des eaux du Nil, la terre est couverte du limon qu'il y a déposé, et de la dépouille des animaux de toute espèce que l'inondation a submergés. L'élévation de la température, après la retraite du Nil, dessèche très-vite ce limon, et les matières animales, après un long séjour dans l'eau, tombent promptement en putréfaction ; l'air en est corrompu, et la peste frappe et moissonne la population imprévoyante. Ordinairement les pestes les plus meurtrières suivent les plus fortes inondations ; les eaux s'élèvent en effet davantage dans les terres, atteignent les cimetières sur des hauteurs où le volume du fleuve l'a fait parvenir ; il y a donc plus d'inondation, plus de matières animales en putréfaction, plus de peste et plus de mortalité. Voilà ce que nous apprennent les observations faites en Égypte à des époques diverses, mais toutes postérieures aux premiers siècles de l'ère chrétienne. L'Égypte primitive, et il n'y en a pas d'antérieure aux inondations périodiques du Nil, dut subir les mêmes lois, jusqu'à ce que la cause originelle des épidémies annuelles s'étant révélée par l'observation à l'administration publique de ce pays, elle y opposa une grande mesure ; elle tarit la source de cette meurtrière pestilence, en prévenant la putréfaction des matières animales, en prescrivant leur embaumement avec les matières diverses très-abondantes dans le pays ; et associant habilement ce précepte prophylactique à des idées de patrie et de famille, elle créa ce respect, ce culte des ancêtres, qui fut aussi une des croyances les plus salutaires et les plus morales de la sage Égypte[1]. »

On ne peut fixer l'époque à laquelle la momification devint un précepte religieux. Elle doit remonter aux premiers temps de l'Égypte, puisque l'inscription qui décore le sarcophage du pharaon Menkérès, de la quatrième dynastie, atteste que, à ce moment déjà, les idées religieuses avaient reçu en Égypte, sauf de légères modifications, la forme que nous leur retrouvons sous les dynasties postérieures. (*Éclaircissements sur le cercueil du roi Mycerinus*, par M. Lenormant.) D'après ces croyances, l'âme en quittant cette terre, passait dans le domaine d'Osiris, dans l'Amenthi, où l'attendaient des épreuves redoutables. Nous aurons à en parler à propos des peintures murales qui décorent les tombes du nouvel empire. Après avoir été jugée par le dieu des enfers, Osiris, elle venait chercher son corps pour lui faire jouir avec elle d'une félicité éternelle. (*Rituel funéraire*, ch. LXXXIX). Les Égyptiens admettaient donc l'immortalité de l'âme, et la résurrection des corps,

---

[1] Voir sur les différents procédés employés pour la momification des corps, les détails donnés par le même auteur, même ouvrage, p. 260.

et c'est à ces deux dogmes que se rattache le précepte de la momification.

Comme un certain nombre d'hypogées étaient consacrés aux momies d'animaux sacrés, il me semble utile d'indiquer ici l'idée qui faisait étendre à certaines classes d'animaux le précepte de la momification. Les différents attributs de la divinité suprême, du dieu unique, considérés d'une manière abstraite étaient adorés chacun sous un symbole particulier. Beaucoup de ces symboles étaient empruntés à des animaux. Nous savons les motifs qui ont guidé les Égyptiens dans le choix d'un certain nombre de ces symboles; pour d'autres, la science est encore muette. Le dieu Thoth, personnifiant tantôt la sagesse divine, et tantôt la puissance qui maintient l'équilibre des mondes, était représenté, au premier cas, sous la forme d'un ibis; au second, sous la forme d'un singe cynocéphale. La déesse Pacht, personnifiant tantôt la vengeance divine, et tantôt l'harmonie de l'univers, revêtait la forme d'une lionne ou la forme d'une chatte. Les momies d'animaux consacrés à ces divinités, de chats, d'ibis et de singes cynocéphales sont fort nombreuses : des hypogées spéciaux leur étaient consacrés.

Les pérégrinations que l'âme devait subir dans le monde inférieur, avant de revenir habiter son corps devaient durer quelques milliers d'années. La momie devait donc reposer dans son cercueil de longues séries de siècle, aussi les Égyptiens appelaient-ils les tombes les *maisons éternelles*. Leur habitation sur cette terre, où ils ne devaient séjourner relativement que peu de temps, était exempte de tout luxe ; du reste, comme tous les peuples de l'Orient les Égyptiens devaient passer leur vie en plein air, hors de chez eux, ce qui suffit pour expliquer la simplicité de leurs demeures. Il n'en était pas de même pour les tombes. On y déployait tout le luxe dont on était capable. Les principales familles avaient une tombe où leurs différents membres étaient déposés. Des catacombes étaient réservées à celles qui n'en possédaient point. Écoutons ce que dit Champollion-Figeac à ce sujet. (*Égypte ancienne*, p. 89.) « Il résulte de diverses données authentiques, que dans la Thébaïde, les momies qui n'avaient pas un tombeau particulier, étaient déposées dans un tombeau commun à toute une ville, ou à tout un quartier, si la ville était considérable ; que sur le cercueil de ces momies, plus ou moins richement traitées, étaient écrits comme on le voit sur tous les cercueils connus, le nom et la filiation du défunt... Ainsi arrangées, ces momies étaient mises en chantier dans les tombeaux creusés dans la montagne et où l'on voit encore de ces momies empilées par milliers ; les prêtres avaient la propriété et la police de ces funéraires habitations, et toutes les momies qui y étaient déposées payaient chaque année un droit fixe, dont le produit tendait continuellement à s'accroître. »

Il était rare sans doute qu'un tombeau fût postérieur à la mort du personnage dont il abritait la momie. Les Égyptiens semblent, en effet, n'avoir trouvé aucune tristesse dans l'idée de la mort, comme les Chinois de nos jours, et s'être, comme ce peuple bizarre, préoccupés de leur vivant de leur demeure funéraire. Si le défunt était venu à décéder avant d'avoir songé à sa tombe, sa famille lui faisait construire un monument qu'elle lui dédiait. Une tombe de la treizième dynastie découverte à Tanis, était dans ce cas. On voit sur un pilier carré qui l'ornait, et qui est maintenant déposé au musée de Boulaq, le nom d'un roi inconnu qui dédia ce monument à sa mère. Les mœurs égyptiennes ne s'opposaient pas à ce que l'on dédiât à un défunt, non plus une tombe, mais un cercueil. Notre musée du Louvre en possède deux destinés au même personnage, et découverts dans une tombe voisine de Thèbes. Le premier est fort simple, il semble avoir été improvisé. Le cartouche peint sur la poitrine a été évidemment ajouté lorsque le reste du sarcophage était décoré. Il porte le nom du roi Antew, de la onzième dynastie. Le second est, au contraire, assez richement orné. Après la formule de prière en usage, une inscription mentionne que ce cercueil a été dédié au roi Antew l'aîné par son frère le roi Antew. « Il semble, ajoute M. de Rougé, que les deux cercueils aient été destinés au même roi. Ils ne s'emboîtent pourtant pas l'un dans l'autre. Le cercueil doré ne serait-il qu'un cénotaphe, ou bien un hommage adressé au roi Antew l'aîné par son frère qui aura trouvé le premier cercueil trop mesquin ? C'est ce que je n'oserais décider. » (*Catalogue du musée du Louvre.*)

Riches ou pauvres, anciennes ou nouvelles, les tombes de l'Égypte, quel que soit le type auquel elles se rapportent, comprennent trois parties : la chapelle, le caveau, et le puits ou la galerie qui les sépare l'une de l'autre.

Nous étudierons en détail chacune de ces trois parties pour chacune des grandes époques de l'histoire de l'art en Égypte. Je ne place en tête de ce travail que les renseignements qui s'appliquent aux tombes de ces diverses époques, renvoyant aux chapitres qui leur sont spéciaux tous les détails concernant les objets dont la forme et la structure se sont modifiés avec le temps. Les statues, les sarcophages, les objets qui les accompagnent, et les stèles sont dans ce cas. Je ne ferai donc que les mentionner ici.

La chapelle qui se composait d'une, de deux et quelquefois d'un plus grand nombre de pièces, était ouverte au public. C'est là qu'à certains jours de l'année, à certaines fêtes dont on possède la liste, les parents du défunt devaient se réunir pour lui offrir des victuailles, des membres d'animaux immolés, des pains, des légumes et des liquides. Les tables à offrandes et à libations que nous possédons ont été trouvées dans ces chapelles. Celles qui remontent au nouvel empire sont très-rares. (Voy. pour plus de détails le chapitre sur les temples, mobilier.) La richesse de ces offrandes était sans doute proportionnée à la fortune du défunt. Celui-ci avait quelquefois le soin d'affecter certaines propriétés au service de sa tombe pour assurer l'apport des offrandes. De nombreuses stèles nous représentent le défunt assis : devant lui ses parents agenouillés offrent les objets consacrés qui s'élèvent en pile auprès d'eux. Les offrandes figurées sont toujours les mêmes.

La statue du défunt se trouve presque toujours dans quelque partie de la tombe. La position dans laquelle il est représenté peut varier; il est debout, assis ou à genoux. Dans le premier cas, il est toujours figuré dans l'attitude de la marche, le pied gauche en avant, parce que c'est du pied gauche que l'on franchit le seuil du temple. Le défunt est ainsi représenté dans la première position de la prière. Quand il est assis, ses jambes sont reployées sous lui : un papyrus, le rituel sans doute, se déroule sur ses genoux; quand il est agenouillé il tient devant lui l'image de quelque divinité dont il implore la protection. Il n'est pas rare de trouver dans la même tombe une vingtaine de statues du même personnage. Cette répétition de ses traits ne tenait point à une idée de luxe, mais à une pensée religieuse. Un homme en se faisant représenter dans l'attitude de la prière ou de l'humilité fait une œuvre de foi, une œuvre agréable à la divinité. En faisant répéter plusieurs fois son image dans la même posture, il fera plusieurs fois un acte méritoire : une statue n'est qu'une prière. La statue cherche à reproduire les traits du défunt : à voir l'expression de la physionomie de plusieurs d'entre elles, on ne peut douter qu'elles n'aient été de véritables portraits. Le plus souvent, elles ne portent pas inscrit le nom de la personne qu'elles représentent.

C'est par la stèle que nous l'apprendrons. La stèle est une inscription où sont relatés le nom et les dignités du défunt, et souvent sa généalogie et son histoire. Un général fait mention des victoires qu'il a remportées sur l'ennemi, un haut fonctionnaire de toutes les charges qu'il a remplies. Les stèles sont pour ainsi dire les annales de l'histoire domestique, grâce auxquelles l'histoire publique a pu sur certains points être reconstituée. Ce serait toutefois une erreur de croire que toutes les stèles trouvées dans les tombeaux sont relatives au défunt : sous le nouvel empire, beaucoup d'entre elles contiennent des hymnes au soleil.

Ceci dit, nous passerons en revue les tombes de l'ancien, du moyen et du nouvel empire, les divisant par types, et recherchant les différentes modifications qu'elles ont subies tant dans leur forme que dans leur décoration. Ces différents types sont les pyramides, les mastabas et les hypogées.

I

Pyramides.

Les pyramides sont des tombes royales. L'Égypte en possède encore un certain nombre. Les Arabes qui ont dépouillé celles de Gizeh de leur revêtement de pierre qui égalisait leur surface, en ont, au dire d'Abd-Allatif, fait disparaître quelques-unes complétement. On en voit à Abouroach, à Gizeh, à Abousir, à Saqqarah, à Dachour, à Matanieh, à Meïdoun, dans le nord de la moyenne Égypte. Le docteur Lepsius en a examiné soixante-sept sur un espace d'une dizaine de lieues. On en voit plusieurs groupes considérables en Nubie, à Noury et à Méraouy [1].

Le nom des pyramides est aussi ancien que leur

---

[1] Le nombre des rois qui ont gouverné l'Égypte atteint certainement un chiffre élevé. Mais celui des pyramides qui ont été construites, si nous pouvions le connaître d'une manière précise, le dépasserait sans doute. Il ne faut donc pas donner à l'expression de tombe royale, dont je me suis servi, d'après plusieurs auteurs, une signification trop restreinte. Si la pyramide a été une forme réservée aux sépultures des personnes de sang royal, leur nombre, quelque grand qu'il fût, ne pourrait nous étonner. Chez les peuples où la polygamie est admise ou tolérée, la famille prend une telle extension que l'on ose à peine donner ce nom à l'ensemble des enfants d'un même père. Les liens qui doivent

construction. « Volney, nous dit Ampère, l'a voulu tirer de l'arabe. Les Grecs, qui voyaient du grec partout, n'ont pas manqué d'y retrouver le mot *pyr*, feu, parce que les pyramides étaient, dit-on, consacrées au soleil, et plus tard le mot *pyros*, blé, quand une tradition chrétienne en eut fait les greniers de Joseph. Ce n'est ni dans l'arabe ni dans le grec qu'il eût fallu chercher le nom des pyramides ; ces origines sont trop récentes pour leur antiquité. C'est à l'ancienne langue de l'Égypte conservée en partie dans le copte qu'il fallait demander ce nom qui a traversé les siècles. En copte, *pirama* veut dire la hauteur. Peut-on douter que ce ne soit là le véritable sens du nom donné par les hommes à ce qu'ils ont construit de plus élevé sur la surface de la terre ? »

Il est un autre mot copte qui pourrait avoir servi de racine à ce nom ; c'est le mot de *pir-aa*, employé constamment par Moïse dans l'*Exode*, pour désigner le pharaon régnant en Égypte. (Franc. Lenormant, *Manuel d'histoire ancienne de l'Orient*, liv. II.) Si ce

---

réunir entre eux d'une manière étroite les membres de la même famille semblent en effet bien relâchés, quand ils doivent atteindre un grand nombre de personnes. Que l'exemple de Ramsès II, qui eut cent soixante-dix enfants dont cinquante-neuf princes (*Aperçu de l'histoire ancienne d'Égypte*, par Mariette), suffise à nous convaincre. Nous savons d'ailleurs par la Bible la prodigieuse extension que prit en Égypte le peuple hébreu, et la population qui en cultive maintenant les terres a conservé, parmi les caractères des anciens Égyptiens qui se retrouvent en eux, celui d'une remarquable fécondité.

mot signifie *roi*, n'est-il pas naturel d'y voir l'étymologie du mot pyramide, qui était la tombe réservée au roi ?

La régularité des formes du solide, qu'on appelle pyramide en géométrie, pourrait porter à croire que cette régularité se retrouve dans la forme des monuments qui lui ont donné son nom ; ce serait une erreur. Si la plupart des pyramides ont une base carrée, des arêtes droites, des faces dont l'inclinaison est constante, quelques-unes s'éloignent de ce type. On en voit une à Dachour et une à Matanieh, dont les lignes présentent, vers le milieu de leur hauteur, une inclinaison très-surbaissée par rapport à la partie inférieure. La grande pyramide de Saqqarah ne présente pas à sa base un carré parfait, et chacune de ses faces forme six gradins gigantesques. Sous ce rapport, la pyramide de Meïdoun est plus singulière encore : elle se compose de trois tours carrées, à pans inclinés, construite en retraite les unes sur les autres ; la dernière se termine en cône tronqué.

Ces irrégularités dans la forme des pyramides prouvent que l'ingénieuse théorie émise par M. Ramée (*Histoire de l'architecture*) sur leurs proportions est inexacte. Le docteur Henszelmann (*Théorie des proportions dans l'architecture*, Paris, 1859), après s'être livré à de minutieuses recherches sur les proportions des monuments grecs, du moins des trois temples d'Égine, de Thésée et du Parthénon, en a conclu que leurs dimensions étaient toutes contenues dans le triangle formé par la diagonale du cube représenté par le monument, par la longueur de l'un des côtés du cube, et par la diagonale de la base du cube. M. Ramée a voulu appliquer la même théorie aux pyramides. Les études faites par lui sur les pyramides de Chéphren, de Mycerinus, et sur celles que M. Wyse a désignées sous les numéros 8 et 9, semblent venir à l'appui de la thèse qu'il soutient ; seulement le triangle générique des pyramides ne serait pas emprunté à un solide ; ce serait le triangle rectangle ; mais ce ne sont là que des cas particuliers. Je le répète, le raisonnement de M. Ramée pèche par sa base. Il suppose la pyramide carrée, et elle ne l'est pas toujours. L'erreur dans laquelle il est tombé vient de l'idée préconçue qu'il avait sur le sujet ; convaincu de l'exactitude de sa théorie, il s'est borné à la confronter avec quelques faits qui ne l'ont pas contredite ; il a dès lors jugé inutile de l'établir sur de nouvelles observations qui lui en eussent démontré la fausseté.

Les Égyptiens ne sont pas le seul peuple qui ait voulu consacrer le lieu où reposait le corps d'un homme illustre par un monument de forme pyramidale. On peut présumer que les Babyloniens avaient le même usage. Dans un fragment de tablette de terre cuite trouvé à Kouyoundjik, près de Ninive, le roi Nabonid, père de Balthazar, parle de la pyramide de la ville d'Ons, construite par Ourcham, un des rois primitifs de Babylone. (Lenormant.) Le tombeau de Cyrus avait une forme pyramidale, forme qui, dans une autre partie de l'Asie, se retrouve dans le tombeau de l'empereur chinois Tsin-Hoang-Ti. Les pyramides mexicaines servaient, au dire des indigènes, de tombeaux aux anciens chefs de tribu. Une forme analogue, plus primitive encore, le cône, n'a-t-elle pas été en usage dans la plaine de Troie, dans la Scandinavie, dans les montagnes d'Écosse, et même sur le sol de la Gaule? Le sentiment qui a inspiré le tumulus, le tertre funéraire, est le même que celui qui a inspiré la pyramide, dans laquelle la terre a été remplacée par la pierre.

Le respect de la mort est un sentiment naturel dans le cœur de l'homme. Le respect de la dépouille mortelle d'un roi est aussi un sentiment général chez une nation. La gloire d'un peuple est trop intimement liée à l'homme qui le gouverne, pour que ce peuple ne se confonde pas jusqu'à un certain point avec son souverain. Les hommages qu'il rend à la mémoire de son roi, c'est en quelque sorte à soi-même qu'il les rend ; il s'honore lui-même en honorant celui qui a présidé quelque temps à ses destinées ; c'est là le sentiment qui a poussé les peuples des différents pays comme des différentes époques, à élever sur la tombe de leur roi ou de leur chef un monument assez grand pour faire éclater aux yeux de tous son degré de force et de puissance, et assez durable pour que ce témoignage parvînt aux générations les plus reculées. Un tertre remplissait ces deux conditions. La matière à laquelle il fallait recourir, la terre, permettait de donner à ces monuments les dimensions les plus grandes, et la forme même du tertre en garantissait la durée; nous pouvons presque ajouter que, de nos jours, ce vieil usage subsiste encore, parce qu'il repose sur un sentiment éternellement vrai. Ne mesurons-nous point l'importance des monuments que nous élevons dans nos cimetières sur le rang des personnes dont ils doivent perpétuer le souvenir, ou sur l'affection que nous leur portons? Quant au pauvre qui n'a que ses regrets à déposer sur la tombe d'un parent, n'y fait-il point encore un petit tertre qui indiquera longtemps l'endroit précis où celui qu'il pleure dort du sommeil éternel?

Du tertre à la pyramide il n'y a qu'un pas. Le tertre est la pyramide primitive, comme la pyramide est le tertre façonné; une différence plus grande que leur forme existe entre l'un et l'autre ; elle consiste dans la manière dont s'est réalisé le sentiment qui les a l'un et l'autre inspirés. Le peuple ou la tribu, en amassant des monceaux de terre sur le corps de son roi ou de son chef, rendait à son souverain un hommage auquel celui-ci ne prenait pas part. Le monument funéraire n'était que la sublime expression d'un immense regret. La pyramide construite de son vivant, par le roi qu'elle devait un jour abriter, est un tribut d'hommages qu'il se rend à lui-même. Il se substitue à la nation, il entreprend une œuvre dans laquelle son rôle devrait être passif, et se considérant comme la personnification même de la nation, il devance le temps, et fait par lui-même ce que la nation aurait dû faire après sa mort. La pyramide pourra devenir dès lors l'expression de l'orgueil du souverain. L'aspect du tertre, quoique moins imposant que celui de la pyramide, parle plus à l'homme ; ici on est en présence de sentiments généreux et vrais ; là, de sentiments le plus souvent personnels et ambitieux.

Si primitivement les peuples ont été amenés, comme par un instinct naturel, à élever un tertre sur la tombe de leurs morts illustres, si leur civilisation, plus avancée, leur permettant de se servir de matériaux solides, les a conduits du tertre à la pyramide, — cette forme n'est-elle pas devenue pour quelques-uns d'entre eux, pour le peuple égyptien entre autres, un symbole consacré par une croyance religieuse ? On a dit avec raison qu'en Égypte tout monument était un rébus architectural. La pyramide ferait-elle exception, et sa forme particulière n'avait-elle point une signification perdue pour nous ? M. Ampère, à propos des obélisques, pose et résout indirectement la question. L'obélisque, dans l'écriture hiéroglyphique, a

un sens déterminé. Sa représentation équivaut au mot
« stabilité. » De plus, l'obélisque se termine par un
pyramidion. Le rapport de la pyramide et de l'obélisque a frappé saint Genis (Ant. t. II, al. 41), qui dit
en parlant de l'obélisque : « Le corps du monolithe
a un air de pyramide quadrangulaire très-allongée. »
Il a frappé Norden; enfin plusieurs auteurs anciens
l'ont déjà remarqué. La pyramide n'aurait-elle point
une signification analogue à celle de l'obélisque?
N'exprimerait-elle point l'idée de durée, d'éternité?
D'ailleurs si la pyramide n'avait point une signification, comment expliquer la figure que l'on en voit
sur une inscription, dans un titre hiéroglyphique
accompagnant le nom du roi Chafra? (Ampère, *Voyage
en Égypte*, p. 152.)

Il semble difficile de contester que la forme pyramidale n'ait pas été consacrée par une idée religieuse.
Il suffit pour s'en convaincre de voir avec quelle justesse les pyramides sont orientées. Chacune de leurs
faces est tournée vers un des quatre points cardinaux.
Si l'on a pu constater une légère erreur dans l'orientation, il faut l'attribuer à l'ignorance où étaient les
Égyptiens de déterminer d'une manière exacte la
direction de la méridienne, ou admettre qu'une cause
céleste, telle que l'obliquité toujours croissante de
l'écliptique, a cessé de rendre exacte une orientation
qui l'était à son origine. L'astronomie peut être ap-

pelée à rendre sur ce point un nouveau service à l'histoire. La déviation qu'elle a déjà constatée pourra peut-être lui permettre de calculer le nombre de siècles nécessaires à sa production. L'âge des pyramides serait alors dévoilé. On a pu supposer, avec certaines apparences de raison, que l'orientation de ces monuments tenait à une pensée astronomique. (Caviglia). M. Biot a établi que les pyramides ont pu faire l'office de gneumons, pour déterminer les solstices, les équinoxes et, par suite, la durée de l'année solaire. Mais le fait que les tombes entourant les pyramides de Gizeh sont aussi orientées, implique qu'une idée funéraire et par suite religieuse en était la véritable raison. Le soleil était en effet adoré comme l'emblème de la divinité. Le soleil couchant, ou plutôt le soleil avant son lever, était considéré comme la source de l'être : c'était le symbole de la divinité dans son existence première, avant toute manifestation dans ses œuvres. Le soleil levant, en réveillant toute la nature par ses rayons, était le symbole de la divinité créatrice. De plus, la vie de l'homme était assimilée au cours des astres : leur course apparente était l'image de la vie; leur disparition dans l'hémisphère inférieur, l'image de la mort, ou plutôt de la vie nouvelle de l'âme dans les régions des ténèbres. (*Notice sur les monuments égyptiens exposés au Louvre*, par le vicomte Em. de Rougé.) L'orientation des pyramides pouvait donc être regardée comme un hommage muet rendu à la divinité. Leurs quatre faces, consacrées à chacun des quatre génies de l'Amenthi, ou région inférieure, et tournées l'une vers le soleil levant, l'autre vers le soleil couchant, attestaient en quelque sorte la foi religieuse des personnes dont elles devaient abriter la momie. Ce même sentiment se retrouve de nos jours chez les musulmans. Personne n'ignore que leurs tombes sont orientées de façon à ce que le visage du mort soit tourné vers la Mecque, vers la patrie du Prophète.

Quant aux tombeaux qui n'étaient point isolés dans la plaine, mais creusés dans le flanc même de la montagne, on ne pouvait leur appliquer la règle de l'orientation, générale pour les autres. On y suppléait parfois par l'érection, dans l'intérieur de la tombe, de petites pyramides votives régulièrement orientées. Notre musée du Louvre en possède plusieurs. Le principal personnage est ordinairement figuré en adoration, la face tournée vers le midi ; à sa gauche sont les formules d'invocation au soleil levant, et à sa droite des formules analogues adressées au soleil couchant. La facilité d'orienter une pyramide, dont les quatre faces répondent aux quatre points cardinaux, a sans doute contribué à en faire un symbole funéraire. Des tombes particulières, à Abydos et à Kournah-Murrayi à Thèbes, sont recouvertes ou accompagnées de pyramides de briques crues. Cette ornementation semble même avoir franchi la frontière de l'Égypte et être devenue, dans des temps postérieurs, en usage chez quelques peuples de la Syrie. Au dire de saint Jérôme, le tombeau d'Hélène, reine d'Abiadène, à Jérusalem, était surmonté de trois petites pyramides. Cette forme se retrouve dans les tombeaux de la nécropole de Palmyre.

C'est toujours dans la face tournée vers le nord que se trouve l'entrée de la pyramide. Un couloir étroit et bas conduit par une pente dont l'inclinaison est de 20 ou 50 degrés dans l'intérieur de l'édifice. Des couloirs horizontaux, menant à différentes chambres, viennent aboutir dans le couloir principal qu'il suffit de suivre pour arriver à la chambre sépulcrale. Si cette chambre se trouve dans l'intérieur même de la pyramide, au-dessus du sol et non dans le rocher, le couloir remonte par une inclinaison aussi forte que celle de sa descente : il décrit un V. Aucun plan uniforme n'a été adopté pour la disposition intérieure des pyramides. Celle de Chéops, à Gizeh, contient un certain nombre de chambres superposées dans l'axe même de la pyramide. Les cinq petites chambres que l'on a ménagées dans une hauteur de 17 mètres au-dessus de la chambre sépulcrale n'ont d'autre objet apparent que d'alléger la pression de la maçonnerie supérieure sur le caveau royal. Dans la pyramide de Chéphren, la chambre du sarcophage est la seule qui soit rapprochée de l'axe ; les autres se trouvent le long des faces, au-dessous du niveau du sol. Enfin, dans la grande pyramide de Saqqarah, à sa partie centrale, est une sorte de large puits qui descend très-avant dans le sol ; de nombreux couloirs, formant un véritable labyrinthe, débouchent dans ce puits.

Quoique l'entrée de la pyramide fût dissimulée par un revêtement de pierre apposé après le dépôt de la momie royale dans le sarcophage, les Égyptiens ne trouvaient pas que la dépouille de leurs rois fût suffisamment à l'abri. La grande pyramide de Gizeh nous offre un curieux exemple des précautions prises pour empêcher la violation de la tombe royale. (Voir planche V, fig. 11.) Un bloc de granit, de la largeur du corridor d'entrée, empêchait de le suivre au delà du point où cesse la pente. L'orifice d'une galerie, qui semblait être la continuation de la partie inclinée du corridor d'entrée, restait ouverte : on était disposé à la suivre ; on arrivait dans une salle restée inachevée, et creusée au niveau du Nil. Si les travaux en eussent été terminés, l'eau du fleuve l'aurait peut-être envahie. Il semble que ce fut dans le plan du constructeur, puisque Hérodote, supposant sans doute l'œuvre achevée, nous parle d'un conduit souterrain amenant l'eau du Nil. (Hérodote, liv. II, § 124.) Les violateurs de la tombe pouvaient trouver la mort dans ce réservoir dont ils ne devaient pas soupçonner l'existence ; ils devaient en tout cas renoncer à leurs idées spoliatrices en pensant que le sarcophage était couvert d'une épaisse nappe d'eau. Si ce petit stratagème du constructeur était déjoué, si les spoliateurs, prévoyant l'existence d'une autre galerie, parvenaient à en découvrir l'entrée, il trouvaient un second obstacle à franchir qui avait pour but, comme le premier, de leur faire prendre une fausse direction dans leurs recherches. L'extrémité de la grande galerie ascendante où nous les supposons parvenus aboutit à un petit vestibule qui la sépare de la chambre du sarcophage. Quatre plaques de granit glissant dans des rainures en masquaient l'entrée. La petite galerie conduisant aux chambres supérieures, et dont l'entrée restait libre, devait attirer nos voleurs dans la partie supérieure de la pyramide ; ils en avaient ainsi exploré la base et le haut : bien des chances étaient contre eux pour qu'ils ne parvinssent pas à pénétrer dans la chambre sépulcrale.

Cette désignation est celle que l'on donne à la pièce qui contenait la momie royale. Mais ne pourrait-on point l'appliquer avec justesse aux autres? Dans la pyramide de Chéops, dont nous venons de parler, au-dessous de la pièce du sarcophage, s'en trouve une plus petite, appelée communément chambre de la reine. Sa dénomination est trop récente pour que nous puissions y trouver un argument de la plus légère valeur. On pourrait être porté à croire qu'elle était destinée à recevoir une momie princière par la disposition de son entrée et par les blocs de granit qui en forment les parois, ainsi que la galerie qui y donne accès. C'est un corridor horizontal venant se greffer dans la galerie principale, derrière le bloc de granit dont il a été question. L'entrée en était donc protégée par ce premier obstacle. Si cette chambre n'avait dû recevoir un dépôt sacré, tel que la momie d'une reine ou d'une personne de sang royal, on ne saurait s'expliquer pour quels motifs l'entrée en était si soigneusement dissimulée. — Notons enfin que la pyramide de Chéops, comme la plupart des autres, est bâtie en calcaire. Les pyramides en briques crues, telles que deux de celles qui se voient à Dachour, sont en petit nombre. La pierre était considérée par les Égyptiens comme des matériaux de qualité inférieure. Pour ceux qui construisaient des édifices qui devaient se tenir debout des milliers d'années, et qui cherchaient dans les conditions d'une solidité inébranlable les règles de leur architecture, le calcaire ne présentait pas des garanties suffisantes de durée. La pierre par excellence était pour eux le granit rose, qu'il fallait tirer des vastes carrières de Syène. Quelque difficulté qu'ils dussent éprouver à en transporter les blocs dont les dimensions nous étonnent, c'est avec cette roche qu'ils construisaient la cella du temple, la cella qui était en quelque sorte le point le plus sacré, et qui équivalait pour eux au saint des saints de la synagogue juive. Cette roche était seule digne de former les parois de la chambre sépulcrale. Son emploi était en Égypte un luxe, et, comme tel, il convenait à une demeure funéraire. La momie étendue dans son cercueil devait être en effet entourée d'un luxe proportionné à celui dont avait joui la personne qu'elle représentait. Tout, sur le passage de la momie royale, devait s'en ressentir : les longues galeries qu'elle devait traverser devaient, elles aussi, être garnies de granit. Ce luxe, on s'en dispensait parfois pour les chambres et les galeries secondaires, comme nous en avons un exemple dans la pyramide de Chéphren. Pourquoi ne s'en serait-on point dispensé pour la chambre dite de la reine et pour le corridor qui lui donne accès, si cette chambre ne devait contenir, elle aussi, une momie digne de ce luxe? La multiplicité des chambres d'une pyramide semble d'ailleurs impliquer cette proposition, qu'un seul monument pouvait abriter plusieurs momies. L'historien arabe Abdoul-Rahhmann raconte du reste que l'une des trois grandes pyramides ouvertes par le calife Al-Mamoun renfermait quatre momies royales. Si nous ne pouvons garantir la véracité de son témoignage, nous ne pouvons mettre hors de doute le résultat de fouilles récentes faites à la grande pyramide de Saqqarah : plusieurs momies en ont été extraites. C'est en se fondant sur ces faits que M. Bunsen a pu dire, en cherchant à mettre d'accord Hérodote et Manéthon, dont le premier attribue la troisième pyramide de Gizeh au roi Menkérès, et le second à la reine Nitocris, que l'intérieur de la pyramide contenait deux chambres. On peut admettre que Nitocris y ait ordonné le transport de sa momie sans déloger son prédécesseur.

Le nom des fondateurs des nombreuses pyramides que l'Égypte possède encore nous sont inconnus, à l'exception de quatre d'entre eux[1]. Les Pharaons, qui en ont ordonné la construction, auraient-ils été plus sobres d'inscriptions que leurs successeurs ? Le goût des titres et la vanité qui porte à en faire étalage semblent avoir été un caractère particulier de l'esprit des Égyptiens. Les rois ne devaient pas y être moins enclins que les autres, et l'eussent-ils été, ils eussent dû se conformer à ce qui était devenu l'usage général. Le souvenir d'antiques inscriptions est d'ailleurs resté dans les légendes arabes, et si nous n'en possédons plus, la faute en est peut-être à ce peuple qui, peu après son

[1] Ce sont Chéops, Chéphren et Mycerinus (quatrième dynastie) et Csortaren III (douzième dynastie) : la pyramide en briques de Dachour renfermait la momie de ce dernier. Selon toute apparence, celle de Saqqarah fut construite par Kékéou (première dynastie). (Fr. Lenormant.)

établissement en Égypte, dépouilla les pyramides de leur revêtement de pierre pour en construire la ville du Caire. C'est sans doute sur ce revêtement, dont une partie subsistait encore au quinzième siècle, que se trouvait gravée l'inscription dont parle Hérodote. (Letronne, *Du revêtement des pyramides de Gizeh*, 47.) S'il y était question, comme le rapporte le vieil historien, des provisions consommées par les ouvriers occupés à ce travail, il devait aussi y être fait mention du pharaon qui le faisait exécuter. L'intérieur de la pyramide ne contenait point d'inscriptions ; si l'on a trouvé dans celle de Chéops, dans une des chambres d'allégement, le nom du fondateur, il faut y voir une marque d'extraction de la carrière plutôt qu'une inscription. Les anciens Égyptiens aimaient à tracer ces marques partout où ils travaillaient. Il n'en était pas de même du sarcophage qui contenait sur ses parois le nom du roi dont il renfermait la momie. Celui de Menkérès, déposé au Musée britannique, à Londres, ne peut laisser aucun doute à cet égard. Diodore de Sicile nous affirme encore que de son temps une statue de ce dernier roi surmontait la pyramide qui porte son nom. On ne saurait accepter cette assertion sans critique. Des fouilles nombreuses ont en effet démontré que les statues décorant les tombeaux de l'ancien empire, loin d'être placées dans un lieu apparent, étaient renfermées dans de petites salles, à l'abri de tous les yeux. Et le fait qu'Amrou voulant pénétrer dans la grande pyramide, fit percer, dans sa face tournée vers le nord, un passage que le hasard fit déboucher dans la galerie intérieure, nous montre que les pyramides étaient hermétiquement closes. Si leur entrée n'avait disparu à dessein sous le revêtement de pierres lisses qui en égalisait la surface, le calife l'aurait facilement découverte, car, à cette époque, il n'y avait point de décombres accumulés à leur base. Les expressions dont se sert Diodore de Sicile sont donc inexactes. Mais de ces différentes assertions résulte l'évidence de ce fait, que ces monuments devaient perpétuer le souvenir de ceux qui les avaient élevés.

La construction d'une masse de maçonnerie aussi considérable, devait demander de longues années : la pyramide devait pourtant être achevée, ou sur le point de l'être, à la mort du pharaon auquel elle servait de tombeau. M. Lepsius a reconnu la méthode suivie par les constructeurs pour arriver à ce résultat. Par l'étude qu'il a faite de l'ensemble des pyramides, il a pu constater que leur construction commençait par le centre, et se développait extérieurement, de telle sorte qu'autour d'une pyramide de moyenne grandeur, formant comme un noyau central, on ajoutait successivement une ou plusieurs couches extérieures. Chaque couche augmentait ainsi graduellement la grosseur et l'élévation de la pyramide. Un examen attentif de la grande pyramide de Saqqarah, permet au simple observateur de se rendre compte de ce procédé : sur plusieurs points de ses gigantesques gradins, la dernière couche extérieure est tombée : on aperçoit la surface égale et polie de la seconde, qui aurait dû rester la surface extérieure, si le roi qui l'érigeait n'avait pas eu le temps, avant sa mort, d'en appliquer une autre. Une pyramide de grandes dimensions suppose un règne fort long. Aussi a-t-on supposé que le nouveau pharaon faisait commencer les travaux de sa pyramide dès son avénement au trône. La proportion de sa pyramide serait en rapport avec la durée de son règne. Champollion a proposé cette règle pour les tombeaux des rois des dynasties thébaines. Dans les tombes royales de Bab-el-Molouk les galeries succèdent aux galeries, et les salles aux salles quand le roi dont elles devaient renfermer le sarcophage avait régné de longues années. Était-il mort peu après son couronnement, le nombre de salles était réduit à une ou deux. Mais les hypogées de Thèbes ne remontent pas au delà de la dix-huitième dynastie. On connaît le nom des pharaons qui les ont fait creuser ; on connaît quelques pages de leur histoire ; de plus, ils ont été nombreux. La règle posée par Champollion a pu être mainte fois vérifiée. Il n'en est pas de même pour les pyramides. Tout moyen de constatation nous fait ici défaut. Si Chéops et Chéphren, qui ont régné, le premier soixante-trois ans, et le second soixante-six ans, ont fait construire les deux grandes pyramides de Gizeh, Mycerinus, qui a fait élever la troisième, a régné aussi soixante-trois ans. J'emprunte ces chiffres au savant ouvrage de M. Brugsch (*Histoire de l'Égypte ancienne*, Ire partie). Si la règle posée par Champollion pour les tombeaux des rois thébains, devait être appliquée, comme le fait le docteur Lepsius, aux tombeaux des rois des premières dynasties, les trois pyramides de Gizeh devraient avoir une hauteur équivalente. La troisième n'a pourtant que 66 mètres de hauteur verticale, tandis que la seconde en mesure 135, et la première, malgré les dégradations de son sommet, en compte 137. Le seul point de comparaison qui puisse servir de vérification à la théorie de M. Lepsius, nous conduit donc à la rejeter.

Quand la pyramide avait atteint le développement qu'on voulait lui donner, on faisait disparaître les gradins que formaient des assises en retraite les unes sur les autres, par un revêtement de granit.

On a retrouvé plusieurs blocs provenant du parement de la grande pyramide. Ils ont la forme trapézoïdale que j'indique ci-contre. Comme le remarque M. Letronne (Letronne, *Journal des savants*, août 1841), les blocs retrouvés attestent que les assises du revêtement se superposaient, et n'entraient pas, comme l'avait supposé M. Girard, dans une mortaise pratiquée à l'assise inférieure, répondant à l'encastrement ménagé dans le roc vif sur lequel reposait la première assise.

Soit que les blocs eussent présenté, lors de leur pose, des angles droits de tous côtés, qu'on aurait ensuite abattus, soit que l'on se soit borné à les retoucher après les avoir mis en place, le travail a dû commencer par le haut. Le passage d'Hérodote dans lequel il est dit « que l'on termina la pyramide en commençant par le haut, et de proche en proche jusqu'en bas, » ne saurait s'entendre différemment.

Nous n'avons pas mentionné la chapelle destinée aux offrandes, en passant en revue les différentes parties de la pyramide. La chambre sépulcrale servait de caveau, les longs couloirs tenaient lieu du puits que l'on retrouve dans les tombes des autres types. La chapelle, accessible à tous, aurait-elle fait défaut ? Non ; nous savons de la manière la plus positive qu'elle existait, et qu'elle était détachée de la pyramide, dont elle formait cependant une dépendance. Un corps de prêtres était attaché à ces chapelles pour assurer la régularité des cérémonies qui devaient s'y célébrer. Le musée de Boulaq possède plusieurs stèles provenant des tombeaux des prêtres attachés à diverses pyramides. (Musée de Boulaq, stèles cataloguées sous les n°s 37, 38, 42, 92, 925, 929, 930, 938, 939.) L'un d'eux était attaché à la pyramide du roi Assa (cinquième dyn.), un autre à celle du roi Tota (sixième dyn.).

Les fouilles faites jusqu'à ce jour n'ont pas amené la découverte d'une seule de ces chapelles, sans doute ensevelies sous le sable du désert. Peut-être, cependant, faut-il en voir une dans le monument curieux connu sous le nom de temple du Sphinx. « Il est certain, dit M. Mariette, que cette construction remonte à l'âge des pyramides; mais est-elle un temple? est-elle un tombeau? L'apparence extérieure est, il faut l'avouer, plutôt celle d'un tombeau. De loin, le monument devait se présenter aux visiteurs comme un *mastaba*, à peine plus grand que ceux qu'on trouve, par exemple, à Abousir et à Saqqarah. A l'intérieur, une chambre montre six niches superposées qui ont bien l'air d'avoir été construites comme celles de la troisième pyramide et du Mastabat-el-Faraoun, pour recevoir des momies. Le plan, d'ailleurs, ne s'éloigne pas sensiblement du plan de certains autres tombeaux qu'on trouve aux environs. L'opinion qui fait du monument dont nous nous occupons un tombeau peut donc être défendue sans violer les règles de la critique; l'autre opinion, qui en fait un temple, est-elle également soutenable? Évidemment, du moment où l'ancien empire ne nous a laissé aucun autre temple à comparer à celui-ci, on peut dire qu'à cette époque reculée les temples égyptiens étaient construits sur le plan bien extraordinaire que nous avons sous les yeux. D'un autre côté, il est tout naturel de penser que puisque le sphinx est un dieu, le monument voisin est le temple de ce dieu. Mais ces raisons sont-elles suffisantes? En réalité, le monument est-il une annexe du sphinx, ou le sphinx une annexe du monument? Tout cela ne nous représente-t-il pas un très-ancien tombeau, orné, pour plus de majesté, d'une colossale statue de dieu? La question est pendante. » (M. Mariette, *Itinéraire des invités de S. A. le Khédive.*)

Le monument du sphinx ressemble à un tombeau; nous venons de le voir; mais dans les tombes de l'ancien empire, la partie apparente servait de chapelle. L'aspect d'une chapelle était donc le même que l'aspect d'un tombeau. Mais à quel caractère se reconnaissent les tombeaux? A l'existence d'un puits conduisant à un caveau. Dans le monument du sphinx, nous n'avons pas de puits funéraire. On n'y a découvert qu'un puits à eau, qui servait aux ablutions sacrées. Une pièce semble, il est vrai, par la disposition de deux rangs de niches profondes, destinée à recevoir des momies, mais le serdab donnait dans cette même pièce qui devait rester par là même ouverte, tandis que le dépôt de momies en eût entraîné la clôture. Nous verrons, en effet, plus loin, que le serdab contenant la statue funéraire du défunt, communiquait, par une petite ouverture, avec la pièce ouverte aux parents. Le serdab, il est vrai, était vide. Mais la statue qu'il contenait a été retrouvée dans le puits à eau dont il vient d'être fait mention. C'est l'admirable statue du roi Chéphren, le chef-d'œuvre de la statuaire égyptienne. Comment la statue d'un roi se serait-elle trouvée dans le tombeau d'un particulier, au lieu de celle du défunt? Notons, en dernier lieu, que la construction même de l'édifice qui nous occupe, par le luxe de ses matériaux, semble lui assigner une origine royale. Les parois et les piliers carrés, monolithes, qui soutenaient les linteaux malheureusement disparus, sont en granit : une pièce est même revêtue de blocs d'albâtre oriental ; c'est un des rares exemples que nous ayons de cette pierre employée pour la construction. Si ces arguments ne sont pas suffisants pour prouver que le monument dit le temple du Sphinx était une chapelle dépendant de la pyramide de Chéphren, ils suffisent du moins pour établir dans l'esprit une forte présomption en faveur de cette seconde hypothèse. Le sphinx de la fable posait une énigme à tous ceux qui passaient devant lui. Le sphinx de Gizch semble jouer le même rôle. Il propose une énigme à tous les archéologues qui viennent étudier l'édifice qui s'étend devant lui. Puisse un nouvel Œdipe se trouver parmi eux.

Les pyramides de la basse Égypte, les plus connues, les plus importantes par la dimension de quelques-unes d'entre elles, nous ont seules occupé jusqu'ici. L'Éthiopie en renferme plusieurs groupes dans ses vastes nécropoles. Les unes, comme celles qui se voient à Nouri, près du mont Barkal, peuvent être en quelque sorte assimilées à celles de la basse Égypte, et ce que nous avons dit sur les unes peut s'appliquer aux autres. Celles qui se dressent dans le désert de Méraouy présentent, au contraire, des caractères particuliers, et méritent d'être étudiées à part. Nous verrons dans la suite qu'elles ne doivent pas remonter au delà d'une époque correspondant soit aux dernières dynasties des pharaons égyptiens, soit aux premiers Ptolémées. Mais les éléments qui nous permettent de déterminer, quoique d'une manière peu précise, l'époque de leur construction, nous font complétement défaut pour celles de Nouri. Comme à Saqqarah, les faces des unes sont unies, les faces des autres vont en se rétrécissant par gradins. L'une d'elles, en partie écroulée, laisse voir le sommet lisse d'une petite pyramide qui semble avoir été recouverte par une autre. Leurs faces sont garnies d'un revêtement en grès très-uni et qui paraît avoir été ragréé sur place : l'intérieur est bâti en pierres équarries d'un poudingue formé de cailloux de quartz légèrement agglutiné. Nulle ouverture ne s'y fait remarquer. (Caillaut, (*Voyage à Méroé*, t. II, ch. xxvi.) Ces pyramides, qui présentent par tant de points une analogie frappante avec celles des environs de Memphis, leur seraient-elles contemporaines ? Non, sans aucun doute. La civilisation égyptienne n'a pas descendu la vallée du Nil, comme on l'a quelque temps supposé ; elle l'a remontée. Elle ne vient pas de l'Éthiopie, mais de la basse Égypte. L'étude des monuments de la Nubie nous en fournit la preuve la plus concluante. Conçus dans le même style que ceux de l'Égypte, ils représentent des inscriptions du même caractère. Les sujets mythologiques sont, à quelques exceptions près, entièrement égyptiens, et les divinités sont même accompagnées d'épithètes *locales*, prises des villes qui leur avaient été consacrées, preuve concluante que les données principales de la religion éthiopienne n'étaient qu'une dérivation des croyances égyptiennes. Quelques inscriptions nous ont même donné les noms de princes indigènes qui sont ceux des anciens rois égyptiens, adoptés évidemment par simple imitation. (Rapport du docteur Abeken. *Revue archéologique*, 1846.)

Toute œuvre de civilisation est une œuvre lente, aussi la civilisation égyptienne n'aurait-elle pu être adoptée par les Éthiopiens dès les premières dynasties. La barbarie offre à la civilisation un rempart qu'elle ne peut emporter d'assaut ; elle ne peut le miner que peu à peu : une expédition seule lui permettra d'avancer plus rapidement son œuvre par la brèche qu'elle aura pratiquée. Quelque développée qu'elle fût, la civilisation égyptienne semble n'avoir pénétré en Éthiopie qu'après la conquête du pays par les Égyptiens. Nous savons que ceux-ci, sous l'ancien empire, étaient déjà maîtres du *vil pays de Kousch*. La civilisation égyptienne a donc pu y pénétrer dès cette époque reculée, et y produire des monuments qui ne demandaient pas d'art dans leur construction ; mais les pyramides ne sont pas dans ce cas, et la taille des pierres, et la manière dont elles sont appareillées, semblent indiquer que l'art de la construction avait, dès cette époque, atteint une très-grande perfection. Les pierres d'ailleurs n'ont pas les dimensions qui caractérisent les monuments d'une époque si ancienne ; elles ont de 20 à 30 centimètres, en hauteur d'assises, et 45 environ en longueur. D'ailleurs si les pyramides de Nouri remontaient à l'ancien empire, elles seraient les seuls monuments de cette époque que posséderait encore la Nubie, qui en compte un certain nombre du moyen empire. La conclusion de ce fait, d'après le savant docteur Abeken, c'est que, après l'invasion des pasteurs, les rois d'Égypte chassés du Nord, se réfugièrent dans le sud de leurs États. Ils ont dû y introduire la civilisation égyptienne, aussi me semble-t-il aussi raisonnable d'attribuer à cette époque la construction des pyramides de Nouri, qu'il me paraîtrait téméraire, dans les données actuelles de la question, de la faire remonter jusqu'à l'ancien empire. Faut-il, comme le savant auteur dont je viens de citer le nom, incline à le faire, les attribuer à une époque plus récente encore, et y voir les tombes des successeurs de Tirhaka (vingt-cinquième dynastie), au temps de l'indépendance et de la splendeur de la ville de Napata ? On ne saurait expliquer, dans cette hypothèse, l'absence sur ces monuments de toute inscription et de toute gravure. L'Éthiopie, qui avait secoué le joug des Égyptiens, est de nouveau vaincue par Rhamsès II, et sa splendeur ne date que du moment où elle s'est, pour la seconde fois, affranchie du joug étranger. Mais ses conquérants avaient laissé sur son sol de nombreuses traces de leur passage. L'usage des longs bas-reliefs était dès lors répandu ; il s'est maintenu longtemps, comme nous le prouvent les pyramides de Meraouy. Comment des monuments postérieurs à cette époque présenteraient-ils des caractères aussi tranchés ? La raison me semble concluante pour rejeter l'hypothèse timidement mise en avant par le docteur Abeken.

Quant aux pyramides de Meraouy, voici en quelques lignes leurs traits caractéristiques. Elles sont très-allongées et leur hauteur, comparée à leur base, est grande. Les pierres d'assise n'ont que $0^m,35$ à $0^m,40$ de hauteur ; les faces seules sont en pierres taillées : la masse n'est qu'un remplissage de pierres brutes, entassées et mastiquées sans ordre avec de l'argile. Rarement elles ont une surface plane ; la plupart laissent un petit gradin à chaque assise. Sept ont leurs angles ornés de bordures carrées ou arrondies ; leur partie supérieure porte le plus souvent, dans la face de l'est, car elles sont orientées, une fausse lucarne surmontée d'une corniche ; sur la base de la même face est accolée une chapelle accompagnée d'un pylône. L'ornementation de la porte d'entrée, ainsi que celle des pylônes, rappelle en tous points celle des monuments du nouvel empire. Un petit portique précède quelquefois la chapelle, et est lui-même accompagné d'un second pylône. La chapelle, qui ne communique point avec la pyramide, ne se compose que d'une pièce ; les bas-reliefs qui en décorent les parois représentent des scènes du rituel funéraire. Parfois, mais rarement, la chapelle est à l'intérieur de la pyramide ; le plafond qui la recouvre est le plus souvent voûté. Quoiqu'on ne voie pas l'orifice du puits ou de la galerie qui descend dans le caveau, il est à peu près certain qu'il se trouve dans l'intérieur de la chapelle ; une dépression du sol se fait d'ailleurs remarquer dans chacune d'elles. Enfin une enceinte entourait souvent le monument : parfois elle faisait le tour de la pyramide, parfois aussi elle n'entourait que la chapelle ; elle touchait par deux bouts la façade de la pyramide, qui formait le quatrième côté du rectangle dont les trois autres étaient dessinés par le mur.

Les sculptures représentant des scènes du rituel qui ornent l'intérieur des chapelles, et les noms des princes qui reposent sous les pyramides, empruntés aux pharaons les plus illustres de l'Égypte, tels que Aménophis III (dix-huitième dynastie), nous empêchent de faire remonter ces pyramides au delà de cette époque. La petitesse des matériaux semble bien indiquer l'époque grecque, le siècle des Ptolémées, mais nous avons vu pour les pyramides de Nouri qu'il ne fallait pas attacher à ce caractère une trop grande importance. Le massif intérieur, maçonné sans soin, est un indice plus sûr de l'époque, relativement récente, de leur construction ; enfin l'examen des chapiteaux en fleur de lotus, dont la surface est ornée d'une feuille découpée, nous indique que nous ne sommes pas loin de l'époque où l'ornementation la plus variée va les décorer. (En voir le dessin dans Callaud, ouvr. cité, vol. Ier des gravures, pl. XLV.) Ce système de décoration ne se trouve pas dans les chapiteaux du nouvel empire. Ceux qui nous occupent appartiennent à à un style de transition, mais en tenant compte du temps nécessaire à l'introduction dans ces parages lointains du style adopté dans l'Égypte proprement dite, nous pouvons admettre que ce style de transition correspond, dans l'Éthiopie, au style des Ptolémées dans l'Égypte. Le doute que nous pouvons avoir sur l'époque de ces nombreux monuments embrasse donc un espace assez limité, et les raisons archéologiques nous suffisent pour les faire remonter, avec certitude, vers la fin du nouvel empire. L'histoire fournit aussi ses conclusions. Sous la vingt-troisième dynastie, elle nous montre le Soudan (Éthiopie) organisé en État indépendant, et non-seulement il est libre, mais il semble encore s'étendre sur une partie de la haute Égypte. Sous le règne de Bocchoris, le seul roi qui forme, selon Manéthon, la vingt-quatrième dynastie, l'Éthiopien Sabacon, franchit les cataractes, s'empare de la personne du pharaon, et étend sa domination jusqu'à la mer. Sous les successeurs de Tirhaka, le dernier roi de la vingt-cinquième dynastie, l'Éthiopie perd une partie de ses conquêtes. (*Aperçu de l'histoire de l'Égypte*, par M. Mariette.)

N'est-il pas naturel, en présence de ces faits, de supposer que les pyramides de Meraouy sont les tombeaux de ces rois éthiopiens dont le royaume avait un moment compté l'Égypte parmi ses provinces, et qui, devenus par le fait de leurs conquêtes, les souverains de l'Égypte, auraient voulu prendre les usages de ses anciens pharaons, comme ils avaient déjà pris les noms de quelques-uns d'entre eux? L'archéologie et l'histoire, ces deux sciences qu'il ne faut jamais séparer, et qui se servent de contrôle l'une à l'autre, justifient cette opinion.

Nous n'avons, dans les pages qui précèdent, envisagé les pyramides que comme monuments funéraires. Nous avons à peine indiqué les différentes destinations que plusieurs auteurs voulurent leur attribuer, en dehors de celle-là ; plusieurs y ont vu des monuments scientifiques destinés à conserver l'état des connaissances mathématiques à l'époque où elles furent bâties. M. de Persigny y voit des monuments destinés à protéger une partie de la vallée du Nil contre les invasions des sables du désert. Il a remarqué que les groupes de Gizeh, d'Abousir, de Saqqarah, de Daschour, ainsi que les différentes pyramides isolées, s'élèvent à l'entrée de vallées coupant la chaîne libyque, et livrant, par les larges embrasures qu'elles forment, passage aux sables soulevés par les vents de l'ouest.

Les pyramides offriraient, par leur masse, un obstacle aux courants atmosphériques ; la colonne d'air, en venant frapper contre la partie inclinée du monument, changerait sa direction, et entraînerait sur la droite ou sur la gauche les molécules de sable qu'elle contiendrait. Vu la vitesse du courant et la rudesse du choc, la déviation de la colonne d'air hors de sa direction primitive serait assez considérable pour qu'un large espace, de chaque côté du monument protecteur, se trouvât à l'abri.

M. de Persigny s'appuie d'abord sur deux textes arabes que je cite après lui. Le premier est tiré de la description de l'Égypte d'Abd-el-Rachid-el-Bakouy :

« Gizeh, cette contrée située sur la rive occidentale du Nil, en face du Caire, est célèbre par les talismans qu'on y a placés contre les sables. On y remarque surtout la statue antique connue sous le nom d'Aboulhoula (le sphinx). Ce monument a été élevé pour empêcher, par sa vertu talismanique, que le pays ne soit entièrement englouti par les sables mouvants qui s'étendent derrière lui, du côté du couchant, et qui y forment comme une vaste mer où il n'est possible à nul homme de pénétrer » (Abd-el-Rachid-el-Bakouy. *Description de l'Égypte*, écrite en 815 de l'hégire, traduite par M. Marcel.)

Le second passage est tiré de Macrizi, qui raconte la mutilation qu'un cheik fanatique fit subir à la figure du sphinx, l'an 780 de l'hégire (1378-9 de notre ère).

«Nous avons vu, dit-il, ce saint personnage aller aux pyramides, mutiler la figure du sphinx et en disperser les morceaux. Cette figure est restée dans cet état jusqu'à présent, et depuis cette époque les sables inondent le territoire de Gizeh. Les habitants attribuent ce fléau à la mutilation du sphinx. » (Al-Macrizi, d'après Langlès, édit. des *Voy. de Norden*, t. III, p. 339.)

Il semble établi par ces textes qu'avant le quatorzième siècle de notre ère, l'envahissement des sables était arrêté au bord de la vallée : l'époque où ils avancèrent vers le fleuve correspond à celle où de nombreuses pyramides ont été détruites. « On voyait autrefois, à Gizeh, une quantité considérable de pyramides, petites à la vérité, qui furent détruites du temps de Salah-Eddin-Yousouf, fils d'Ayoub. Leur destruction fut l'ouvrage de Karakoush, eunuque grec, qui était un des émirs de ce prince, et homme de génie. » (Abd-Allatif, *Rel. de l'Ég.*, trad. de M. de Sacy, in-4°, p. 171.)

On conçoit que l'imagination vive des Arabes ait reporté sur la mutilation du sphinx l'effet de l'envahissement des sables, que la destruction des pyramides avait seule motivé.

Poursuivant ses observations, M. de Persigny a remarqué que si les pyramides étaient régulièrement orientées, c'est que le débouché des vallées qu'elles devaient fermer se présentait parallèlement à un des points cardinaux : une seule fait exception, c'est la vallée de Saqqarah ; aussi l'orientation de la pyramide de Saqqarah est-elle défectueuse par rapport aux autres : on y remarque une différence de 4°. Enfin, en Nubie, l'orientation des pyramides varie avec celle des vallées, de manière à présenter toujours le flanc à la direction du vent. L'auteur de cette ingénieuse hypothèse appelle en dernier lieu la statique à son aide, et établit, au moyen de calculs dont nous ne discuterons pas la portée, que les pyramides, avec l'inclinaison de leurs faces, devaient produire dans le courant des vents un changement de direction suffisamment accentué pour produire les effets qui en étaient attendus.

S'il fallait se prononcer sur la valeur de cette théorie, très-savamment développée par son auteur, sur son simple énoncé, on serait porté à la traiter de paradoxale. Elle a un mérite réel. A-t-elle celui de l'exactitude scientifique à laquelle elle aspire? Je ne le pense pas : une simple réflexion suffit à le prouver.

Si les pyramides avaient dû jouer dans la topographie égyptienne un rôle important, les pharaons, si soucieux de la prospérité de leurs États, auraient cherché à en propager l'érection. Ils n'auraient point réservé pour les dynasties royales, comme cela semble être acquis à l'archéologie, cette forme utile de mausolée; si, au contraire, les mastabas avaient une hauteur et une largeur suffisantes pour résister aux vents et combattre le fléau, il n'y aurait point eu lieu pour eux d'ériger les pyramides, qui leur sont si supérieures en dimension. Ils auraient pu se contenter, puisque nous supposons ici que l'intérêt public seul les guide, d'un mastaba plus grand et plus orné que ceux de leurs plus riches sujets. Pourquoi, d'ailleurs, n'auraient-ils pas divulgué la raison de ces gigantesques constructions? Nous savons par Hérodote que leur érection occasionnait un vif mécontentement dans le peuple; pourquoi ne pas lui avouer que c'était dans son propre intérêt que ce travail était fait?

L'explication de l'orientation des pyramides ne me paraît pas concluante : il est, en effet, impossible de constater d'une manière assez précise la direction d'une vallée et le sens des courants pour trouver un accord parfait entre cette direction et les points cardinaux. La même vallée pourra être regardée par l'un comme se dirigeant exactement de l'est à l'ouest, par l'autre comme présentant vers le nord ou le sud une déviation de quelques degrés. Les différences d'orientation qui se remarquent dans les pyramides de Nubie s'expliquent parfaitement sans recourir à cette interprétation : elles datent de la fin du nouvel empire égyptien. Elles ne sont qu'une imitation du vieil art égyptien, une copie de ses monuments : les rois indigènes du Soudan, qui les ont élevées, ne se seront pas rendu compte des raisons religieuses qui motivaient la fixité dans leur orientation.

Du reste, les pyramides se retrouvant comme monuments funéraires chez plusieurs peuples de l'antiquité, il faut supposer que l'adoption de ce genre de monuments tient non pas à des considérations particulières à un peuple, comme celles que développe avec talent M. de Persigny, qui ne sont propres qu'à l'Égypte, mais à des considérations générales. L'explication donnée par lui ne saurait donc, à aucun point de vue, être regardée comme satisfaisante. Que les pyramides aient amené le résultat qu'il indique, qu'elles aient réellement protégé la vallée du Nil des invasions du sable, nous pouvons l'admettre comme un résultat réel, quoique non cherché; mais nous ne saurions admettre que ce résultat a été prévu.

Cette opinion, par son originalité, par le nom de l'homme qui l'a émise, par le bruit même qu'elle a fait, méritait de nous arrêter quelques instants dans cette étude sur les pyramides. Elle ne saurait en rien modifier notre opinion : les pyramides ont été de tout temps de simples monuments funéraires. Celles de la basse Égypte sont de l'ancien empire; celles de Nouri, du moyen empire, et celles de Meraouy du nouvel empire. Elles semblent marquer au bord du désert la direction que la civilisation a suivie sur les rives du grand fleuve. Elles indiquent, pour ainsi dire, les différentes étapes qu'elle y a faites. Elles nous la montrent dès les temps les plus reculés, dès la quatrième dynastie, dans la basse Égypte; elles nous l'indiquent, dès la treizième, pénétrant dans le centre de la Nubie, où l'ont importée les pharaons chassés par les pasteurs; elles nous la présentent aussi, dès la vingt-cinquième, établie dans les régions du sud, la Nubie, où l'ont fait pénétrer les rois éthiopiens vainqueurs et dominateurs de l'Égypte.

Depuis de longs siècles, l'antique civilisation qui

fleurissait dans ces lointains parages a disparu ; mais de nombreux témoins se dressent dans le désert, élèvent la voix dans la solitude, et attestent au voyageur qui les parcourt que ces pays abandonnés ont traversé une ère prospère. Leur vue tempère la tristesse qu'il ressent à l'aspect de leur barbarie, par l'espoir qu'elle fait naître dans son cœur de les voir, dans un avenir plus ou moins lointain, rappelés encore une fois à la civilisation.

II

Mastabas

Les tombeaux désignés sous ce nom remontent, comme les pyramides, aux plus anciennes dynasties. Ils offrent quelque analogie avec les mausolées de nos cimetières : une chapelle extérieure recouvre le caveau où reposent les momies. En venant sur les lieux où sont déposés les corps des personnes aimées et connues, en priant pour elles, nous obéissons moins à un sentiment chrétien qu'à un sentiment naturel. Le culte des morts, si je puis employer cette expression, a été consacré par toutes les religions, parce qu'il correspond à un besoin du cœur de l'homme. Nous devons donc le retrouver en Égypte ; et si la vue de ces tombes nous étonne, ce n'est point par le sentiment qu'elles révèlent, mais par la disposition du monument qu'il a inspiré.

La chapelle qui forme le monument extérieur présente les principaux caractères de l'architecture égyptienne. Construites en blocs énormes, ses murailles, où ne s'ouvre aucune fenêtre, sont inclinées l'une vers l'autre. De loin, le monument ressemble à une pyramide tronquée. Ses dimensions varient ; il mesure parfois de 15 à 20 mètres de long et 10 à 12 de large sur autant de hauteur. La porte qui lui sert d'entrée s'ouvre sur l'un des côtés, presque toujours sur celui qui regarde l'est. Sa simplicité est parfois extrême : une pierre arrondie, formant un tambour cylindrique, sert de linteau et repose sur deux jambages. Le plus souvent, les montants sont décorés de bas-reliefs représentant en pied l'image du défunt, et la dalle qui sert de linteau est couverte par une inscription en lignes horizontales. Après une invariable formule de prière, suit la mention des dons funéraires à présenter au mort, à certains anniversaires, jusque dans l'éternité. Quand la tombe est celle d'un personnage élevé, elle présente un aspect plus monumental. La porte est précédée de gros piliers carrés sans abaque et sans base, et que ne décore aucun ornement. Les fouilles pratiquées en Égypte n'ont encore permis de constater qu'une seule exception à cette règle : c'est le tombeau de Peh-en-Ka à Saqqarah. Les montants de la porte figurent deux pilastres, surmontés chacun de deux fleurs de lotus.

L'intérieur du monument présente plusieurs chambres, que des couloirs relient l'une à l'autre. Parfois, comme au tombeau de Ti à Saqqarah, les chambres sont précédées d'un petit péristyle : c'est une cour entourée de gros piliers carrés, comme ceux qui accompagnent l'entrée. Le plan ci-joint de ce tombeau permettra, mieux que toute description, de se rendre compte de la distribution adoptée pour ce genre de construction. 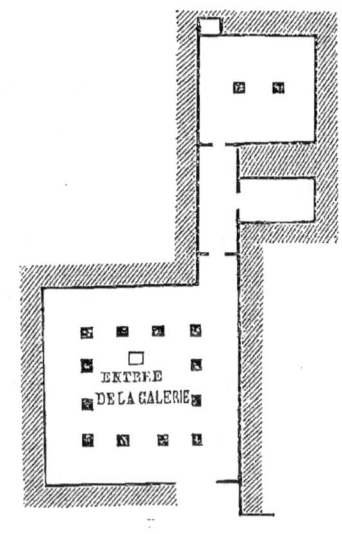 Les murs des salles intérieures sont couverts de bas-reliefs coloriés, disposés par registres superposés. Tandis qu'à partir de la dix-huitième dynastie, la plupart des peintures décorant des tombeaux représenteront des scènes funéraires tirées du rituel, celles qui décorent les murs des tombes de l'ancien empire n'ont jamais trait aux croyances religieuses. Rien n'y rappelle l'idée de la mort ou de la Divinité, si ce n'est la stèle, occupant le fond de l'une des salles, et sur laquelle le défunt ou ses parents sont représentés offrant des dons aux dieux des enfers, et les tableaux très-peu nombreux qui sont relatifs au transport de la momie.

Les sujets représentés ont toujours trait aux trois demandes faites à Anubis, la gardienne des morts, dans l'inscription qui surmonte la porte d'entrée du mastaba. La déesse est priée d'accorder au personnage nommé une bonne sépulture dans la nécropole, après une vie longue et heureuse, de favoriser la route du défunt dans les régions d'outre-tombe, et d'assurer pour l'éternité l'apport des « dons funéraires. »

Passons rapidement en revue les peintures du tombeau de Ti, en les classant par groupes se rapportant à la division que je viens d'indiquer, sur la remarque de M. Mariette. Cette nomenclature nous permettra de nous faire une idée juste des sujets figurés dans les autres tombes.

1er *groupe*. Le défunt est chez lui ; des femmes exécutent des danses en sa présence ; des musiciens jouent de leurs instruments, et des chanteurs les accompagnent. Le défunt chasse dans des marais, debout sur une barque : il lance un bâton recourbé qui vole en tournoyant, sur les oiseaux aquatiques qui se cachent dans les roseaux. Des serviteurs conduisent aux champs un troupeau de chèvres ; ils récoltent le blé, le mettent en gerbes, sont occupés à confectionner des meubles pour la maison, et mettent à flot des barques qui vont sillonner les eaux du Nil pour le compte de leur maître. Celui-ci préside à chacun de ces travaux. A chaque scène, il est représenté debout, le bâton de commandement à la main, ou assis. Ti jouit donc de tout ce qui peut rendre la vie agréable et heureuse à un peuple agricole comme la nation égyptienne.

2ᵉ *groupe*. Le défunt assiste au transport de sa momie dans la nécropole. Les tableaux qui ont trait à ce sujet sont peu nombreux, et jamais ils ne nous initient aux scènes de la vie inférieure. Aucun d'eux ne nous montre l'âme du défunt dans l'amenthi.

3ᵉ *groupe*. Nous avons parlé déjà des dons funéraires et des offrandes en lesquelles ils consistaient. Les scènes qui ont rapport à ces dons sont nombreuses. Ici, des serviteurs apportent sur leur tête, sur leurs épaules, sur leurs mains étendues, des victuailles, des fleurs, des plateaux chargés de vases. Là est une file de femmes conduisant des animaux et portant des couffes sur la tête. Ce sont les propriétés du défunt, ainsi symbolisées, qui concourent toutes aux offrandes prescrites. Ailleurs, des serviteurs immolent des bœufs, dont les membres formeront une bonne part des offrandes. Plus loin, le défunt est assis; une procession de prêtres défile en tête devant lui, en chantant des hymnes sacrés. Derrière eux marchent les serviteurs, qui amoncellent les offrandes sur une table destinée à cet usage.

C'est à côté de l'une des pièces contenues dans le mastaba que se trouve la petite chambre nommée par les Arabes *serdab*, c'est-à-dire le trésor. C'est là qu'étaient déposées les statues du défunt. Nous en avons déjà parlé ; nous ne reviendrons pas sur le sujet, et nous nous bornerons à ajouter que dans les tombes de l'ancien empire, le serdab était toujours fermé. Parfois il communiquait, par une étroite ouverture, avec l'intérieur de la chapelle. Dans quel but ménageait-on cette ouverture ? Était-ce pour adresser au défunt des paroles que ses statues étaient censées entendre ? était-ce pour y faire passer la fumée d'un encens ? La représentation de personnes brûlant des parfums, de chaque côté de l'ouverture du serdab du tombeau de Ti, à Saqqarah, semble confirmer cette seconde hypothèse.

C'était, le plus souvent, dans l'une des salles de la chapelle que débouchait le puits conduisant au caveau. Cette règle souffrait néanmoins d'assez nombreuses exceptions, et beaucoup de tombes présentent dans leur partie supérieure l'orifice de cette galerie. De section rectangulaire, elle descendait verticalement dans le sol. Le tombeau de Ti, remarquable sous tant de rapports, l'est encore sur ce point : le puits est remplacé par une galerie inclinée comme celles des pyramides. C'est l'unique exemple que l'on connaisse de cette disposition. Jusqu'à ce qu'il atteigne le roc qui s'étend en dessous de la couche de sable dont le désert de la nécropole est formé, le puits est bâti en belles pierres (Memphis) ou bien en briques crues (Abydos, Thèbes). « J'en connais, nous dit M. Mariette, qui ont jusqu'à 30 mètres de profondeur; le plus souvent, après 10 ou 12 mètres, on en atteint le fond. Quand le puits est vierge, il est rempli jusqu'à la bouche d'éclats de pierres mêlés de sable et de terre, le tout formant, avec l'eau qu'on y a jetée, une sorte de ciment compact qu'on ne parvient aujourjourd'hui à percer qu'avec de grands efforts. Au fond du puits, sur une des quatre parois, le rocher s'interrompt tout à coup, et l'on rencontre un mur. C'est le mur qui ferme l'entrée des chambres mortuaires proprement dites. » (Mariette, *Avant-propos* de la *Notice sur le musée de Boulaq.*)

Le soin avec lequel travaillaient les Égyptiens des premières dynasties, se retrouve jusque dans ces caveaux. Ils sont larges, vastes et bien taillés : le sarcophage s'élève au centre.

Les tombes de l'ancien empire remontant aux quatrième, cinquième et sixième dynasties sont fort communes à Gizeh et à Saqqarah. Soit qu'une invasion, dont l'histoire n'a point gardé le souvenir, ait amené la ruine des édifices construits postérieurement à cette dernière dynastie, soit que l'emplacement où ils s'élevaient, recouvert par les sables, n'ait pas été remué par la pelle des fouilleurs, un vide soudain se manifeste dans la série des vieux édifices de l'Égypte. Il ne cesse qu'à la onzième dynastie. Mais dans le long intervalle qui sépare ces deux époques de graves événements ont eu lieu. La basse Égypte a perdu sa prépondérance. Memphis n'est plus la capitale du royaume; Thèbes a hérité de ce titre. Or la haute Égypte, vallée resserrée entre deux chaînes de montagnes calcaires, ne présente pas de plateaux suffisamment étendus pour recevoir une nécropole occupant une vaste superficie, comme dans la basse Égypte. Au lieu de creuser les tombes dans la profondeur du sol, on les tailla dans le flanc de la montagne, ce qui permit de les superposer. Le mastaba se trouva remplacé par une tombe d'une autre forme et d'un autre aspect, par l'hypogée, dont nous aurons à nous occuper plus tard.

Il est probable que le mastaba ne fut pourtant pas complétement abandonné, car nous en retrouvons quelques-uns dans la basse Égypte qui datent du nouvel empire. Quoique rien ne nous autorise à croire que sous la douzième dynastie et les dynasties suivantes on ait suivi le mode de construction si employé dans l'ancien empire, nous pouvons supposer que cet usage n'a pas été abandonné d'une manière absolue, et que les mastabas que nous connaissons d'une époque postérieure se rattachent d'une manière plus ou moins directe à ceux des premiers temps.

Du reste, excepté sous la douzième dynastie, sous laquelle le spéos est le type adopté pour la chapelle de la tombe, le luxe pour les édifices funéraires n'a jamais été plus grand que sous l'ancien empire. Sous les rois du moyen empire, les caveaux ne présentent plus la grandeur et la simplicité de ceux des premières dynasties : ils sont bas, étroits, irréguliers et mal exécutés. Le monument qui les recouvre prend souvent la forme d'une pyramide, parfois il se compose d'une construction massive surmontée, en guise de couronnement, d'une petite pyramide de briques. Mais quelle que soit sa forme, que le tombeau soit placé dans la plaine ou dans la montagne, la chambre funéraire se confond souvent avec la salle ouverte aux amis; les exemples en sont fréquents à Drah-Abou'l-Neggah (onzième dynastie) et à Abydos (treizième dynastie). Comme sous l'ancien empire, rien ne fait allusion, si ce n'est la décoration du sarcophage, aux scènes du *rituel*, qui prendra une si grande place à partir de la dix-huitième dynastie. Mais les statues du défunt, que les tombes les plus anciennes renfermaient en grand nombre, deviennent rares; le serdab n'est plus fermé : c'est une simple niche qui rappelle la forme d'un naos, dont le défunt serait la divinité.

De la quatorzième dynastie à la dix-huitième, nous trouvons un vide analogue à celui que j'ai signalé entre la sixième et la onzième. L'invasion des pasteurs qui a lieu à cette époque suffit pour l'expliquer. Nous avons vu que sous la dix-septième dynastie l'art, en Égypte, présentait les mêmes caractères que sous la onzième. Les deux grandes renaissances qu'il vit s'accomplir sous la douzième et sous la dix-huitième dynastie furent précédées par deux époques qui ne diffèrent entre elles que par le temps. L'œil le plus exercé peut difficilement reconnaître entre eux les objets qui remontent à elles. La ressemblance des productions de ces deux époques se retrouve jusque dans les tombes : celles de la onzième dynastie et celles de la dix-septième offrent les mêmes particularités. Mais si nous avons pu douter qu'à cette première époque l'usage des monuments extérieurs fut abandonné, nous en sommes assurés pour la seconde. L'entrée des caveaux n'est souvent garantie que par un mur d'enceinte en briques crues : une porte en est le seul ornement extérieur. Sous la dix-huitième dynastie, quelque brillant que soit l'art à cette époque, la partie souterraine des tombes présente un aspect étroit, mesquin et sans profondeur. Un seul puits conduit à un grand nombre de chambres qui se croisent et se superposent. Parfois, comme à Drah-Abou'l-Neggah, les cercueils des momies étaient simplement déposés dans le sable, à une certaine profondeur. Les sépultures sont souvent usurpées, et des corps sont déposés dans des caveaux destinés à en recevoir d'autres qu'eux. L'impossibilité d'étendre les nécropoles, limitant le terrain des sépultures, abolit peut-être, comme par nécessité, l'usage des monument extérieurs, qui eussent occupé une place trop grande. Il fallait pourtant délimiter les tombes et en indiquer l'entrée : on eut recours aux cônes de terre cuite. C'est ainsi qu'à l'Assassif, où les tombes sont si nombreuses et si pressées qu'il est impossible d'en démêler le plan primitif, les cônes sont très-nombreux. Ils avaient aussi l'avantage d'avertir du voisinage d'une sépulture oubliée, ceux qui, trouvant un terrain privé de toute marque extérieure et le croyant par conséquent vierge, auraient voulu y établir une sépulture nouvelle. Ils portent sur leur base une inscription tracée avant d'être mise au feu. Le plus souvent recouverts d'une poussière blanche, peut-être de farine, ils pouvaient figurer des pains sacrés et être des objets votifs. Mais on ne saurait s'expliquer qu'ils ne se rencontrent qu'à Thèbes, s'ils n'avaient une autre destination. Celle que leur assigne M. Mariette, et que je viens d'indiquer, semble d'autant plus probable que plus ils sont nombreux dans le sol, plus on est près de l'entrée de la tombe. Très-fréquents à Thèbes, de la onzième à la dix-huitième dynastie, ils deviennent de plus en plus rares à l'époque suivante : l'usage en est à peu près perdu sous les Saïtes.

On élève de nouveau des monuments extérieurs sous le nouvel empire; ils sont construits dans le style de l'époque. C'est ainsi qu'à Memphis, sous la dix-neuvième dynastie, un personnage du rang le plus élevé, nommé Hor-Em-Héb, fit construire dans son édicule funéraire une salle soutenue par huit colonnettes unies, sur lesquelles étaient attachés à hauteur d'homme des petits tableaux rectangulaires. Ailleurs, les lourds piliers carrés de l'ancien empire sont remplacés par les colonnes à chapiteau en fleur de lotus. Ces différentes formes sont bien celles du nouvel empire. Quoique les peintures qui les décorent soient presque toutes inspirées par le rituel, et que les scènes de la vie civile n'occupent qu'une partie relativement petite des tableaux, les statues des dieux font encore défaut : c'est tout au plus si au fond de la chambre principale apparaissent des figures de ronde-bosse représentant soit le défunt assis entre deux divinités, soit la tête de vache de la déesse Amenthi.

Sous les Ptolémées, la mode des chapelles funéraires disparaît pour la seconde fois. Le puits conduit directement au caveau où se refugie tout le luxe des sépultures. Les chambres sont larges et vastes, et dignes des magnifiques sarcophages qu'elles contiennent.

Mais les nombreuses catacombes qui entourent Alexandrie, et qui remontent au commencement de notre ère, nous montrent que le style grec a pénétré, à cette époque, dans les tombes : rien ne nous y rappelle les sépultures égyptiennes, si ce n'est la profondeur à laquelle est creusé le caveau dans le sol ; le sarcophage est remplacé par une excavation pratiquée soit dans la paroi de la salle, soit dans une banquette ménagée à cet effet, où il forme comme une auge. Sous la domination romaine, ce dernier type est seul adopté : la conversion de l'Égypte au catholicisme aura sans doute contribué à cette modification de la tombe.

Ce sont donc les tombeaux, c'est-à-dire la classe d'édifices à laquelle le peuple égyptien attribuait le plus d'importance, celle qui remonte le plus loin, celle qui exprimait au plus haut degré les idées religieuses du peuple, qui devaient, les premiers, subir un changement radical. Les importantes modifications qu'ils subissent doivent nous avertir que le moment n'est pas loin où le vieux culte national disparaîtra à son tour, emportant dans sa proscription ses temples et ses rites, son architecture et ses statues.

III

Hypogées.

La troisième classe des tombeaux égyptiens est celle des hypogées. Leur nom indique à lui seul en quoi ils diffèrent des autres sépultures ; ils sont creusés dans le sol : ὑπὸ γῆ. On n'en rencontre guères que dans la haute Égypte, et la nature du pays suffit à expliquer la préférence qui y fut de tout temps donnée à cette sorte de sépulture. Mettre les corps à l'abri de l'inondation était, comme nous l'avons déjà dit, l'unique préoccupation des anciens Égyptiens dans le choix de l'emplacement de leurs tombeaux. Dans la basse Égypte, où aucune éminence naturelle ne présentait une surface élevée, les momies étaient déposées dans les murs des villes. Dans la moyenne Égypte, on utilisa le banc de calcaire qui s'étendait sous le désert, dans les environs de Memphis : les parois de pierre des chambres sépulcrales préservaient les momies de toute humidité. Dans la haute Égypte, qui n'est qu'une étroite vallée fermée des deux côtés par une colline continue de roche, il n'était pas nécessaire de fouiller le sol ; le calcaire de la colline fournissait l'emplacement de chambres innombrables ; la disposition naturelle des lieux permettait même de les superposer par étages et d'étendre presque indéfiniment les nécropoles sur un terrain dont la superficie était restreinte. On creusa donc le plus souvent les tombes dans le flanc des montagnes, mais on ne laissa pas inoccupés les petits plateaux formés par les gradins naturels de la colline. Là aussi on creusa des tombes.

Les hypogées remontent dans l'antiquité aussi loin que les pyramides et les mastabas. Mais, presque exclusivement usités dans la haute Égypte, c'est-à-dire dans une région où la civilisation ne pénétra que plusieurs siècles après la basse et la moyenne Égypte, les hypogées, qui datent des premières dynasties, sont grossièrement taillés. On juge à leur simple aspect qu'ils étaient destinés à une population ignorante encore du luxe qui se développait ailleurs.

Ce qui caractérise les hypogées antérieurs au nouvel empire, c'est le puits conduisant au caveau funéraire situé au-dessous de la chambre ouverte à tous. La disposition de ces hypogées rappelle en tous points celle des mastabas, l'unique différence consiste en ce que la chapelle est creusée dans la colline au lieu d'être maçonnée.

Sous le moyen empire, la basse Égypte a cessé d'être le siége du gouvernement. Les onzième et douzième dynasties dont thébaines. C'est au tour de la haute Égypte de voir les monuments s'élever sur son sol. Nous avons indiqué déjà la première renaissance de l'art que vit s'accomplir en Égypte l'avénement de la onzième dynastie. Le soin et le goût qui caractérisent tous les édifices de cette époque se retrouvent dans les hypogées contemporains. Ceux de Beni-Hassan en sont un type charmant. Des colonnes protodoriques, ou des colonnes à lotus formées d'un faisceau de cette plante, ornent comme d'un portique la porte d'entrée. Cette porte, d'ouverture rectangulaire, n'est accompagnée d'aucun ornement : cette grande simplicité est un caractère constant des portes sépulcrales. La chapelle est vaste et spacieuse : le plafond est soutenu par des colonnes rappelant celles de l'entrée et disposées en lignes qui tracent des nefs. Un long bandeau de pierre, faisant saillie sur le plafond et imitant un sommier, relie l'une à l'autre les colonnes de la même ligne, et divise le plafond en travées, tantôt dans le sens de la largeur, tantôt dans celui de la profondeur. Le plafond est légèrement taillé en voûte dans les nefs formées par les colonnes.

L'espace compris entre la paroi du fond et les dernières colonnes est généralement plus étroit que l'espace compris entre les autres rangées de colonnes ; il semble former un petit sanctuaire. Une niche profonde, pratiquée dans cette partie de la salle, tantôt en face de la porte, tantôt dans un angle, de forme carrée, et ne descendant pas jusqu'au sol, est destinée à recevoir la statue du défunt. L'usage de mettre la statue du mort dans une petite pièce attenante au tombeau, usage que nous avons signalé pour les sépultures de l'ancien empire, tend à disparaître sous le moyen empire : la statue n'est pas encore déposée dans l'intérieur même de la chapelle, comme elle le sera à partir de la dix-huitième dynastie, mais la niche qui la renferme n'est pas murée.

Comme à l'intérieur des mastabas, les hypogées du moyen empire sont décorés de peintures formant des registres superposés. Les occupations domestiques, les scènes de la vie des champs y sont seules représentées : rien encore qui rappelle la destination funèbre du monument.

Décoration et distribution de la tombe, tout s'est modifié de la manière la plus complète sous le nouvel empire. La révolution qui s'est accomplie dans les monuments funéraires est aussi complète que celle qu'a vu s'accomplir à cette époque la destinée de l'Égypte. Les dynasties étrangères au pays; celles des rois pasteurs viennent d'être expulsées définitivement de la vallée du Nil. Les grandes dynasties thébaines montent sur le trône, et donnent à la civilisation comme aux arts une impulsion nouvelle. Pour indiquer la grandeur de cette période de l'histoire de l'Égypte, il suffit de nommer les pharaons Amosis, Thoutmosis III, Aménophis, Séti, Ramsès II (Sésostris), dont les noms éveillent dans la mémoire de tous le souvenir de grandes choses. Les dix-huitième et dix-neuvième dynasties, auxquelles ils appartiennent, se sont fait remarquer par le nombre et les dimensions des édifices qu'elles ont laissés. Ce caractère de grandeur, inhérent à toutes leurs œuvres, est plus frappant qu'ailleurs dans les vastes hypogées qui remontent à cette époque.

Ils ne se composent plus que rarement, comme sous le moyen empire, d'une seule salle formant la chapelle, et recouvrant le caveau auquel conduit un puits; plus de colonnes en accusant l'entrée; la porte étroite et rectangulaire est taillée dans le rocher. L'hypogée se compose le plus souvent d'une enfilade de pièces reliées les unes aux autres par des galeries plus ou moins allongées, et s'enfonçant par une pente assez forte dans le flanc de la colline. Quelques-unes d'entre elles étaient sans doute réservées aux parents du défunt; l'accès en était libre à ses proches et à ses amis pour apporter aux anniversaires les dons funéraires; la plus grande et la plus spacieuse était réservée au défunt lui-même. Si l'étendue de l'excavation le rendait nécessaire, on ménageait dans la pierre de lourds piliers carrés qui servaient à soutenir et à orner ces pièces. Une porte les faisait communiquer entre elles; dès que la momie était déposée dans son sarcophage, on murait celle de la salle qui le renfermait. Des peintures analogues à celles qui décoraient le reste des murailles recouvraient la maçonnerie nouvellement faite : il semblait alors que la momie était assurée d'un repos éternel et qu'elle pourrait attendre en paix, sous la garde d'Anubis, le moment où son âme viendrait la ressusciter en s'incorporant en elle.

Les recherches de nos savants archéologues ont rendu illusoires toutes ces précautions, qui n'ont servi qu'à montrer leur génie investigateur. L'exploration que fit Belzoni de la tombe de Ramsès II (Sésostris) donne une idée des petits stratagèmes auxquels avaient recours les architectes de ce temps pour empêcher des mains sacriléges de toucher à la momie. Après avoir descendu un escalier et parcouru un couloir, descendu un second escalier et parcouru un second couloir, le savant explorateur se trouva dans une salle qui semblait ne mener à aucun autre ; un puits s'ouvrait dans le sol, mais ce puits n'aboutissait à aucun caveau : son existence n'avait d'autre but que de dérouter les recherches. La muraille de la chambre, sondée de tous côtés, rendit un son creux. Un ouverture fut bientôt pratiquée en ce point, et laissa voir une autre série de salles, dont l'une d'elles n'était pas achevée. La plus vaste, au plafond voûté, contenait un sarcophage d'albâtre oriental : il était vide. Il n'était donc point destiné à recevoir la momie royale. Le son creux que rendait le sol dans le fond de la salle porta Belzoni à le fouiller. Il découvrit alors l'entrée d'un plan incliné, accompagné d'un double escalier à droite et à gauche, par lequel on descend très-avant dans l'intérieur de la montagne. Des éboulements survenus dans ce passage ne permirent pas de pousser les recherches plus loin. Il conduit sans aucun doute au caveau où repose la momie.

Ce vaste hypogée présente, depuis l'entrée extérieure jusqu'à l'endroit du plan incliné où l'on est arrêté par les éboulements, un développement en longueur de 145 mètres. Le point extrême du plan incliné est à 56 mètres environ de profondeur au-dessous du niveau de la vallée où débouche l'escalier. Quelque surprenantes que soient ces dimensions pour nous, elles semblaient ordinaires au peuple égyptien. Les galeries de la tombe d'un simple fonctionnaire de la cour du roi, de l'ordre des prêtres, dans la nécropole d'El-Assassif, aussi à Thèbes, mesurent 266 mètres.

En voyant ces précautions infinies pour déjouer la curiosité ou l'avidité de ceux qui seraient tentés d'explorer ces tombeaux, on se souvient des galeries des pyramides conduisant à des chambres vides, et des plaques de granit masquant l'entrée du caveau royal. Les moyens employés étaient les mêmes. Mais pourquoi, tandis que les anciens pharaons cherchaient à attirer tous les regards sur le lieu de leur sépulture par la masse de la construction qu'ils y élevaient, les rois du nouvel empire semblent-ils uniquement préoccupés de cacher leur sépulture à tous les yeux, et choisissent-ils pour les creuser le flanc le plus sauvage de la gorge la plus déserte des montagnes de Thèbes?

Les dix-huitième, dix-neuvième et vingtième dynasties, les trois premières du nouvel empire, étaient des dynasties thébaines. Elles ont fait creuser des tombeaux dans la montagne, car c'était l'usage adopté depuis longtemps, nous l'avons vu déjà, dans la haute Égypte. Les rois de ces dynasties n'ont établi de différence entre leurs tombes et celles de leurs sujets que par le luxe des sarcophages et la dimension des salles. Les pharaons de la quatrième dynastie, qui était de Memphis, se conformaient eux aussi à l'usage établi dans la basse Égypte. La construction de mastabas était générale ; les pyramides n'étaient en quelque sorte que des mastabas dont les proportions auraient été exagérées. — Se demander la raison de la différence si frappante des tombeaux royaux des dynasties de l'ancien et du nouvel empire revient donc à se demander pourquoi, dans la basse Égypte, on *construisait* un monument funéraire, tandis qu'on le *creusait* dans la haute Égypte. La question, posée dans ces termes, trouve sa réponse dans les quelques lignes qui servent de commencement à ce chapitre.

Mais tandis que les sépultures particulières de la même époque s'annoncent presque toujours, soit par une porte fermant une enceinte où débouche le couloir, lorsque l'hypogée est creusé dans un plateau, soit par l'apparence même de la porte, lorsque la tombe est creusée dans le flanc de la montagne, les sépultures royales des premières dynasties du nouvel empire ne s'annoncent aux yeux par aucune ornementation. La porte carrée qui y donne accès semble avoir été destinée dans le principe à ne pas rester apparente : en tout cas, le sable et les pierres de la montagne n'auront pas tardé à les masquer à tous les regards. Il a fallu pour les retrouver un instinct merveilleux. J'insiste sur cette particularité que présentent les tombes royales des dix-huitième, dix-neuvième et vingtième dynasties, parce qu'elle me semble confirmer l'hypothèse soutenue par quelques archéologues, d'après laquelle plusieurs monuments de Thèbes ne seraient que des édifices funéraires, les chapelles des tombes royales, détachées d'elles, comme les chapelles des pyramides étaient distinctes des pyramides elles-mêmes. Les prêtres et les sujets admis aux cérémonies religieuses qui se célébraient en l'honneur du roi défunt ne se réunissant pas dans le lieu même de la sépulture, comme cela avait lieu pour les particuliers, il n'était point nécessaire que l'entrée de la tombe fût apparente.

A cette époque où les idées religieuses, à en juger par les innombrables peintures qui décorent les hypogées, ont pris plus d'intensité, où l'on semble attacher une importance plus grande encore que par le passé, à toutes les croyances religieuses qui se rapportent à la mort, on dut chercher à assurer d'une manière plus certaine la conservation de la momie. Durant les invasions étrangères qui désolèrent l'Égypte sous la fin du moyen empire, et spécialement sous la dix-septième dynastie, sous la domination des pasteurs qui envahirent la vallée du Nil, la violation des tombes et la spoliation des momies durent être fréquentes. Nous pouvons supposer à juste droit que ces populations étrangères qui ne partageaient pas les croyances des Égyptiens, cédèrent au désir de dépouiller les tombes royales, désir qui semble si naturel à l'homme, qu'il n'a pu y résister ni dans les temps modernes ni dans une antiquité moins reculée que celle qui nous occupe. Les Ptolémées firent ouvrir une quinzaine de tombes dans la vallée des rois. Les Arabes, lors de la conquête de l'Égypte, cherchèrent à pénétrer dans les pyramides, et leurs descendants fouillent encore les tombes inexplorées pour en tirer profit. Ce danger était sans doute redouté des pharaons du nouvel empire qui cherchèrent à le conjurer en dissimulant, par sa simplicité, l'entrée de leur tombe.

Hâtons-nous d'ajouter que cette simplicité n'était qu'extérieure. Nous avons déjà parlé des séries de salles qui se succédaient l'une à l'autre, tantôt en enfilade, tantôt sur plusieurs rangs ; leur nombre semble proportionné à la durée du règne du pharaon qui les a fait creuser : c'est une remarque qu'a faite Champollion, et que les travaux ultérieurs ont de plus en plus confirmée. Si aucun fait ne prouve directement cette assertion, il en est un qui atteste que les travaux étaient suspendus à la mort du roi. Le tombeau de Sésostris, ouvert par Belzoni, renferme deux salles inachevées ; l'une d'elles n'a pas été complétement creusée, l'autre n'a pas encore reçu de couleur sur les dessins tracés en noir sur ses parois.

Royales ou particulières, les tombes du nouvel empire sont de tous côtés décorées de peintures ; leur présence étonne dans ces sombres galeries destinées à une obscurité éternelle. On y peignait les exploits du mort, que nul œil humain ne pouvait contempler. Ce n'était pas une manière de perpétuer sa mémoire, puisque ces annales domestiques étaient dérobées à tous ; c'était un dernier honneur à rendre au défunt. Pourtant les scènes où le défunt a joué un rôle durant sa vie n'occupent que peu d'espace, relativement à l'étendue des surfaces que présentaient au décorateur les parois, les plafonds et les piliers. Le rituel fournissait à lui seul le reste des sujets des innombrables tableaux qui y sont figurés. L'idée de la mort, qui est écartée à dessein dans les tombeaux de l'ancien et du moyen empire, où l'idée de la Divinité elle-même n'est rappelée que dans le caveau, par les ornements qui couvrent le sarcophage, l'idée de la mort s'étale de tous côtés dans les tombeaux du nouvel empire. Une révolution complète s'est opérée de la onzième à la dix-huitième dynastie dans l'esprit des Égyptiens : la mort semblait les effrayer, ils ont l'air maintenant de se complaire dans son attente.

Les peintures relatives à ce sujet, étant toutes tirées du même texte, du rituel, offrent les unes avec les autres la plus grande analogie : décrire celles qui décorent un tombeau, c'est décrire toutes les autres. Je prends pour type celles qui ornent le tombeau de Ramsès V, notant toutefois que les bas-reliefs qui décorent le bandeau de toutes les portes de tombes de roi, et dont le sens allégorique se rapporte à la royauté, ne se retrouvent pas dans les autres hypogées.

« C'est, nous dit Champollion le jeune (Champollion, *Lettres écrites d'Égypte et de Nubie*, lettre XIII) un disque jaune au milieu duquel est le soleil à tête de bélier, c'est-à-dire le soleil couchant, entrant dans l'hémisphère inférieur, et adoré par le roi à genoux ; à la droite du disque, c'est-à-dire à l'orient, est la déesse Nephtys, et à la gauche la déesse Isis, occupant les deux extrémités de la course du dieu dans l'hémisphère supérieur ; à côté du soleil et dans le disque, on a sculpté un grand scarabée, qui est ici comme ailleurs le symbole de la régénération ou des renaissances successives ; le roi est agenouillé sur la montagne céleste, sur laquelle portent aussi les pieds des deux déesses. »

Le soleil, dans la première partie de sa course, est la personnification du roi dans sa vie, qui devait être la source de tous les biens nécessaires à ses sujets; dans son parcours dans l'hémisphère inférieur, il est l'image du roi défunt qui renaîtra à une autre vie, comme l'astre apparaîtra de nouveau à l'horizon.

L'identification du défunt avec la Divinité, avec Ammon, le grand dieu solaire, qui prend le nom d'Osiris, quand il est envisagé par rapport à ses attributs funèbres, n'est pas un privilége souverain; elle a lieu pour tous les défunts, qui sont par suite représentés sous la forme d'un homme à tête de bélier, le symbole d'Ammon-Ra. Le disque du soleil, autrement dit le défunt, part de l'orient, arrive vers l'occident, indiqué par le crocodile, emblème des ténèbres. Viennent ensuite les images des soixante-quinze parèdres du soleil dans l'hémisphère inférieur et des invocations à ces divinités de troisième ordre, dont chacune préside à une des subdivisions du monde inférieur, qui leur sont égales en nombre, et qui sont figurées plus loin. Les tableaux suivants, relatifs à la marche du soleil au-dessus de l'horizon, c'est-à-dire à la vie du défunt, sont divisés en douze séries, annoncées chacune par un riche battant de porte sculpté, et gardé par un énorme serpent; ce sont les portes des douze heures du jour, représentées sous la forme humaine, et accompagnant le soleil dans sa marche. Sur le fluide primordial ou l'éther, qu'il traverse en barque, des scènes mythiques, propres à chaque heure du jour, sont peintes dans la série à laquelle elles correspondent. Il serait un peu long de les mentionner toutes, leur interprétation d'ailleurs demanderait des commentaires détaillés; bornons-nous à parler de quelques-unes.

« A la troisième heure, nous dit Champollion, que je suis dans cette description, le dieu soleil arrive dans la zone céleste où se décide le sort des âmes, relativement aux corps qu'elles doivent habiter dans leurs nouvelles transmigrations; on y voit le dieu Atmou, assis sur son tribunal, pesant à sa balance les âmes humaines qui se présentent successivement; l'une d'elles vient d'être condamnée : on la voit ramener à terre dans une bari (barque) qui s'avance par la porte gardée par Anubis, et conduite à grands coups de verges par des cynocéphales, emblème de la justice céleste. Le coupable est sous la forme d'une énorme truie.

« Le dieu visite à la cinquième heure les champs Élysées de la mythologie égyptienne, habités par les âmes bienheureuses, se reposant des peines de leur transmigration sur la terre; elles portent sur la tête la plume d'autruche, emblème de leur conduite juste et vertueuse. On les voit présenter des offrandes aux dieux, ou bien sous l'inspection du *seigneur de la joie du cœur*, elles cueillent les fruits des arbres célestes de ce paradis; plus loin, d'autres tiennent des faucilles : ce sont les âmes qui cultivent les champs de la vérité; leur légende porte : « Elles font des libations de « l'eau et des offrandes des grains des campagnes de « gloire; elles tiennent une faucille et moissonnent les « champs qui sont leur partage. Le dieu soleil leur « dit : « Prenez vos faucilles, moissonnez vos grains, « emportez-les dans vos demeures, jouissez-en et les « présentez aux dieux en offrande pure. » Ailleurs enfin, on les voit se baigner, nager, sauter et folâtrer dans un grand bassin que remplit l'eau céleste et primordiale. »

A la douzième heure, le soleil est reçu par la déesse Netphé, la fille d'Osiris; il est au bout de sa course; le défunt a traversé toutes les épreuves qui l'attendaient. Il ressuscite à la vie éternelle.

La marche du soleil dans l'hémisphère inférieur est le sujet d'une série de tableaux formant la contre-partie de ceux que nous venons d'indiquer et généralement représentés sur la paroi opposée. Là, le dieu peint en noir parcourt les soixante-quinze zones présidées par des divinités inférieures, armées de glaives; ce sont les cercles habités par les âmes coupables : elles sont punies d'une manière différente dans la plupart de ces zones, où elles sont représentées tantôt sous la forme humaine, tantôt sous la forme symbolique de l'épervier à tête humaine, ou de la grue. « Les unes sont fortement liées à des poteaux, et les gardiens de la zone, brandissant leur glaive, leur reprochent les crimes qu'elles ont commis sur la terre ; d'autres sont suspendues la tête en bas ; celles-ci, les mains liées derrière le dos, traînent sur la terre leur cœur sorti de la poitrine ; dans de grandes chaudières, on fait bouillir des âmes vivantes soit sous forme humaine, soit sous celle d'oiseau, ou seulement leurs têtes et leurs cœurs.

« Le même sujet, mais composé dans un esprit directement *astronomique*, et sur un plan plus régulier parce que c'était un tableau de science, est reproduit sur les plafonds, et occupe toute la longueur de ceux du second corridor et des deux premières salles qui suivent.

« Le ciel, sous la forme d'une femme, dont le corps est parsemé d'étoiles, enveloppe de trois côtés cette immense composition. Le torse se prolonge sur toute la longueur du tableau, dont il couvre la partie supérieure ; sa tête est à l'occident ; ses bras, ses pieds limitent la longueur du tableau divisé en deux bandes égales : celle d'en haut représente l'hémisphère supérieur, et le cours du soleil dans les douze heures du jour ; celle d'en bas, l'hémisphère inférieur, la marche du soleil pendant les douze heures de la nuit.

« A l'orient, c'est-à-dire vers le point sexuel du grand corps céleste (de la déesse ciel), est figurée la naissance du soleil ; il sort de sa divine mère Neith, sous la forme d'un petit enfant, portant le doigt à sa bouche, et renfermé dans un disque rouge. Le dieu Meuï, l'Hercule égyptien, la raison divine, debout dans la barque destinée au voyage du jeune dieu, élève les bras pour l'y placer lui-même. Après que le soleil enfant a reçu les soins de deux déesses nourrices, la barque part et navigue sur l'*océan céleste*, l'éther, qui coule comme un fleuve, de l'*orient* à l'*occident*, où il forme un vaste bassin dans lequel aboutit une branche du fleuve traversant l'hémisphère inférieur, d'*occident* en *orient*.

« Chaque heure du jour est indiquée, sur le corps du ciel, par un disque rouge, et dans le tableau par douze barques ou *bari* dans lesquelles paraît le dieu soleil naviguant sur l'océan céleste avec un cortége qui change à chaque heure, et qui l'accompagne sur les deux rives. »

J'ai insisté sur ces différents tableaux parce qu'ils sont reproduits avec peu de variantes dans toutes les grandes tombes des premières dynasties du nouvel empire. Mais à côté de ces sujets si souvent répétés, on en voit d'autres variant avec la qualité et les fonctions du défunt auxquelles ils ont trait. Restait-il encore des parois à peindre, on y traçait des tableaux mythiques dont le choix semble avoir été laissé au goût du décorateur.

Les hypogées royaux de Thèbes, tels que nous venons de les décrire, ne présentent que deux parties, la chambre sépulcrale et la galerie formée de couloirs ou de pièces y donnant accès. La troisième partie, qui se retrouve dans les autres tombeaux, la chapelle était-elle supprimée? Non, sans doute, et si nous n'en trouvons point de trace à l'entrée même des tombeaux, il n'en faut pas conclure qu'il n'en a pas existé. Pour les pyramides, nous savons, par de nombreuses inscriptions, qu'elles étaient accompagnées d'un temple funéraire, distinct du monument. Pourquoi les rois du nouvel empire n'auraient-ils pas, à l'imitation de leurs prédécesseurs, construit leurs tombes en deux parties : le caveau dans un endroit caché, la chapelle ouverte à leurs amis et sujets, dans un lieu à l'abord facile ? Aucune considération générale ne s'oppose à l'adoption par la science de l'opinion émise par M. Mariette sur la destination funéraire des grands temples de la rive occidentale du Nil, à Thèbes. Ces temples ne seraient, selon lui, que les chapelles des tombes royales de Bab-el-Molouk, chapelles proportionnées à l'étendue de la tombe elle-même. Ces temples sont du reste construits au bord des nécropoles de la ville dans le quartier qui semble avoir été réservé aux morts, séparé par le fleuve de la ville des vivants. L'idée de la mort semble avoir présidé au choix de l'emplacement où ils s'élèvent.

Pour l'un d'eux, le Rhamesseïon, nous trouvons dans

l'antiquité grecque une opinion qui corrobore celle qu'a émise le savant égyptologue dont je viens de citer le nom. La description que Diodore a donnée du tombeau d'Osymandias, peut s'identifier avec celle que l'on pourrait donner de nos jours du Rhamesseïon. Après la comparaison des deux monuments qu'ont faite MM. Jollois et Devilliers, dans leur description générale de Thèbes, on ne peut guère douter qu'il ne s'agit que d'un seul et même édifice. Diodore, en ne lui donnant pas la destination que M. Mariette lui assigne, y voit néanmoins un monument funéraire, un tombeau, celui d'Osymandias.

Enfin, la dédicace du temple de Gournah, construit par Seti, en l'honneur de Ramsès Ier, son père, et celle du temple du Rhamesseïon, construit par Ramsès II, en son propre honneur, ne permettent point de supposer que ces édifices aient été élevés dans le but de servir uniquement de temple à la Divinité. Les bas-reliefs historiques qui les ornent rappellent l'usage où étaient les simples particuliers de tracer sur les parois de leurs tombes, élevées de leur vivant, leurs actions d'éclat.

Quoi qu'il en soit, ces temples, funéraires d'après les uns, purement religieux d'après les autres, se confondent, pour leur disposition, avec les autres temples. Nous n'avons donc pas à donner ici, sur eux, de plus amples détails.

J'ai dit au commencement de ce chapitre que ceux des hypogées qui présentent quelque intérêt remontent aux dynasties qui ont porté le siége du gouvernement dans la haute Égypte. Les dixième, onzième, douzième et treizième dynasties sont Thébaines ; nous avons les hypogées de Beni-Hassan, d'Abydos, de Thèbes. Les dix-septième, dix-neuvième et vingtième dynasties sont encore de Thèbes. Nous avons les admirables hypogées de Bab-el-Molouk et des collines voisines. La capitale de l'Égypte est ensuite reportée dans la partie basse. Les familles riches s'y rendent : la haute Égypte est de nouvau abandonnée; elle ne saurait nous présenter encore d'hypogées intéressants. C'est donc à cette époque, à laquelle nous sommes arrivés, que doit se terminer cette étude sur les hypogées.

IV

Sarcophages

ET OBJETS CONTENUS DANS LES CAVEAUX FUNÉRAIRES

Dans l'étude qui précède sur les tombeaux égyptiens, nous avons négligé, avec intention, de parler des sarcophages et des différents objets que renferment les caveaux. Nous avons préféré leur consacrer un chapitre spécial. La plupart des détails que je suis à même de donner sur la matière sont empruntés aux différentes notices de M. Mariette. Réunis ensemble et classés entre eux, ils offriront à l'archéologue un sujet intéressant d'observations.

Nous avons déjà dit que, sous l'ancien empire, les caveaux étaient grands et simples. Le sarcophage est isolé dans une salle spacieuse; « il est rectangulaire et sans chevet arrondi; le couvercle est plat comme une dalle, ou voûté par-dessus avec quatre oreillettes carrées aux angles. Ce sarcophage est taillé dans une sorte de basalte noir, dans le granit rose ou dans le calcaire. Il est en général dépourvu d'ornements; s'il en possède, le motif est emprunté au style d'architecture de l'époque. » Ce sont de simples lignes droites et brisées dont l'agencement est heureux; parfois deux feuilles de lotus complètent l'ornementation, comme pour le cercueil du roi Menkerès trouvé dans la troisième pyramide de Gizeh, et pour celui qui se voit au Musée égyptien de Leyde. Les inscriptions ne sont que le nom et le titre du défunt; par exception, on gravait sur le couvercle la formule des cérémonies à accomplir à certains anniversaires. Ce premier sarcophage de pierre en contenait parfois un second en bois de sycomore. Il était fait en planches ajustées les unes aux autres avec des chevilles; une face humaine était sculptée sur le couvercle. Aucune peinture ne l'ornait, aucun objet n'en garnissait l'intérieur.

Sous le moyen empire, dans des caveaux bas et étroits, les sarcophages s'entassent les uns sur les autres; ils atteignent parfois le plafond. L'emploi de la pierre a disparu. Le sarcophage est simplement en bois, mais il n'est plus formé de morceaux ajustés : il est creusé dans un tronc d'arbre. Généralement rectangulaire et à couvercle plat, il est orné de peintures vives et heurtées. Les ornements sont maladroitement disposés : ce sont le plus souvent des rainures prismatiques à fleurs de lotus épanouies. Le travail est d'une grande rudesse; les inscriptions qu'on y a tracées sont illisibles. Ces sarcophages sont parfois à tête humaine.

C'est au moyen empire qu'il faut attribuer les cercueils de terre cuite trouvés dans les hypogées de Zabou (oasis d'El-Ouah-Bahryeh). L'aspect de ces tombes est misérable, et la matière employée pour le sarcophage dénote, ainsi que la toile qui a servi à envelopper le corps, la pauvreté du défunt. Les deux bouts du sarcophage sont arrondis : une figure et des mains sont parfois représentées en relief; mais les traits décharnés du visage et les yeux enfoncés rappellent l'image de la mort. Il y a des sarcophages formés de deux pièces ; ce sont deux longs pots de terre : on mettait la tête dans l'un, les pieds dans l'autre, après quoi on les mastiquait à leur jonction vers le milieu du corps. (Caillaud, *Voyage à Méroë*, t. I, ch. ix.)

A côté de ces sarcophages si simples, le moyen empire en fournit à nos collections un grand nombre qui sont richement ornés. Leur décoration caractéristique se compose de deux ailes déployées ; aussi sont-ils connus sous le nom arabe de cercueils *richi*, ou cercueils à plumes. C'est sous la onzième dynastie qu'apparaissent ces sarcophages de mauvais goût et bariolés de couleurs : la tête est peinte en jaune, en blanc, et quelquefois en noir ; sur la poitrine, au-dessous d'un large collier qui descend des épaules, est le double uræus, l'emblème de la souveraineté sur la haute et la basse Égypte. Quant à la figure qui semble envelopper le corps tout entier du défunt de ses longues ailes, elle représente la déesse Nephtis, la sœur d'Osiris. Quand ce dieu fut mis à mort par Typhon, personnifiant l'idée du mal, elle veilla auprès de lui, et, par ses bons soins, le rendit à la vie. C'est sous sa protection que la momie s'animera de nouveau et recevra l'âme qui l'a quittée, mais qui viendra de nouveau l'habiter. Le rituel funéraire, où se trouve exposé le mythe d'Osiris, ajoute, en parlant du rôle de Nephtis : « Elle fit de la lumière avec ses ailes. » C'est sans doute par allusion à ce texte que les Égyptiens, à la onzième dynastie, appliquèrent sur les sarcophages des feuilles d'or dont le chatoiement devait rappeler la lumière produite d'une manière si miraculeuse. Les sarcophages des rois dits Entef, de la onzième dynastie, conservés au Louvre et au Musée britannique, sont ornés de dorures.

Sous la douzième et la treizième dynasties, on continue à fabriquer des sarcophages semblables à ceux de la onzième, qui ne sont point dits *richi*. Ceux que l'on désigne sous ce nom reparaissent à la dix-septième; ils sont souvent dorés des pieds à la tête, comme celui de la reine Aah-Hotep, au Musée du Caire; et, dans ce cas, le groupe emblématique de l'uræus et du vautour qui ornent la poitrine, les ailes de Nephtis, et les deux pleureuses agenouillées qui se voient fréquemment aux pieds du sarcophage, sont tracés à la pointe.

Jusqu'ici nous n'avons point eu de distinction à faire entre la haute et la basse Égypte. Nous devons en établir une à partir de la dix-huitième dynastie; avant cette époque, on ne trouve point, comme après, des tombes du même temps à la fois à Memphis et à Thèbes. Sous le nouvel empire, la prospérité de l'une de ces deux villes ne nuit point à celle de l'autre, comme cela avait eu lieu auparavant. Toutes deux continuent à fleurir en même temps; mais tandis que Memphis, si longtemps délaissée, doit remonter jusqu'aux premières dynasties pour renouer des traditions longtemps interrompues; tandis qu'elle creuse des sarcophages dans le granit ou dans le basalte, à l'instar des cuves de l'ancien empire, Thèbes conserve l'usage des cercueils de bois. Presque chaque dynastie voit apparaître certains caractères particuliers, que M. Mariette a consignés dans la notice remarquable qui précède le catalogue du Musée de Boulaq. Je ne saurais mieux faire que d'en reproduire quelques passages.

« A Thèbes, nous dit-il, sous la dix-huitième dynastie, les cercueils sont de bois, peints intérieurement et extérieurement en noir. Le masque de ces caisses est rouge vif, ou bien doré; les yeux, dont l'enveloppe est en pâte bleue plutôt qu'en bronze, sont rapportés : sur la poitrine est un grand vautour, les ailes étendues; les légendes, disposées, comme à Memphis, en lignes qui se coupent, sont tracées en jaune. A ces cercueils peints en noir succèdent (dix-neuvième dynastie) ces belles caisses, couvertes d'un vernis jaunâtre, sur lesquelles sont peintes des représentations en toutes couleurs... Bien souvent l'aspect extérieur du monument est celui d'une momie en gaîne ; mais quelquefois Thèbes s'entend sur ce point avec Memphis, et le mort est représenté couché sur sa tombe. Les mains sont alors croisées sur la poitrine, et sortent des langes; des boucles ornent les oreilles des femmes; le même tablier, arrangé en plis serrés, couvre les jambes. L'intérieur du cercueil n'est pas moins riche d'ornements : de grandes figures de divinités et de génies, peintes en couleurs vives sur fond mat, en forment le sujet principal. C'est du reste avec ces derniers monuments que s'introduit l'usage d'enfermer les momies dans de doubles, de triples et même de quadruples cercueils qui s'emboîtent les uns dans les autres, et font au mort un rempart qu'il n'est pas toujours facile d'abattre. » Les trois cercueils de Soutimès, hiérogrammate et chef des gardiens des livres, conservés au Louvre, peuvent être cités comme un modèle de ces sarcophages. Sous la vingt-deuxième dynastie, Thèbes continue à offrir des cercueils soignés et éclatants de peinture. Le fond est noir ou couleur de bois ; le masque est rouge et la coiffure surchargée d'ornements. Viennent ensuite les caisses à fond blanc, à double couvercle et divisées en une série de tableaux. « Enfin, sur la fin de la vingt-cinquième dynastie, arrivent les momies placées, comme sous la dix-neuvième, dans de triples et quadruples enveloppes. La première de ces enveloppes est un cartonnage ; la dernière, c'est-à-dire l'enveloppe générale, est un grand sarcophage à oreillettes carrées dont le fond est blanc ou couleur de bois, et où de grandes figures ont pour texte explicatif des hiéroglyphes peints en vert sombre. Quant aux caisses intermédiaires, les visages sont rouges, roses ou bien dorés ; le bois y conserve le plus souvent sa couleur naturelle, et n'est rehaussé que par des légendes sobrement tracées au pinceau. » Mais à partir de la vingt-sixième dynastie, quand les Saïtes transportèrent le siége du gouvernement de la haute dans la basse Égypte, Thèbes marche à grands pas vers la décadence pour ne plus se relever. A l'époque grecque comme à l'époque romaine, l'inspection de ses tombeaux nous montre son infériorité à l'égard de Memphis. Dans des caveaux plus bas et plus irréguliers que jamais, sont des sarcophages de bois minces et rectangulaires; les ornements peints qui en garnissent les parois sont empruntés à la onzième dynastie; sur les caisses plus soignées, on représente souvent des zodiaques, comme sur les plafonds des temples.

Pour ne pas interrompre la série des cercueils de bois usités à Thèbes, j'ai omis de mentionner aux dix-neuvième et vingtième dynasties les immenses cuves de pierre qui recevaient sans doute dans leur cavité des sarcophages de bois analogues à ceux dont il a été question. Mais les tombes de Bab-El-Molouk, où elles ont été trouvées, étant des sépultures royales, on peut en considérer l'emploi comme une exception à la règle commune, et comme un luxe dont les pharaons pouvaient seuls jouir. Quelques-unes de ces cuves sont encore en place; d'autres ornent les collections d'antiquités d'Europe : celle de Séti, le père de Sésostris, en albâtre oriental (dix-neuvième dynastie), est en Angleterre; celle de Ramsès III (vingtième dynastie), en granit rose, est au Louvre. Leur forme est celle d'un cartouche royal : leurs parois sont ornées de gravures en creux dont les sujets sont tirés du rituel.

Ces immenses sarcophages de pierre sont à peu près le seul trait d'union qui unit, sous le nouvel empire, les tombes de Thèbes et de Memphis. En effet, durant la période comprise entre la dix-huitième et la vingt et unième dynasties, Memphis a presque exclusivement employé des sarcophages de granit. « Ceux de la dix-huitième dynastie sont de forme massive et taillés en caisse de momie; les mains, engagées dans les langes, ne sont même pas indiquées par un renflement de la pierre. En général, ces monolithes sont sobres d'ornements. Une légende verticale court de la poitrine aux pieds, et six autres lignes, qui se prolongent jusque sur la cuve, coupent la première à angle droit. Sous la dix-neuvième et la vingtième dynasties, les sarcophages de Memphis, quoique encore en pierre dure, prennent des proportions moins grandioses; le défunt est maintenant couché sur sa tombe; son menton est orné d'une barbe épaisse et carrée. Cette fois, ses mains sont libres et tiennent divers emblèmes. Un tablier couvre le devant du corps et laisse paraître les pieds, qui sont nus. Sur la cuve, se montrent, dans des tableaux qui sont symétriquement disposés, les images des quatre génies des morts et de quelques divinités funèbres. » De la vingt-deuxième à la vingt-sixième dynasties, un vide se produit de nouveau dans les tombes de Memphis. Nous ne connaissons de cette époque que peu de sépultures, qui sont pauvres ou négligées. Durant cette période, Memphis semble abandonnée par les familles riches. A la vingt-sixième dynastie, un changement s'opère, et les tombes qui remontent à elle nous offrent de nouveau des sarcophages de granit et de basalte. Ils sont tantôt en forme de gaîne de momie, tantôt rectangulaires et à chevet arrondi ; cette dernière forme est la plus ordinaire. Les angles du couvercle sont alors abattus ; des gravures d'une finesse remarquable, et représentant des scènes du rituel, ornent les parois extérieures et intérieures du monument : on y retrouve la finesse et le soin qui caractérisent l'art sous les Saïtes. Mais, après eux, la décadence que nous avons trouvée à Thèbes frappe aussi Memphis. De plus en plus rudes, les sarcophages arriveront graduellement à n'être plus que des ébauches. A cette époque, en Égypte, l'art touche à sa fin, comme le pays à celle de son indépendance.

Le luxe des tombes ne se bornait pas au sarcophage. Des objets divers étaient déposés avec la momie dans le caveau funéraire. Le genre d'offrandes caractérise diverses époques : il en est pourtant quelques-unes, telles que les statuettes, qui semblent avoir été usitées de tout temps. Ces figurines, de petites dimensions, semblent avoir été déposées par les parents et amis du défunt au jour de ses funérailles. On en trouve un très-grand nombre dans les tombeaux, tantôt éparses sur le sol, tantôt renfermées dans un coffret dont la forme et la décoration ont subi de nombreuses variations. La statuette représente le mort ; ses mains, croisées sur la poitrine, tiennent les instruments propres à la culture des champs célestes dépeints au chap. cx du rituel. « Les mânes devaient y demeurer un certain temps et s'y livrer aux travaux des champs. Les attributs qu'on donne à la figurine sont une pioche et un hoyau à lame plate (que l'on a quelquefois pris à tort pour un fléau) ; un sac de semences pend ordinairement sur son épaule. Le sixième chapitre du rituel, qui contenait la formule d'invocation prononcée à cette occasion, est gravé ou peint sur les figurines dont la fabrication variait sans doute suivant la fortune de celui qui rendait cet hommage au défunt. » (Vicomte de Rougé, *Catalogue du Louvre.*) Déposer une figurine dans un tombeau était considéré comme donner un aide au défunt pour ses travaux d'outre-tombe.

Les figurines de bois et de terre cuite furent usitées à toutes les époques ; elles le furent à l'exception de toute autre matière sous l'ancien empire, quoique celles qui remontent à une si haute antiquité soient rares. M. Passalacqua, qui eut le bonheur d'ouvrir un tombeau inviolé d'une époque antérieure aux pasteurs, n'y trouva même aucune figurine funéraire. Celles qui remontent aux premières dynasties sont rudes de style; elles portent de grandes perruques, comme les statues de la même époque. Aucun type n'a été encore arrêté. Les mains sont tantôt absentes et tantôt figurées.

Sous le moyen empire, l'usage des statuettes s'accuse davantage; sous le nouvel empire, il est en pleine vigueur. Sous la dix-huitième et la dix-neuvième dynasties, celles en bois peint verni sont particulièrement belles. On en trouve en albâtre, en granit, en serpentine, en calcaire, en terre cuite, recouverte de couleurs, et même, mais rarement, en bronze. La terre émaillée n'apparaît que sous le nouvel empire. L'émail bleu brillant remonte à la dix-huitième dynastie; le rose vif et d'un émail dur ne remonte qu'à la dix-neuvième, l'émail blanc est de la même époque.

Sous les Saïtes (vingt-sixième dynastie), les statuettes de terre émaillée deviennent de plus en plus communes. L'émail, en bleu clair et brillant, est appliqué sur une pâte blanche. Sous l'époque grecque, l'émail est remplacé par la pâte de verre; les figurines sont formées de plusieurs morceaux juxtaposés. Elles deviennent depuis lors de plus en plus rares, et l'usage ne tarde pas de s'en perdre entièrement.

Les coffrets qui les contiennent le plus souvent sont fabriqués en différentes matières; le bois est la plus commune. De forme rectangulaire, dans les premiers temps, ils représentent, sous les dernières dynasties, un édicule bariolé de couleurs; ceux qui sont divisés en plusieurs compartiments, ayant chacun leur couvercle voûté, ont dû remplacer les vases canopes. Ils n'ont que la forme de commune avec les coffrets à figurines.

Ce ne sont pas là les seuls objets que l'on rencontre dans les caveaux; nous donnerons une courte nomenclature de ceux qui s'y trouvent le plus habituellement pour compléter cette notice.

Ancien empire. La momie est seule déposée dans le sarcophage. Dans le caveau, sont des vases de terre contenant de la cendre.

Moyen empire. Sous la onzième dynastie commence l'usage de déposer dans les tombeaux un vrai mobilier : à côté des vases pleins de cendres, dont nous avons parlé, sont empilées des tables, des chaises, des tabourets, des coffres et des paniers contenant des fruits et des grains déposés par la piété des parents.

Le cercueil lui-même est encombré d'armes, d'outils, d'ustensiles, de paniers et de vases à poudre d'antimoine. L'intérieur de la momie elle-même contient quelques amulettes et quelques scarabées : le petit doigt de la main gauche est presque toujours orné de ce dernier emblème, qui est un symbole de la résurrection et de la vie future. Cet insecte dépose ses œufs sur la terre, puis gratte avec ses pattes le limon sur lequel ils posent, pour en faire une sorte de boule qu'il arrondit en la roulant. Les œufs ainsi à l'abri sont abandonnés à la chaleur du soleil qui les fait éclore. De là la croyance que le sexe mâle n'existait pas dans les scarabées, qui n'avaient besoin pour se reproduire que de chaleur. C'était une image naturelle de la Divinité qui existe par elle-même, qui contient en elle-même la cause de son existence. C'était aussi une image de l'âme, qui contenait le principe de son immortalité.

Des bijoux se rencontrent même assez fréquemment.

L'usage de déposer auprès du défunt un si grand nombre d'objets a-t-il duré tout le moyen empire? L'absence de caveaux datant de la quatorzième à la seizième dynastie ne permet pas de répondre à la question d'une manière précise. Mais puisqu'à la dix-septième dynastie cet usage est encore en pleine vigueur, nous pouvons présumer qu'il n'a pas été abandonné durant la période où nous ne pouvons le constater.

Nouvel empire. — Aux objets précédents il faut ajouter des vases de toutes formes, souvent en albâtre, et remplis de baume; des seaux de bronze destinés à contenir l'eau de la purification; des stèles de bois peint, et des statuettes d'Osiris et de ses sœurs en bois doré. Ces statuettes surmontaient souvent une boîte funéraire. On trouve enfin quelques éperviers soit au corps entièrement animal, soit à la tête humaine. C'est le symbole de la résurrection. L'épervier est l'emblème de l'âme ; aussi quelques statuettes nous représentent-elles le défunt serrant contre sa poitrine un épervier qui s'est posé sur lui : c'est l'âme qui vient rejoindre le corps qui lui a appartenu, suivant la promesse contenue dans le chapitre LXXXIX du rituel.

C'est à cette époque qu'apparaissent les premiers vases dits improprement canopes[1]. Ils servaient à renfermer le cerveau, le cœur, le foie et les autres viscères du défunt, embaumés séparément. Ils étaient toujours au nombre de quatre ; leur couvercle était souvent à tête humaine, mais souvent aussi ils représentaient les quatre génies fils d'Osiris, nommés Amsat, Hapi, Tioumautew et Kevah-Senouw, chargés de la conservation des parties essentielles à l'homme et symbolisés par la tête d'homme, la tête du singe cynocéphale, celle de l'épervier et celle du chacal. Quatre déesses, Isis, Nephtis, Neith et Selh, leur adressaient ordinairement des formules de bénédiction dont les inscriptions sont gravées sur la panse des vases.

Parfois ces différentes parties du corps étaient sim-

[1] Ce nom leur vient de la ville de Canope, où ils furent particulièrement en usage.

plement enveloppées et déposées dans la cavité de la poitrine du défunt ; parfois aussi, comme nous l'avons déjà vu, elles étaient placées dans des coffrets à compartiments. Aucun précepte ne présidait à l'arrangement de ces vases dans le caveau ; tantôt ils étaient placés aux quatre angles du sarcophage, tantôt dans une niche, tantôt dans une caisse. L'albâtre, la pierre et la terre cuite sont les trois matières les plus fréquemment employées.

Comme l'intérieur du caveau lui-même, l'intérieur du sarcophage contient plus d'objets que sous l'époque précédente. Ce sont des chevets, croissants de bois montés sur un pied, emblèmes du repos éternel qui attend le défunt ; des *Tat* en porcelaine, autels à plusieurs degrés que l'on a longtemps pris pour des nilomètres, et qui symbolisent sans doute, comme dans les hiéroglyphes, la stabilité parfaite, c'est-à-dire le but final que l'âme devait atteindre ; des colonnettes, symbole du rajeunissement de l'âme. (Le chapitre CLIX du rituel ordonnait qu'une colonnette de feldspath vert fût placée au cou de chaque défunt.) Des sceaux en matière précieuse, symbole des périodes du temps ; des amandes de cornaline et des amulettes de toutes sortes enfilés en collier : ils symbolisaient les diverses divinités du panthéon égyptien ; enfin des exemplaires du rituel funéraire. Chaque tombe devait en contenir un, sinon en entier, du moins en partie. Quelques-uns d'entre eux, où se voit une place en blanc aux différents endroits où le nom du défunt devait être inscrit, nous montrent, par l'oubli que nous y constatons, que ces rituels étaient écrits à l'avance. Quelques-uns portent le nom du défunt en surcharge sur le nom effacé d'un autre défunt, à la tombe duquel ils ont sans doute été soustraits. Nous savons ce que contenait le rituel, puisque nous avons dû en parler déjà pour interpréter les scènes reproduites dans les hypogées du nouvel empire. Nous n'avons pas à revenir sur ce sujet.

Dans l'intérieur de la momie, même profusion d'objets funéraires. Ce sont des amulettes de tout genre ; ce sont des cœurs de toute matière. Le cœur était, dans les idées égyptiennes, le siége de la vie. Quand, après la grande scène du jugement, l'âme déclarée pure vient chercher le corps pour s'unir de nouveau à lui, c'est au cœur qu'elle donne le premier souffle de l'existence. Les scarabées jouaient dans les amulettes funéraires le même rôle que les cœurs. Ceux que l'on trouve, en diverses matières, portent presque toujours une inscription.

Époque grecque. — Sous les Ptolémées, les scarabées prennent de plus en plus d'importance, et remplacent les autres amulettes dans l'intérieur de la momie. L'enveloppe de toile, qui était souvent recouverte d'un réseau de pâte de verre, est parfois ornée de têtes symboliques et d'ornements en pâte de verre de couleur : les différents morceaux sont ajustés l'un auprès de l'autre dans une couche de ciment. Les momies trouvées au labyrinthe offrent un curieux exemple de ce travail.

Nous bornons là cette énumération des différents emblèmes que les Égyptiens aimaient à déposer auprès des corps des défunts. Qu'il nous suffise de savoir que tous étaient des symboles religieux et devaient attirer sur le défunt qui les portait la protection de la Divinité. Les amulettes étaient une des formes du culte des morts qui occupait une large place dans la religion égyptienne.

Ce culte peut nous paraître étrange dans ses manifestations; mais quelle que soit la forme bizarre sous laquelle il se présente à nos yeux, il a droit à tous nos respects, parce qu'il est fondé sur un sentiment profondément religieux, sur la double croyance à la résurrection des corps et à l'immortalité de l'âme.

Serapeum

Nous avons mentionné l'existence d'hypogées réservés aux momies d'animaux sacrés. Nous n'avons donné sur eux aucun détail, parce qu'ils ne présentent aucun caractère intéressant à étudier : les squelettes emmaillottés dans une longue série de bandelettes sont parfois déposés sans autre préparation dans les caveaux, parfois renfermés dans des vases de terre d'une facture grossière. Mais la sépulture des bœufs Apis se distinguait de toutes les sépultures animales par le luxe qui l'accompagnait : elle mérite de nous arrêter quelques instants et de former un paragraphe additionnel à cette longue étude.

Nous verrons dans les courtes observations auxquelles nous nous livrerons sur la religion égyptienne que la Divinité, considérée comme la Justice suprême, Osiris, ne pouvant admettre au séjour des bienheureux les âmes qui se présentaient à son tribunal, résolut d'effacer leurs fautes par ses propres souffrances. A cette fin, il prit la forme d'un taureau, l'animal qui en Égypte est soumis aux plus rudes travaux. Apis n'avait pas été conçu avec le concours d'un mâle. Phtah, la Sagesse divine, avait, sous la forme d'un feu céleste, fécondé la vache qui l'avait enfanté.

A quelle époque cette croyance s'est-elle répandue? Nous ne saurions le préciser; mais sans aucun doute elle remonte jusqu'aux premières dynasties. Au dire de Manéthon, c'est un roi de la deuxième dynastie, Céchons, qui l'aurait instituée. Les stèles de l'ancien empire, mentionnant Apis, ne démentent pas cette assertion.

C'est surtout dans la basse Égypte que le culte

d'Apis était répandu. C'était à Memphis que se trouvait l'étable sacrée, où l'on n'entretenait jamais qu'un seul individu. Le taureau qui jouissait de cet honneur devait présenter sur sa robe vingt-huit marques, dont la forme et l'emplacement nous sont, pour plusieurs, indiqués par les statues que nous possédons de ce dieu. Il devait porter sur le front une marque triangulaire blanchâtre, et sur le flanc un grand croissant. Les autres étaient des épis. « Dans la réunion d'un certain nombre de ces épis, nous dit M. Mariette, les prêtres initiés savaient démêler les contours d'un aigle, d'un scarabée, etc., à peu près comme les astronomes tracent autour des étoiles des lignes imaginaires qui créent dans les cieux : une ourse, une lyre, une balance. » (Catalogue du musée de Boulaq.) Les deux Apis déposés au musée de Boulaq (catalogués sous les n°s 208 et 209), présentent sur leur dos l'indication d'un scarabée ailé et sur la nuque et la croupe deux vautours, les ailes déployées.

La naissance d'un nouvel Apis était une cause de joie : elle était regardée comme un signe manifeste de la protection divine. Sa mort était un deuil général, qui devait se reproduire au moins tous les vingt-huit ans. Il n'était pas permis à Apis de vivre davantage : arrivé à cet âge, il mourait de mort violente ; Pline nous dit qu'on le noyait dans une piscine. (Pline le naturaliste, l. VIII, ch. xlvi.)

Son squelette[1] était déposé sous le temple qui lui servait de palais : le temple a disparu ; les sables qui en recouvrent l'emplacement, fouillés sous la haute direction de M. Mariette, n'ont rendu que des débris de pièces informes, mais les souterrains existent, contenant les sarcophages gigantesques des Apis morts, et jusqu'à leurs ossements.

Les tombes les plus anciennes des Apis qui soient connues ne remontent pas au delà de la dix-huitième dynastie. Jusqu'à la vingtième, elles présentent le même type : ce sont de simples chambres isolées les unes des autres et creusées au hasard sous le temple. A partir de Schéchonk Ier (vingt-deuxième dynastie), on procède avec plus de méthode. Les tombes sont réunies dans un souterrain commun ; un large corridor est creusé dans le roc : des chambres s'ouvrent à gauche et à droite par de larges baies. A partir de Psammétichus (vingt-sixième dynastie), jusqu'aux derniers Ptolémées, le même système est suivi, mais sur des proportions plus vastes : les galeries ont une imposante longueur ; celles qui datent de cette époque mesurent 350 mètres. Les chambres latérales, alternées d'un côté et d'autre, sont spacieuses. Le nom de caveau leur conviendrait mieux que celui de cham-

---

[1] L'embaumement ne paraît pas avoir été pratiqué pour les Apis ; tantôt le squelette était maintenu par des branches d'arbre, tantôt les os étaient réunis en paquets dans des linges. (Mariette.)

bre, car la paroi du côté de la galerie fait complétement défaut. Le sol en est plus bas que celui de la galerie. Le plafond est taillé en voûte ; mais les veines de la pierre se trouvant de qualité inégale, le travail n'a pu être le même partout. Ici, il a suffi de creuser la pierre ; là sa nature trop friable a contraint à maçonner une large baie cintrée. On n'a pas eu recours aux voussoirs ; une entaille curviligne a été pratiquée dans les grands blocs de pierre disposés en assises horizontales.

Dans chaque chambre est un sarcophage immense proportionné à la grandeur du squelette qu'il devait renfermer, en granit ou en basalte noir. Sa forme est la même que celle des sarcophages humains de cette époque ; ils ont les angles abattus. Quelquefois ils sont ornés de hiéroglyphes, mais le plus souvent ils sont unis. La porte qui donnait accès à ces caveaux, déposée aujourd'hui au musée du Louvre, est étroite et basse. Elle est de forme rectangulaire, et ne porte aucun ornement ; quelques inscriptions grecques, gravées sans ordre, en garnissent seules les chambranles. Elle reproduit, du reste, la simplicité de toutes les portes sépulcrales.

Ces caveaux, contrairement à ceux qui renfermaient des momies humaines, ne demeuraient pas fermés au public, admis à les visiter et à y déposer ses offrandes à la mort de chaque Apis. C'est sans doute lorsque l'usage s'établit en Égypte de déposer des dons sur la tombe d'Apis, que fut adoptée la disposition d'une galerie réunissant entre eux les divers caveaux. Cet usage ne remonterait pas, en ce cas, au delà de la vingt-deuxième dynastie. Les pieux visiteurs laissaient, en souvenir de leur descente dans les cryptes, une stèle ou courte inscription commémorative. L'usage de faire dater les années du commencement d'un règne a permis à M. Mariette de remplir plusieurs lacunes dans les listes royales : la découverte du Serapeum aura donc été aussi utile à la reconstruction de l'histoire de l'Égypte qu'elle est intéressante pour l'archéologue. Elle est un des plus beaux titres de gloire que s'est acquis notre illustre compatriote, qui veut nous faire reconquérir par la science cette région fortunée illustrée à la fois par le sang de nos soldats et les recherches de nos savants.

CHAPITRE VI

TEMPLES

Religion

Les Égyptiens étaient un peuple profondément religieux. En parlant de leur architecture à un point de vue général, nous avons eu occasion de développer quelques considérations sur l'impression que l'aspect de leur pays devait exercer sur leur esprit : nous avons ajouté que les grands spectacles de la nature qu'ils avaient sans cesse devant les yeux devaient élever leur âme vers la Divinité. Nous avons noté ce caractère religieux qui se transforme dans leur architecture en caractère de durée, d'éternité, si je puis ainsi dire. Nous l'avons retrouvé dans la construction et la décoration des tombeaux; nous allons le voir dans les temples dans toute son intensité. Mais avant d'entrer dans quelques détails sur les édifices destinés au culte, il me semble indispensable, pour saisir l'utilité de leur distribution intérieure, d'exposer les idées fondamentales des Égyptiens en matière de religion.

Ils pratiquaient, selon l'expression de Champollion-Figeac, un monothéisme pur se manifestant extérieurement par un polythéisme symbolique. Ils adoraient un Dieu unique, éternel, maître et créateur de l'univers. Ils avaient compris, conduits sans doute à cette pensée par l'exemple qu'offre tout être vivant qui produit des êtres semblable à lui dès qu'il a atteint son complet développement, que Dieu qui est la perfection même, devait engendrer de tout temps un être parfait comme lui. Mais le Dieu père étant infini, il ne pouvait donner naissance à un fils infini, car deux infinis se contredisent; il ne pouvait d'ailleurs engendrer un fils indépendant de lui sous le rapport de la substance sans perdre de sa propre grandeur. Aussi la religion égyptienne, qui s'est élevée sur ce point jusqu'à la hauteur de la théologie chrétienne, avait-elle admis que le Dieu père engendrait un fils, formant une personne distincte, mais non pas un dieu distinct : il y avait division de personnes, il y avait toujours unité de divinité, car le père et le fils étaient consubstantiels, si je puis me servir, sans le profaner, d'un mot spécialement réservé à un des grands mystères de la religion chrétienne. Le fils n'était toutefois engendré qu'avec le concours d'un troisième être, d'un principe féminin, qui jouait un rôle passif dans la génération divine : c'était dans son sein que se dédoublait la personne du père ; cette troisième personne lui était consubstantielle comme la seconde. Le titre de mari de sa mère, que les textes sacrés donnent à Dieu le père, indique ce rapport de consubstantialité. Le père, la mère et le fils constituent la divinité et forment la grande triade adorée sous des noms particuliers dans les diverses régions de l'Égypte. A Thèbes, ces trois personnes se nomment Ammon, Mouth et Chons.

Le plus souvent on considérait la Divinité au point de vue de ses attributs, qu'on personnifiait. On groupait ensemble trois attributs se rapportant à chacun des êtres de la grande triade, pour en former des triades secondaires, qui n'étaient ainsi que des abstractions de la triade supérieure et se rattachaient directement à elle. Chacun de ces attributs, autrement dit, chacune de ces triades, était représentée sous une forme particulière, le plus souvent sous la forme d'un corps humain à tête d'animal : leur aspect varié les a fait prendre pour autant de dieux distincts, avant que les inscriptions déchiffrées dans les temples et les tombeaux eussent permis de ressaisir, sous cette multiplicité de formes, l'unité de la Divinité.

La science n'a pu découvrir encore, pour tous les attributs personnifiés de la Divinité, les raisons qui leur ont fait attribuer pour emblème les animaux sous la tête desquels nous les voyons figurés. Le plus souvent ces raisons étaient tirées d'un rapprochement entre la nature d'un animal et l'attribut de la Divinité qu'il devait personnifier. C'est ainsi qu'Anubis, le dieu qui garde les cadavres jusqu'au jour de la résurrection, a pour emblème le chacal, qui fréquente les tombeaux. Ammon, dieu créateur, a pour emblème le bélier, c'est-à-dire l'animal chez lequel la faculté génératrice atteint la plus grande puissance. Le vautour était l'emblème de la maternité divine, et par suite de la virginité, parce que les Égyptiens croyaient que tous les vautours sont femelles. Il est la personnification de Neith, le principe féminin de la triade spécialement vénérée à Saïs. Parfois, le même mot désignant une divinité et un animal valait à celui-ci l'honneur d'être érigé au rang d'animal sacré. C'est ainsi que le lièvre, en égyptien *oun*, est devenu, à ce que pense M. Mariette, un emblème funéraire, parce que son nom forme le commencement du nom d'Osiris, *Oun-nefer, l'être bon, le bienfaisant*, le dieu des enfers. (Catalogue du musée de Boulaq.) Quelques divinités avaient pour symbole des animaux monstrueux : l'une, dont le nom est encore ignoré, est représentée par un hippopotame aux griffes de lion.

Cette représentation des attributs de la Divinité, c'est-à-dire des divinités secondaires, paraît étrange au premier abord. Elle est pourtant naturelle à l'homme qui éprouve le besoin de rendre sous une forme sensible toutes les idées abstraites qu'il conçoit. Ce besoin, nous l'éprouvons aussi, et la religion chrétienne a consacré la figure de certains animaux pour symboles des vertus et des vices, et pour l'emblème de certaines croyances. La colombe, l'agneau, le pélican, sont du nombre, et représentent la douceur, la résignation, et l'amour maternel; le paon représente la résurrection ; ces symboles se sont du reste multipliés à tel point au moyen âge, qu'il a fallu écrire de nombreux *bestiaires* pour nous expliquer leur sens allégorique. Comme en Égypte, les animaux fantastiques ont joué leur rôle ; personne n'ignore que le lion ailé est la figure de saint Marc l'évangéliste.

De toutes les formes animales sous lesquelles les Égyptiens adoraient la Divinité, la plus commune est celle du taureau, autrement dit le bœuf Apis. Elle rappelle un des plus grands et des plus profonds mystères de leur religion. Osiris, la Divinité suprême, considérée comme juge des morts, la bonté par excellence, ne pouvait admettre au bonheur éternel les mânes qui se présentaient à son tribunal. Leurs fautes les en rendaient indignes. Pour les expier, il vint sur la terre, sous la forme d'un taureau, l'animal qui subit les plus durs traitements. Il naquit d'une vache qui le conçut dans ses entrailles sans le concours d'un mâle. Après sa vie terrestre, il retourna dans sa demeure funèbre ; il avait expié les fautes des hommes qui pouvaient dorénavant entrer dans les champs Élysées égyptiens, pour y jouir d'un bonheur sans fin. Sous la forme vulgaire du bœuf Apis se cache la croyance à la rédemption.

Sous le rapport du dogme, la religion égyptienne s'approche donc, jusqu'à un certain point, des dogmes chrétiens. Elle est si au-dessus de toutes les autres religions païennes, que l'on répugne à lui donner ce nom. Sa morale est aussi élevée que ses dogmes : écoutons un instant la confession d'une âme à son juge, à l'entrée des champs Élysées, telle qu'elle est écrite dans le *rituel funéraire*, le livre de prières des anciens Égyptiens : « Je n'ai pas blasphémé, dit le mort ; je n'ai pas trompé, je n'ai pas volé, je n'ai pas tué en trahison. Je n'ai traité personne avec cruauté ; je n'ai excité aucun trouble ; je n'ai pas été paresseux ; je ne me suis pas enivré. Je n'ai pas fait de commandements injustes. Je n'ai pas eu une curiosité indiscrète ; je n'ai pas laissé aller ma bouche au bavardage. Je n'ai frappé personne, je n'ai causé de crainte à personne. Je n'ai pas médit d'autrui ; je n'ai pas rongé mon cœur d'envie. Je n'ai mal parlé ni du roi, ni de mon père. Je n'ai pas intenté de fausses accusations. Je n'ai pas fait de mal à mon esclave en abusant de ma supériorité sur lui. »

Une morale aussi élevée, aussi délicate, suffirait

à prouver à elle seule combien grands étaient les principes religieux dont elle découlait. Nous en avons indiqué les principaux, en les extrayant d'une foule de mythes dont la portée nous échappe. Malheureusement la religion égyptienne, comprise des prêtres seuls qui pouvaient l'étudier, dégénéra dans la pratique, en idolâtrie. L'usage de conserver dans le naos qui correspond au tabernacle de nos églises l'emblème vivant d'un attribut de la divinité particulièrement vénérée, comme l'ibis, emblème de la sagesse divine, déplaça chez les fidèles l'objet de leur adoration. Pour eux, la divinité s'incarnait dans l'animal qui recevait leurs prières ; aussi, Clément d'Alexandrie pouvait-il dire avec vérité : « Si vous entrez dans un temple, un prêtre s'avance d'un air grave, en chantant un hymne en langue égyptienne ; il soulève un peu le voile, comme pour vous montrer le dieu ; que voyez-vous alors ? Un chat, un crocodile, un serpent, ou quelque autre animal dangereux. Le dieu des Égyptiens paraît... C'est une bête sauvage, se vautrant sur un tapis de pourpre. » (Clément d'Alex., *Pædagog.*, lib. III, cap. II.)

L'auteur d'un ancien livre attribué à Hermès pressentait ce danger ; il prévoyait la funeste conséquence qu'aurait l'adoration de la Divinité sous un emblème matériel, quand il s'écriait : « O Égypte, Égypte, un temps viendra où, au lieu d'une religion pure et d'un culte pur, tu n'auras plus que des fables ridicules, incroyables à la postérité, et qu'il ne te restera plus que des mots gravés sur la pierre, seuls monuments qui attesteront ta piété. »

L'idolâtrie solaire semble avoir été pratiquée avec l'idolâtrie animale. La représentation de la grande triade, à Thèbes, sous la forme du soleil, y a sans doute contribué. Les invocations adressées à la Divinité, considérée dans son symbole, ont fini par s'adresser au symbole lui-même.

Les monuments les plus anciens de l'Égypte nous révèlent une tendance vers le culte du soleil. La plupart des fêtes auxquelles les parents des défunts devaient consacrer des offrandes dans les mastabas, comme l'inscription qui en surmonte toujours la porte en fait foi, ont un caractère astronomique bien tranché. Sous le nouvel empire, le culte solaire est établi parce que toute les divinités jouent un rôle astronomique. Sous les Ptolémées, ce culte devait prendre de plus vastes proportions : les représentations astronomiques devaient occuper de plus en plus de place dans les temples : les zodiaques en garnissaient les plafonds, parfois même dans le temple, comme à Denderah et à Edfou, et sur les terrasses du temple, comme à Denderah et à Philæ, on consacrait une chapelle particulière à l'étoile Sirius, dont l'apparition occasionnait une fête spéciale.

Il semble que l'autorité égyptienne soit intervenue d'une manière directe dans l'organisation du culte. Chaque nome ou province révérait une triade qui lui était propre. Chaque commune en France n'a-t-elle pas aussi son patron? Cette correspondance entre la division religieuse et la division administrative du pays est donc naturelle; mais, selon la remarque de M. F. Lenormant, le rang que tenait dans l'échelle des attributs la triade adorée dans le sanctuaire était en rapport avec l'importance politique de la ville où elle recevait un culte. « C'est à peine si l'on pourrait citer deux ou trois exceptions qui tiennent à ce que des villes fort importantes à l'époque reculée où le culte officiel avait été organisé étaient, avec le temps, déchues de leur importance, sans que leur culte eût perdu leur rang hiératique. » Cette concordance révèle ici une intention politique.

Aucune rivalité religieuse n'existait entre les nomes voisins l'un de l'autre. Beaucoup de localités adoraient même comme synthrones, les triades des cantons limitrophes. Ainsi on voit à Kalabschi les dieux de Ghirsché, de Dakké et de Déboud; à Déboud, ceux de Dakké, et de Philæ; à Philæ, ceux de Dakké et Déboud, de Beghé, d'Éléphantine, et de Syène; à Syène, ceux de Philæ et d'Ombos. La divinité du lieu conservait néanmoins la place d'honneur, la place du milieu, ce qui permet toujours de reconnaître à quel attribut de la Divinité un temple était consacré.

La flatterie sacerdotale multiplia les noms des divinités secondaires. Elle remplaça les noms anciens des triades par ceux des pharaons qui occupaient le trône. « Cette particularité, a dit Champollion le jeune, explique pourquoi on trouve sur les monuments d'Ibsamboul, de Ghirche, de Derr, de Seboua, le roi Ramsès présentant des offrandes ou ses adorations à un dieu portant le même nom de Ramsès. On se tromperait en supposant que ce souverain se rendait ce culte à lui-même. Ramsès était simplement un des mille noms du dieu Ammon. » (Lettres écrites d'Égypte et de Nubie. Lettre IIe).

C'est là un premier pas vers l'apothéose. Les rois qui ont donné leurs noms aux dieux du pays prendront à leur tour les titres réservés à ceux-ci. On pourrait multiplier les citations où ils se qualifient de fils du soleil, c'est-à-dire fils du grand Être, puisque le soleil était, comme nous l'avons vu, la personnification de la Divinité. La dédicace du Ramesseion à Thèbes, est une inscription de ce genre, qui peut être regardée comme le type de celles qui se lisent sur les monuments de la même époque ; je la transcris, d'après la traduction de Champollion : « Le dieu gracieux a fait ces grandes constructions ; il les a élevées par son bras, lui, le roi soleil, gardien de justice, approuvé par Phré, le fils du soleil, l'ami d'Ammon, Ramsès le bien-aimé d'Ammon-Ra. » Les légendes des tombeaux des reines, à Thèbes, nous montrent qu'elles portaient le titre d'*épouse d'Ammon.*

Sous les Ptolémées, l'assimilation de la royauté et de la Divinité est complète : ce n'est plus seulement le roi régnant qui porte des titres divins ; ses ancêtres jouissent des honneurs réservés aux dieux. Un petit temple, aux environs de Medinet-Abou, à Thèbes, construit par Ptolémée Évergète II, contient une série de tableaux où le fondateur, comme le disent textuellement les inscriptions qui servent de titre à ces bas-reliefs, « *brûle l'encens en l'honneur des pères de ses pères et des mères de ses mères.* » Sur l'un d'eux, Ptolémée Philadelphe, costumé en Osiris, est représenté auprès de la reine Arsinoé : la légende porte : Le divin père de ses pères Ptolémée, dieu Philadelphe ; la divine mère de ses mères, Arsinoé, déesse Philadelphe. Un autre Ptolémée, accompagné de la reine Bérénice, est représenté avec la légende suivante : Le père de ses pères, Ptolémée, dieu créateur ; la divine mère de ses mères, Bérénice, déesse créatrice. Cela ne suffit pas encore : la divinité est représentée sous la figure du roi ou de la reine, pour que l'assimilation soit complète. Dans le grand temple de Philæ, toutes les Isis du sanctuaire sont le portrait de la reine Arsinoé, femme de Ptolémée Philadelphe dont la tête reproduit le type grec. En dernier lieu, nous voyons la célèbre Cléopâtre construire à Alexandrie un temple en l'honneur de Césarion, le fils qu'elle avait eu de César : les obélisques qui se voient dans la ville en décoraient l'entrée. L'Égypte a donc précédé Rome dans la voie de la flatterie envers ses souverains; l'apothéose des empereurs n'était qu'une imitation de celle des pharaons.

Les exemples qui précèdent montrent le rapprochement graduel qui s'est opéré entre la royauté et la Divinité, qui devaient se confondre l'une et l'autre sous les Ptolémées. Nous en trouvons le premier indice sous le moyen empire. Thoutmès III (dix-huitième dynastie), restaura, en effet, à Semneh, un temple où l'on adorait une divinité du nom d'Osortasen III (douzième dynastie).

C'est à l'exagération de la piété envers les rois, que l'Égypte doit les petits temples appelés *mammisi*, qui se trouvaient presque toujours construits à très-peu de distance du grand temple dont ils n'étaient en quelque sorte qu'une dépendance. Nous avons parlé des triades sous lesquelles la Divinité était adorée : nous avons dit que la première personne de la triade enfantait un fils dans le sein de la troisième personne. Le mammisi était spécialement consacré à la génération mystique de la seconde personne. La flatterie substitua, à la naissance d'un prince, les trois personnages royaux aux trois personnes divines : le fils du pharaon fut assimilé à l'enfant divin. Les bas-reliefs décorant ces petits temples ont trait à la naissance de l'enfant et aux premiers soins qui lui sont donnés. On voit encore des mammisi à Denderah, à Hermonthès, à Ombos, à Edfou et à Philæ. Parfois, comme cela a lieu à Louqsor, une salle du temple est consacrée à la célébration de la naissance de l'enfant divin, et porte le nom de *lieu de l'accouchement*.

Après ces notions préliminaires, il nous reste à parler des temples qui se divisent en spéos et en temples proprement dits.

Spéos

On est convenu de désigner sous ce nom les excavations pratiquées dans le rocher, qui n'étaient point destinées à devenir des chapelles sépulcrales, mais des sanctuaires consacrés aux diverses divinités de l'Égypte. Elles sont le plus souvent de petites dimensions, grossièrement taillées et peu ornementées. Une niche profonde contenant la statue de la divinité vénérée dans le lieu, au fond de l'excavation, et parfois quelques piliers devant la porte d'entrée, qui est toute simple, en forment seuls la décoration. Il semble, du reste, qu'on n'ait creusé de spéos que dans les endroits qui ne motivaient pas, par leur peu d'importance, l'érection d'un temple. Ceux qui se voient en grand nombre dans les carrières de Silsileh, d'où furent extraits les blocs de grès qui ont servi à la construction de la plupart des monuments de la haute Égypte, ne paraissent avoir été creusés que pour l'usage des ouvriers qui les exploitaient. Le peuple égyptien était profondément religieux, il lui fallait un sanctuaire partout où se trouvaient quelques hommes réunis.

Quelques spéos qui remontent à Ramsès II (Sésostris, dix-huitième dynastie), s'écartent de la règle générale, sous le rapport de la grandeur et de l'ornementation. Ceux qui se voient à Derr, à Bet-Oualli, et à Ibsamboul, tous en Nubie, sont de véritables temples souterrains, ne différant pas de ceux construits au-dessus du sol par leur distribution intérieure. La cour qui précède généralement la salle hypostyle fait nécessairement défaut. La plus grande différence qui se remarque entre ces deux catégories de temples est dans les piliers. Les piliers carrés, à partir du moyen empire, n'ont été que fort rarement employés dans les temples; on leur substituait des colonnes de différents modèles. Dans les spéos, au contraire, le pilier carré a été seul employé. Il présente, plus que la colonne, l'apparence de la force et de la solidité; c'est là, sans doute, la raison pour laquelle il a été préféré dans ce genre d'édifices, où l'épaisseur du plafond ne se mesure pas à celle d'une dalle, mais à celle de toute une colline. C'est pour augmenter sa largeur, qu'on lui adossait presque toujours un colosse représentant le pharaon fondateur du temple, et formant cariatide.

Les hémispeos servent de transition entre le spéos proprement dit et le temple. C'est un sanctuaire à moitié creusé dans le roc, et à moitié bâti. Celui de Ghirché de Ramsès II (dix-neuvième dynastie) est le plus important.

Temples

Nous ne possédons plus un seul temple de l'ancien empire. Quelques archéologues regardent la construction qui s'étend à Gizeh, devant le sphinx, comme un temple consacré au dieu Armanchis, représenté sous la forme du lion à tête d'homme. D'autres n'y voient, avec plus de raison, ce me semble, qu'une chapelle funéraire dépendant de l'une des grandes pyramides. La religion égyptienne, n'ayant pas modifié ses dogmes, ne doit pas avoir modifié son culte; or la distribution du monument, dit temple du sphinx, ne se prête en aucune façon aux exigences de ce culte, tel que nous pouvons en juger d'après les édifices d'une époque postérieure. De plus, la grandeur des dimensions est un des caractères les plus marqués des constructions de l'ancien empire. Comment aurait-on donné à un temple des proportions si petites, quand on se construisait des tombeaux si vastes? Nous savons par Hérodote que le temple que Menès, le premier pharaon de la première dynastie, fit élever à Memphis, en l'honneur de Phtah, était *grand et magnifique*. C'était là un usage constant, autant que les monuments qui nous restent nous permettent de le constater.

Si l'édifice du sphinx n'avait point une destination funéraire, il faudrait le regarder plutôt comme une chapelle que comme un temple. Nous ne saurions donc en tirer quelque conclusion sur la forme et la décoration des temples à cette époque reculée.

Le moyen empire ne nous a laissé de son côté que le souvenir des temples qu'il a construits. Les seuls vestiges que nous en connaissons sont, avec quelques obélisques, une partie d'un petit sanctuaire à Karnak.

Il faut descendre la série des dynasties égyptiennes jusqu'au nouvel empire pour trouver debout des temples et des chapelles. Les monuments de cette époque sont encore assez nombreux, et surtout assez bien conservés pour nous permettre d'étudier et de retrouver dans les variantes particulières à chacun d'eux la règle générale qui a présidé à leur disposition. Basée sur le besoin du culte, elle ne pouvait changer ses points principaux. Nous la retrouverons la même durant le nouvel empire et sous les Ptolomées. Mais l'influence grecque, qui se fait alors vivement sentir en Égypte, modifia quelques détails importants au point de vue de l'architecture, sans l'être au point de vue du culte. Les temples appartenant à ces deux époques, distribués d'après le même type, contiennent, dans l'ensemble de leur agencement, des différences assez marquées pour que nous les étudiions non pas simultanément, mais successivement.

Nouvel Empire

L'usage d'entourer les monuments d'un mur d'enceinte remonte en Égypte à une époque reculée. Les nécropoles, qui n'étaient, en quelque sorte, qu'un édifice collectif, étaient entourées d'un mur, ce qui n'empêchait pas les tombes d'être quelquefois environnées aussi d'un mur particulier, comme les fouilles de M. Mariette l'ont montré, à Abydos. Ce mur d'enceinte se retrouve autour de tous les temples, mais ce qui n'est qu'une exception pour les tombes est la règle pour eux : s'il en existe plusieurs réunis en groupe, comme à Médinet-Abou et à Karnak, une enceinte générale les enveloppait tous et contenait des enceintes particulières limitées à chacun d'eux. L'étude des cérémonies du culte nous indiquera l'utilité de ces murs : les processions sortant du temple proprement dit faisaient le tour extérieur de l'édifice, qui, par suite, ne devait pas occuper tout le terrain consacré.

Ces murs d'enceinte étaient, sauf de rares exceptions, en briques crues. Des portes monumentales, qu'on pourrait regarder comme l'idée première de l'arc de triomphe, et que les Grecs ont adoptées sous la forme de propylées, qui n'étaient qu'une porte d'honneur, donnaient de place en place accès dans l'intérieur des enceintes. On les appelle pylônes (πυλών, porte). (Voir pl. III, fig. 2). Si le temple était entouré de plusieurs enceintes, les ouvertures étaient pratiquées en face les unes des autres, les pylônes se succédaient l'un à l'autre, et formaient une avenue monumentale jusqu'à l'entrée intérieure du temple. Quand Homère surnommait Thèbes la ville aux cent portes, il voulait sans doute mentionner les pylônes innombrables qui ornaient les cours de ses temples.

Le pylône reproduit sur une dimension colossale la simple porte, dont le type n'a pas varié depuis le nouvel empire. C'est un massif de maçonnerie dont les faces sont construites en talus. Une large ouverture rectangulaire est ménagée au milieu. Une grosse moulure horizontale, qui se reproduit verticalement sur les angles de l'édifice, sert de base à la corniche, formée d'une large gorge avançant dans sa partie supérieure. Elle est toujours ornée du disque ailé. Cette corniche, qui est très-élevée, n'existe que sur les deux faces principales. Les faces latérales se trouvent moins hautes et se terminent par le cordon horizontal que j'ai indiqué. Si la corniche avait régné tout autour du pylône, elle l'aurait alourdi à l'œil : l'épaisseur de la construction n'égalant point sa largeur, les faces latérales, plus étroites que les autres, devaient être plus basses pour que les proportions fussent les mêmes.

Une allée de sphinx reliait ordinairement le pylône au temple. La tête était tournée vers l'axe de l'allée. On crut longtemps que le sphinx était d'origine assyrienne. Les Assyriens, en effet, semblaient avoir préféré, quand ils avaient voulu unir, dans une composition bizarre, la nature humaine et la nature animale, surmonter de la tête d'un homme le corps d'une bête. Les chérubins, ou taureaux ailés à tête d'homme, qui décoraient les portes de leurs palais, et les poissons à tête d'homme, confirmaient cette opinion. Les Égyptiens, au contraire, dans la plupart des représentations de leurs divinités, ont mis une tête d'animal sur un corps humain. Une inscription découverte à Gizeh, et déposée au musée de Boulaq, mentionne des restaurations faites par Chéops (quatrième dynastie), au temple d'Isis, qui se trouvait *près du sphinx*. Cette stèle a tranché la question d'origine. En faisant remonter le grand sphinx à cette époque reculée, elle écarte l'hypothèse d'une importation étrangère ; les relations entre l'Égypte et l'Assyrie ne commencèrent à s'établir que beaucoup plus tard. Une divinité nommée Armanchis, et les rois, avaient seuls le privilége d'être représentés sous cette forme symbolique qui exprimait l'idée de force unie à l'intelligence. Le sphinx, mâle ou femelle, selon qu'il représentait un roi ou une reine, retraçait les traits du pharaon qu'il personnifiait : il était un portrait comme les autres statues.

L'avenue de sphinx était quelquefois remplacée par des béliers, l'emblème d'Ammon; pour en faire la personnification du pharaon qui avait fait élever le temple, on plaçait entre leurs pattes une statuette qui le représentait. Un troisième animal a servi à la décoration des avenues : c'est l'épervier, qu'on rencontre mêlé à des béliers au temple de Gourien-Taoua, en Nubie, qui ne remonte pas au delà de l'époque grecque.

Cette avenue aboutissait à la porte du temple, généralement désignée sous le nom de pylône, dénomination fausse qui peut, en confondant dans un même nom, deux portes de type différent, porter à croire qu'elles sont construites sur le même modèle. Pour éviter toute confusion, j'appellerai double pylône la porte d'entrée proprement dite, accompagnée de deux massifs de maçonnerie, en réservant le mot de pylône, sans épithète, pour la porte monumentale qui précède le temple. (Voir pl. III, fig. 1.) Le double pylône est accompagné de deux ou de quatre colosses représentant le roi fondateur, assis dans la pose hiératique. La dimension de ces immenses statues, toujours monolithes, variait avec la hauteur de la façade qu'elles accompagnaient. Celles qui sont célèbres sous le nom de colosses de Memnon, qui décoraient vraisemblablement le temple élevé dans la plaine de Thèbes par Aménophis III, qu'elles représentent, mesurent $16^m,60$, sans compter le piédestal, qui en porte la hauteur totale à près de 20 mètres. Ce sont les plus grandes que l'Égypte possède, et les plus grandes sans doute qu'elle ait jamais vues s'élever.

Devant les colosses se dressaient les obélisques sur des socles qui en augmentaient la hauteur. Généralement au nombre de deux, ils ne s'élevaient que par paires : on en voyait parfois quatre ou six décorer l'entrée d'un temple important. Taillées dans un seul bloc de granit, leurs faces légèrement inclinées vers le pyramidion qui les surmontait, sont légèrement convexes. Mais la courbe qu'elles présentent est si peu marquée que l'œil ne peut s'en rendre compte. L'obélisque placé devant le temple n'était pas un pur ornement : il avait une signification ingénieusement interprétée par M. Ampère, auquel j'emprunte les lignes suivantes : « Dans l'écriture hiéroglyphique, l'obélisque est un signe qui a un sens déterminé. Il exprime l'idée de stabilité. On s'explique facilement cette valeur écrite de l'obélisque dans toutes les langues ; une métaphore naturelle attribue l'idée de stabilité à la colonne, au pilier. Ainsi, la borne de nos champs, qui fut le dieu terme, exprime l'idée d'immutabilité. De plus, il faut remarquer que le sommet des obélisques se terminait toujours en forme de pyramide : c'est ce qu'on appelle le pyramidion. Un obélisque est une pyramide dont la base est très allongée ; or la pyramide, par sa forme qui offre plus qu'aucune autre des conditions de solidité, la pyramide était l'expression naturelle de la permanence et de la durée... Les obélisques étaient aussi comme les pyramides, dont ils rappelaient la forme, le signe de la stabilité, et c'est pour cette raison qu'on les plaçait en avant du seuil des temples pour figurer les montants de la porte et indiquer qu'ils étaient stables à jamais. Les inscriptions hiéroglyphiques gravées sur les montants eux-mêmes contiennent, en général, une formule placée dans la bouche des dieux, et qui se termine par la promesse de la *stabilité à jamais*... Les deux obélisques plantés devant les temples étaient deux énormes hiéroglyphes, deux lettres ou plutôt deux syllabes de granit, deux mots enfin, placés là non-seulement pour être contemplés, mais pour être lus. »

Il faut donc renoncer à voir dans les obélisques un

monument attestant les conquêtes d'un pharaon comme on se plaisait à le faire avant la lecture des hiéroglyphes, pour ne les regarder que comme la dédicace du temple qu'ils accompagnaient, ne contenant que l'énoncé des titres du fondateur et des bienfaits que la Divinité répandra sur lui.

Les obélisques, avons-nous dit, se dressaient en avant de la porte d'entrée. Cette porte, ou double pylône, se composait au centre d'une porte du modèle ordinaire de grande dimension, accompagnée sur la droite et sur la gauche de deux hauts massifs de maçonnerie, dont les quatre faces de chacun étaient inclinées vers un centre commun. La porte, plus basse que les deux massifs de maçonnerie, paraissait flanquée de deux tours. Les deux façades latérales de ces massifs, les plus rapprochées de l'axe de la porte, étaient plus courtes que les deux autres façades latérales. Tandis que celles-ci s'allongeaient jusqu'au sol, celles-là s'arrêtaient à la corniche de la porte qui formait le centre du monument. Mais le point où chacune de ces façades se terminait était à égale distance de l'axe du massif : leur obliquité n'était donc pas la même : l'inclinaison de la petite façade latérale était supérieure à celle de la grande façade latérale. La large échancrure que présentait l'ensemble du monument, au-dessus de la porte, lui donnait autant de légèrcté que le style pouvait en comporter. Chaque massif portait une décoration analogue à celle que j'ai indiquée pour les pylônes proprement dits. Une grosse moulure garnissait les angles des faces, et, se répétant au sommet du massif, formait la base de la corniche, qui faisait le tour du massif, sans présenter, comme dans les simples pylônes, une interruption sur les côtés ; la porte étant décorée du disque ailé, il n'y avait pas lieu de le répéter sur la corniche du double massif.

Contrairement aux règles de l'architecture égyptienne, qui proscrivait toute ouverture dans les murs intérieurs, sauf les portes, les doubles pylônes étaient percés de petites fenêtres carrées disposées par étages. Aucune ornementation ne les encadrait. Elles éclairaient de petites chambres, auxquelles on arrivait par un escalier tournant autour d'un large pilier carré. Elles servaient au jeu des bannières qui, dans certaines circonstances, se hissaient au haut des longs mâts qui accompagnaient la porte d'entrée. Ces mâts, s'ils avaient été plantés au bas de la façade, se seraient trouvés, par suite de l'inclinaison de la muraille, assez éloignés des ouvertures devant lesquelles ils se trouvaient placés. Pour remédier à cet inconvénient, on faisait de larges entailles verticales dans la façade, les mâts se trouvaient de la sorte assez près des fenêtres pour permettre d'y attacher les bannières avec facilité.

Le double pylône, dont les deux faces étaient pareilles, donnait accès dans une cour entourée de portiques. Au fond de la cour s'ouvrait la porte de la salle hypostyle, qui était remplacée dans les constructions de grandes dimensions, par un second double pylône ; parfois, on construisait deux cours l'une après l'autre, en les séparant également par un double pylône.

Parfois, comme à Karnak, la grande cour était décorée par une sorte d'avenue de colonnes, allant d'une porte à l'autre. L'écartement de ces colonnes laisse supposer qu'elles n'ont jamais été destinées à former une galerie couverte. Étaient-elles destinées à former un simple ornement du temple? avaient-elles un caractère symbolique? Le champ est ouvert à toutes les hypothèses. MM. Jollois et Devilliers, dans leur Description de Thèbes (*Description de l'Égypte,* par la Commission scientifique attachée à l'armée française), ont supposé qu'elles étaient destinées à supporter des statues de divinité. On voit, en effet, dans un bas-relief de Karnak, des colonnes sur lesquelles se dresse une statue. Ce qui semble indiquer le symbolisme de ces colonnes, c'est un type d'amulette fréquemment rencontré dans les tombeaux : il se compose d'une colonnette verte, au chapiteau formé d'une fleur de lotus. Il était le symbole d'une vie heureuse. Deux piliers de granit, carrés, et décorés de la fleur de lotus, devant le petit sanctuaire de Karnak, servent en quelque sorte de trait d'union entre la colonnette des momies et la grande colonne des temples. Ces colonnes ne seraient donc, d'après nous, qu'un vœu de prospérité en faveur des fidèles entrant dans le temple. Ces colonnes auraient eu un langage symbolique comme les obélisques : tandis que ceux-ci n'étaient que l'expression du vœu de voir *demeurer à jamais* la mémoire du roi fondateur du temple, celles-là ne seraient que l'expression de voir tous les fidèles entrant dans le saint édifice mener une vie heureuse et prospère.

La désignation de salle hypostyle, quoique ce nom convienne à toutes celles qui sont soutenues par des colonnes, est spécialement réservée à celle qui suit immédiatement la cour, et qui est plus grande que les autres salles qui se trouvent derrière elle. La salle hypostyle semble ne pas faire proprement partie du temple, quoiqu'elle soit comprise dans l'ensemble de la construction. Le peuple y avait accès, ainsi que dans les cours et les enceintes, tandis que le roi et les prêtres avaient seuls le privilége de franchir le seuil des chambres qui s'étendaient au delà. Tandis que celles-ci ne sont pas éclairées, la salle hypostyle reçoit du jour par de grandes et larges fenêtres ménagées au-dessus des colonnes, par suite de la différence de niveau du plafond de la nef centrale et des nefs latérales. Les colonnes sont alignées : celles qui forment la rangée du milieu sont plus hautes que les autres. Pour joindre les chapiteaux de ces colonnes de différente hauteur, on élevait sur les chapiteaux des petites colonnes, des piliers carrés ; des architraves joignaient ces piliers entre eux et formaient, avec le linteau qui joignait entre eux les chapiteaux sur lesquels ils reposaient, un cadre rectangulaire servant de fenêtre. Ce cadre, s'élevant à la hauteur des grandes colonnes, permettait de poser des architraves transversales. Il était rempli par de larges dalles, peu épaisses, dans lesquelles on pratiquait des ouvertures. (Voir planche VI, fig. 1.) Au delà de la salle hypostyle, s'ouvraient d'autres salles de différentes dimensions, moins larges généralement, car de petites cellules étaient presque toujours rangées sur les côtés. Ces différentes salles, reliées l'une à l'autre par de larges portes, formaient une majestueuse enfilade. La dernière débouchait sur un couloir transversal qui occupait toute la largeur du temple. Sur ce couloir s'ouvraient différentes chambres sans communication entre elles, et formant une série de sanctuaires consacrés aux différentes divinités adorées dans le temple. Le sanctuaire du milieu, s'ouvrant dans l'axe du temple, continuait l'enfilade de salles que j'ai mentionnée. Les sanctuaires, comme les pièces qui les précédaient, étaient fermés par des portes à deux vantaux. Elles tournaient sur des pivots dont l'emplacement se voit encore ; les pylônes eux-mêmes recevaient une porte s'ouvrant d'après le même système.

Au fond du sanctuaire se trouvait le naos, sorte de guérite taillée dans un seul bloc de granit présentant sur sa façade antérieure une porte du type ordinaire, fermée par des battants de bois ou de bronze. Sa partie supérieure se terminait par un pyramidion. Dans cette sorte de tabernacle était renfermée la statue de la divinité, ou l'emblème vivant de l'attribut sous lequel elle était adorée.

C'est encore dans le sanctuaire, ou *secos*, qu'étaient placés les *baris* ou barques sacrées, contenant un naos portatif, qu'on promenait dans les processions. Au repos, ces barques étaient posées sur des coffres ; pour les transporter hors du temple, on les adaptait sur des barres de bois. Un voile les recouvrait.

Les petites chambres qui s'ouvraient sur le côté des pièces séparant la salle hypostyle du sanctuaire servaient à différents usages. Ici, on préparait les essences et les huiles avec lesquelles on parfumait le temple et les statues des dieux ; là, on réunissait et on consacrait les produits de la terre qui allaient figurer dans les cérémonies : ici, on offrait des pains et des libations ; là, était le trésor du temple ; ailleurs était le dépôt des vêtements des dieux : ils étaient religieusement renfermés dans des coffrets.

Ces différentes pièces étaient toutes plongées dans

la plus grande obscurité. M. Mariette pense que les ténèbres qu'on y faisait régner n'avaient point pour but d'augmenter le mystère des cérémonies, mais de préserver des insectes et des rayons du soleil les objets précieux et les vêtements divins.

Le roi, qui semble avoir réuni à la couronne la dignité de grand prêtre, avait seul avec les prêtres le privilége de pénétrer dans cette partie du temple. La plupart des cérémonies avaient lieu au grand jour : elles consistaient surtout en processions qui se répandaient au dehors, jusqu'à l'enceinte extérieure, en briques crues. C'est dans la salle hypostyle que se réunissait le cortége : c'est de là qu'il partait pour parcourir les portiques; c'est là que se tenaient les grandes assemblées religieuses qu'on nommait *panégyries* ou *réunions générales*. Le temple de Medinet-Abou contient une série de tableaux rappelant la célébration d'une panégyrie pour remercier la divinité de la protection qu'elle avait accordée aux armes de Ramsès III (vingtième dynastie). J'en emprunte la description à Champollion le jeune :

« Ramsès-Meiamoun sort de son palais porté dans un naos, espèce de châsse richement décorée, soutenue par douze *oeris*, ou chefs militaires, la tête ornée de plumes d'autruche. Le monarque, décoré de toutes les marques de sa royale puissance, est assis sur un trône élégant, que des images d'or de la justice et de la vérité couvrent de leurs ailes étendues. Le sphinx, emblème de la sagesse unie à la force, et le lion, symbole du courage, sont debout près du trône, qu'ils semblent protéger. Des officiers agitent autour du naos les *flabellum* et les éventails ordinaires; de jeunes enfants de la caste sacerdotale marchent auprès du roi, portant son sceptre, l'étui de son arc, et ses autres insignes.

« Neuf princes de la famille royale, de hauts fonctionnaires de la caste sacerdotale et des chefs militaires suivent le naos à pied, rangés sur deux lignes; des guerriers portent les socles et les gradins du naos; la marche est fermée par un peloton de soldats. Des groupes tout aussi variés précèdent le pharaon : un corps de musique, où l'on remarque la flûte, le tambour, la trompette et des choristes, forme la tête du cortége; viennent ensuite les parents et les familiers du roi, parmi lesquels on compte plusieurs pontifes; enfin le fils aîné de Ramsès, le chef de l'armée après lui, brûle l'encens devant la face de son père.

« Le roi arrive au temple d'Horus, s'approche de l'autel, répand les libations et brûle l'encens; vingt-deux prêtres portent sur un riche palanquin la statue du dieu, qui s'avance au milieu des flabellum, des éventails et des rameaux de fleurs. Le roi, à pied, coiffé d'un simple diadème de la religion inférieure, précède le dieu et suit immédiatement le taureau blanc, symbole vivant d'Ammon-Horus, ou Ammon-Ra, le dieu de sa mère. Un prêtre emmène l'animal sacré ; la reine, épouse de Ramsès, se montre vers le haut du tableau, comme spectatrice de la cérémonie religieuse, et tandis que l'un des pontifes lit à haute voix l'invocation prescrite lorsque la lumière du dieu franchit le seuil de son temple, dix-neuf prêtres s'avancent portant les diverses enseignes sacrées, les vases, les tables de proposition et tous les ustensiles du culte : sept autres prêtres ouvrent le cortége religieux, soutenant sur leurs épaules des statuettes : ce sont les images des rois ancêtres et prédécesseurs de Ramsès-Meiamoun, assistant au triomphe de leur descendant. »

Les tableaux suivants représentent deux prêtres reconnaissables à leur tête rasée, donnant la liberté à quatre oiseaux qui personnifient les quatre génies, fils d'Osiris, et qui sont chargés d'annoncer aux quatre points cardinaux que le roi s'est coiffé du pschent, la couronne royale. La dernière partie du bas-relief nous montre le pharaon, portant en effet le pschent, remerciant le dieu dans son temple : « Le monarque, précédé de tout le corps sacerdotal et de la musique sacrée, est accompagné par les officiers de sa maison. On le voit ensuite couper avec une faucille d'or une gerbe de blé, et, coiffé enfin de son casque militaire, comme à sa sortie du palais, prendre congé par une libation du dieu Ammon-Horus rentré dans son sanctuaire. La reine est encore témoin de ces deux cérémonies ; le prêtre invoque les dieux ; un hiérogrammate lit une longue prière ; auprès du pharaon sont encore le taureau blanc et les images des rois dressées sur une même base. »

Ces fêtes avaient lieu à des jours fixés d'avance. Un calendrier qui les indiquait était gravé sur un des murs du temple de Medinet-Abou. Il contient une courte indication sur les cérémonies qui devaient se célébrer, et qui ressemblent toutes à celles dont je viens de donner la description. Il suffit, pour s'en convaincre, de parcourir quelques-uns des articles de ce calendrier :

« *Mois de Thoth*, néoménie ; manifestation de l'étoile de Sothis ; l'image d'Ammon-Ra, roi des dieux, sort processionnellement du sanctuaire, accompagnée par le roi Ramsès, ainsi que par les images de tous les autres dieux du temple. »

« *Mois de Paophi*, le 19 ; jour de la principale panégyrie d'Ammon, qui se célèbre pompeusement dans Oph (le palais de Karnak) ; l'image d'Ammon-Ra sort ainsi que celle de tous les dieux synthrones. Le roi Ramsès l'accompagne dans la panégyrie de ce jour. »

Nous ne retrouvons dans ces cérémonies aucune trace de sacrifice sanglant. Les nombreuses peintures des tombes de l'ancien et du moyen empire représentent pourtant l'immolation de bœufs dont les quartiers figurent un peu plus loin parmi les offrandes faites à la Divinité. C'est qu'apparemment les animaux dont la chair figurait sur les autels étaient abattus en dehors du temple ou de la chapelle; et la religion ne se mêlait point du coup mortel qui leur était porté.

En mentionnant les différentes salles qui se trouvent dans les temples, il en est une que nous avons omise, parce que sa destination ne se rapportant point au culte, nous ne la voyons pas figurer dans tous les sanctuaires. Je veux parler de la bibliothèque. Les papyrus étaient sans doute des objets précieux, et c'est à ce titre qu'ils devaient être déposés dans l'intérieur du temple. Du reste, ils ne devaient servir qu'aux prêtres qui formaient seuls la classe instruite : dans le temple, ils se trouvaient sous leurs mains. Au Ramesseion de Thèbes, la porte de la bibliothèque est ornée d'un bas-relief représentant, à côté de Thoth, le dieu à tête d'Ibis, la déesse Saf, portant le titre de *dame des lettres, présidente de la salle des livres.* A Philæ, dans le grand temple, nous retrouvons une inscription analogue au-dessus de la porte de la salle employée au même usage : « Ceci est la bibliothèque de la déesse Saf, la grande gardienne des livres d'Isis, qui dispense la vie. »

Les ouvrages auxquels on attachait le plus de prix étaient ceux attribués à Hermès, la science personnifiée. Ils contenaient toutes les connaissances scientifiques des Égyptiens. Artaxerxès, maître de l'Égypte, en amassa un grand nombre dans les temples, d'où il les enleva, et les prêtres les rachetèrent de l'eunuque du roi pour beaucoup d'argent. (Champollion-Figeac, *l'Égypte*, p. 136.) On considérait aussi comme sacrés les livres historiques, renfermant les annales de la nation, les grandes actions des rois et des citoyens illustres. Manéthon déclare avoir consulté ces livres conservés dans les archives des temples, pour rédiger son histoire.

Les livres n'étaient pas les seuls gardiens des connaissances humaines et des souvenirs du passé. Prévoyant leur facile destruction, les pharaons dont le soin le plus grand était de voir leur mémoire *demeurer à jamais*, employèrent, pour raconter leurs exploits aux générations futures, des pages de pierre qui ne devaient point disparaître comme les feuillets de papyrus. Ils inscrivirent, ou plutôt sculptèrent sur les murailles des temples les conquêtes qu'ils avaient faites et les monuments qu'ils avaient élevés, en un mot, tous les faits glorieux de leur règne. Les murs extérieurs et intérieurs des temples offraient de longues surfaces qu'ils ornèrent de scènes tirées de leur vie, je pourrais dire de tableaux, puisqu'une couche de peinture coloriait les bas-reliefs. Ici les personnages, par la manière dont ils sont rangés et par leurs insignes, se font facilement reconnaître : aucune inscription n'est nécessaire pour expliquer la scène à laquelle ils prennent part. Là, pour en rendre l'interprétation plus facile, une légende explicative les accompagne ; ailleurs, enfin, on ne retrouve que des caractères : c'est un récit se rapportant au roi ; quelquefois un poëme composé en son honneur, comme celui qui se lit sur le mur extérieur de Karnak, et connu sous la désignation de poëme de Pentaour, du nom de son auteur ; parfois un hymne adressé à la divinité du lieu.

En construisant un temple, un roi ne faisait donc qu'écrire son histoire. S'il avait gouverné de longues années, s'il avait porté ses armes contre de nombreuses peuplades, les annales de son règne étaient longues : il lui fallait de grandes murailles pour les enregistrer ; le temple qu'il construisait devait s'élever sur de grandes proportions. Les plus vastes que nous connaissons, ceux de Karnak, de Louqsor, de Medinet-Abou, le Rhamesseion, tous à Thèbes, celui d'Aménophis dont nous pouvons juger de la dimension gigantesque par les colosses dits de Memnon qui en accompagnaient l'entrée, sont l'œuvre de rois conquérants : ils remontent à Aménophis III, à Séti Ier, à Ramsès II (Sésostris), à Ramsès III, les rois les plus guerriers des dix-huitième, dix-neuvième et vingtième dynasties.

Quelque importante que fût la place occupée par les bas-reliefs historiques, les temples présentaient toujours sur quelques-unes de leurs parois des tableaux purement religieux, ayant trait aux différents mythes de la théogonie égyptienne, et des tableaux astronomiques. Ceux-ci étaient le plus souvent tracés au plafond du temple : les étoiles étaient donc placées, par rapport aux prêtres qui pénétraient dans les salles, dans une position analogue à celle qu'elles occupaient au firmament. Elles se trouvaient directement au-dessus d'eux. Dans les salles où ne se rencontrent point des sujets astronomiques, le plafond est orné de dessins réguliers obtenus par des lignes droites ou des arcs de cercle se coupant en sections égales. La bande du milieu, qui correspond au passage laissé par l'enfilade des portes, dans le grand axe du temple, est toujours décorée du disque ailé, autant de fois répété qu'il y a de dalles dans le plafond.

Les sculptures des murs ne formaient pas la seule ornementation des temples. Nous verrons bientôt qu'ils étaient meublés de statues, représentant des divinités, soit des rois, soit des fonctionnaires d'une certaine classe élevée ; de stèles, de tables à libations et de tables à offrandes. Avant de fixer notre attention sur ces objets que nous retrouvons dans les temples de toutes les époques, nous avons à étudier les modifications que le plan des temples a subies du temps des

Ptolémées. Ce que nous aurons à dire sur la décoration mobilière s'appliquera autant à eux qu'à ceux du nouvel empire, dont nous venons de parler, et même qu'à ceux de l'ancien empire : si les monuments religieux appartenant à cette période reculée, à l'exception des chapelles funéraires, nous sont inconnus, les objets nécessaires au culte ont été en partie conservés, et garnissent les salles de la plupart des musées égyptiens.

Époque grecque

Ce que nous avons dit sur les enceintes et les pylônes, sur les avenues de sphinx et sur les obélisques, s'applique aux temples de l'époque grecque comme à ceux du nouvel empire. Il n'en est pas de même pour les colosses : l'influence de l'art grec, qui condamne la grandeur des dimensions, devait les proscrire, et priver de leur décoration habituelle les doubles pylônes que l'on construit encore, quoique rarement, sur les rives du Nil.

Nous avons dit, à propos de la marche de l'art en Égypte, que les Ptolémées avaient conservé les vieux usages du pays, le style d'architecture qui lui était propre, mais que, sous leur règne, l'influence de la Grèce, qui s'était fait déjà sentir sous les rois Saïtes (vingt-sixième dynastie), prend un développement de plus en plus considérable. La disposition extérieure des temples élevés par eux nous en offre une preuve éclatante. Le temple égyptien est devenu un temple grec. Mais cette transformation n'a pas eu lieu d'une manière radicale : de nombreux monuments servent de transition entre ces deux types. Toutefois, avant d'étudier la série des modifications qu'ils nous présentent, remarquons que ne se produisant pas systématiquement, en vertu d'une idée préconçue, mais en quelque sorte naturellement, par suite des oscillations du goût public, elles ne se sont pas réalisées dans l'ordre méthodique sous lequel je les expose. Les architectes chargés de construire les temples s'écartaient du vieux type de ces constructions dans la mesure où ils approuvaient le type nouveau. Leur différence d'opinion se retrouve dans la disposition générale de leurs constructions. Mais tous devaient, à la longue, céder à l'influence grecque, qui semble avoir été toute-puissante. (Voy. planche VII.)

Nous avons vu que la cour péristyle, fermée par un double pylône, occupait une place importante dans le temple égyptien. Le temple grec ne l'admettait pas. Elle ne fut pourtant pas complétement rejetée ; nous en trouvons une précédant le grand temple de Philæ, commencé par Ptolémée Philadelphe (285-247) et terminé par son successeur Ptolémée Evergète (247-222). Mais la cour, faisant partie intégrante du temple, donnaît à l'ensemble du monument une longueur disproportionnée avec sa largeur; pour éviter cet inconvénient, on la déroba à l'œil de l'observateur placé en dehors du temple, en la renfermant dans le portique dont elle occupait le centre; on peut presque dire qu'elle fut supprimée et remplacée par une portion du portique, laissée à ciel ouvert et dégarnie de colonnes. Le grand temple de Philæ et le temple de Deir-El-Medinet, à Thèbes, construit par Ptolémée Philopator (50 avant Jésus-Christ), nous offrent de curieux exemples de cette disposition. La cour finit par disparaître. On rapprocha du temple proprement dit le mur d'enceinte, qui ne laissait plus qu'un passage sur les côtés, mais qui se prolongeait en avant de la façade, de manière à ménager un espace libre assez vaste. Une rangée de colonnes adossées à ce mur en fit un péristyle. L'enceinte remplaçait la cour. Le temple d'Edfou fut bâti sur ce modèle, par Ptolémée Philopator (222-193) et Ptolémée Evergète II (146-117). Quoique ce plan permît au portique du temple de se détacher de la colonnade qui l'environnait, il s'écartait encore du type grec, qui bannit la cour, adhérente ou non au temple. Les processions, pour défiler avec majesté, avaient pourtant besoin d'un portique couvert. On en construisit un tout autour du temple. Ses façades latérales devinrent donc identiques à celles des temples grecs. Nous verrons dans un instant la même assimilation se produire pour sa façade antérieure. Toute trace de cour avait de la sorte disparu. Mais la cour, quand elle existait, était toujours fermée par une muraille : la colonnade régnant autour du temple ne pouvait rester ouverte. Un mur relia donc les colonnes les unes aux autres, sans dépasser la moitié de leur hauteur. Une seule porte fut ménagée en face de l'entrée du temple (Voy. planche VII, fig. 6). Le Typhonium à Denderah, et le petit temple de Philæ sont conçus sur ce plan, qu'on simplifia encore. On supprima la colonnade extérieure; l'enceinte de briques seule fut conservée; c'est dans l'espace qui la séparait de la construction que les processions durent défiler. Le temple ne présentait alors qu'une massive construction rectangulaire, précédée d'un portique : c'est le second modèle des temples grecs. Le grand temple de Denderah est construit sur ce plan.

Quant au portique dont il vient d'être question, il constitue une innovation introduite par les Ptolémées. Les temples de l'ancien empire présentaient pour façade un double pylône. Mais la cour qui séparait l'entrée de la salle hypostyle, entourée d'un portique sur ses quatre faces, présentait quelquefois sur la façade du fond une double colonnade. C'est ainsi qu'à Médinet Abou, le fond de la deuxième cour est garni d'un rang de colonnes et d'un rang de piliers, tandis que les autres côtés ne sont ornés que d'un seul rang. A Louqsor, la façade du fond de la seconde cour est garnie de quatre rangées de colonnes, tandis que les faces latérales ne sont accompagnées que de deux rangées. Enfin, à Kournah, la façade du temple est précédée d'une rangée de dix colonnes qui formaient sans doute le fond de la cour, dont les autres côtés ont disparu; mais la manière dont elles sont disposées semble indiquer dans le plan de l'édifice l'intention de décorer sa façade intérieure donnant sur la cour. C'est dans cette colonnade qu'il faut voir l'élément premier du portique.

L'influence grecque, quelque forte qu'elle ait été, n'a pas introduit brusquement une disposition nouvelle dans le vieux type du temple égyptien. Elle s'est attachée aux points où celui-ci lui donnait prise : la colonnade du fond de la cour, dégagée de ses parties latérales, rappelait le portique. Elle s'est emparée de cette analogie, et, sous ses efforts, la colonnade est devenue un véritable portique.

Cette nouvelle partie du temple, dont nous retrouvons le germe dans les constructions plus anciennes, se ressent de sa double origine. C'est l'architecture grecque qui a créé le portique : c'est son influence qui l'a introduit sur les bords du Nil, mais c'est l'architecture égyptienne qui en a fixé les proportions. Tandis que, dans les monuments de style grec, le portique n'est pas une partie distincte de l'édifice, tandis que ses lignes se confondent avec celles de la silhouette du temple proprement dit, que son élévation est la même, le portique du temple égyptien se distingue du reste de la construction par sa largeur et sa hauteur. Le portique fait saillie sur les côtés du monument : il domine de plusieurs mètres les terrasses qui en forment le toit. C'est en quelque sorte une annexe accolée au temple comme le double pylône séparant la cour de la salle hypostyle, dont il semble vouloir reproduire l'effet sur l'ensemble extérieur de l'édifice.

L'adoption du portique entraîna pour la distribution intérieure des temples un changement plus considérable que celui qu'il avait occasionné dans l'agencement de leur façade. Il amena la suppression de la grande salle hypostyle, qu'il remplaça. Ses nombreuses rangées de colonnes, qui lui donnaient une assez grande profondeur, lui permettaient de se substituer, sans inconvénient pour le culte, à cette vaste salle dont il reproduisait d'ailleurs les dispositions générales. Mais, pour qu'on pût le regarder comme faisant partie intégrante du temple, on eut toujours soin de relier les unes aux autres les colonnes formant la rangée extérieure, par un mur d'entre-colonnement s'élevant à la moitié de leur hauteur. Le jour pénétrant par la partie supérieure des intervalles ménagés entre les colonnes, inondait de lumière le portique, où les processions continuaient de se réunir comme par le passé. Leur marche dans l'enceinte et sous les colonnades fut pourtant soumise à quelques changements. L'usage de construire sur la terrasse du temple une petite chapelle y contribua sans doute. La procession s'y rendait pour y invoquer la divinité du lieu. Elle montait par un escalier et descendait par un autre. Ces deux escaliers, placés de chaque côté du sanctuaire, n'avaient pas la même forme : l'un, ménagé dans l'épaisseur de la muraille extérieure, montait sur la terrasse en ligne droite. L'autre s'enroulait autour d'un massif pilier carré.

Revenons au portique. Une large porte en occupe le milieu, et donne accès dans plusieurs pièces situées l'une derrière l'autre, en enfilade, et garnies ou non de colonnes, selon que leur profondeur exige une ou plusieurs séries de linteaux. Ces différentes salles servent de supplément au portique : on s'y réunit pour le départ de la procession. Le sanctuaire vient au delà. Pour le nouvel empire, nous avons vu que le fond du temple était divisé par des murs parallèles à son axe en plusieurs compartiments, sans communication entre eux, formant plusieurs sanctuaires où l'on adorait la divinité du lieu et les divinités synthrones. A l'époque grecque, on multiplie beaucoup les sanctuaires. L'ancienne disposition n'eût pas permis d'en ménager suffisamment. On construisit donc dans la partie postérieure du temple un petit édifice garni d'une corniche et surmonté d'un plafond, et dont la forme est celle d'un gigantesque naos. Une seule porte y donnait entrée, et permettait à quelques faibles rayons de lumière d'y pénétrer. Dans l'espace environnant on ménageait un petit couloir, l'isolant de trois côtés, et desservant une série de cellules, adossées à la muraille extérieure du temple, et dont le nombre variait d'un côté à l'autre du couloir. Celles qui se trouvaient dans l'angle, ne pouvant avoir d'issue sur le passage, communiquaient avec celles qui les touchaient. Ces cellules servaient les unes de sanctuaire, les autres de sacristie ou d'officine pour la préparation des parfums. Indiquer plus longuement leurs divers usages serait répéter ce que j'ai dit plus haut, à propos des temples du moyen empire. (Voy. pl. VII, fig. 5.)

Cette disposition des sanctuaires, qui se retrouve dans presque tous les grands temples de l'époque grecque, et même dans ceux d'une époque antérieure, qui ont été réparés par des Ptolémées, n'est pourtant pas devenue la loi générale : le plan ancien a été plus d'une fois suivi.

Parfois aussi, et contrairement aux vieux usages, le sanctuaire, au lieu d'être une salle fermée, dans laquelle on ne pénètre que par une seule porte, est une pièce ouverte à ses deux extrémités et continuant l'enfilade des autres salles du temple. Des sanctuaires percés de deux portes, se rencontrent à Louqsor, à Medinet-Abou, et à Karnak. Leur fondation remonte au moyen empire, mais ils ont été tous trois, sous les Ptolémées, l'objet de remaniements considérables. Nous n'oserions pas avancer qu'ils ont conservé leur destination primitive de sanctuaire, après les modifications qu'ils ont subies.

Nous ne mentionnons cette particularité que pour compléter nos renseignements sur cette partie des temples.

Un certain nombre d'édifices religieux remontant à l'époque grecque contiennent des cryptes. Mais tout en les regardant comme un des caractères distinctifs des temples de l'époque ptolémaïque, nous ne saurions regarder leur existence comme une loi de l'architecture à cette période de son histoire. Écoutons ce que M. Mariette nous en dit. « Les cryptes sont des corridors secrets, étroits et longs, ménagés dans l'épaisseur des fondations et des murailles du temple. Dans l'intention de l'architecte, les cryptes étaient de véritables oubliettes. Elles n'avaient ni portes ni fenêtres, ni ouverture d'aucune sorte, et quand on voulait y pénétrer, on ne pouvait le faire qu'en déplaçant par un mécanisme *ad hoc* la pierre scellée qui en bouchait l'entrée à tous les yeux. La destination des cryptes ne peut faire l'objet d'un doute. On y déposait des statues de divinités, en or, en argent, en lapis, en bois, des sistres, des colliers, des emblèmes de toute sorte, et à certains jours de fête, on venait les y prendre pour les porter en cérémonie dans les processions. Hors le temps pendant lequel ces objets servaient à l'embellissement du culte, les cryptes étaient si bien fermées que, des chambres intérieures du temple, on n'en pouvait même soupçonner la présence. » (Itinéraire de M. Mariette.)

Il résulte de ces diverses indications que le plan d'un temple à l'époque grecque était moins simple que sous le nouvel empire. Toutefois, cette complication relative dans sa distribution intérieure ne se trouve guère que dans les temples proprement dits : les chapelles, loin de la reproduire, ne se composent le plus souvent que d'une seule pièce, le sanctuaire, ou, pour mieux dire, d'une enceinte, car le plafond a disparu, et les murs extérieurs sont remplacés par une rangée de colonnes reliées l'une à l'autre par un mur d'entre-colonnement. On pourrait peut-être voir le type de ces charmantes constructions dans le temple des cariatides à l'acropole d'Athènes. Si la décoration en est profondément distincte, l'idée qui l'a inspirée est la même. Le temple de Nectanebo, à Philæ, que je puis rapporter à l'époque grecque, puisque le roi qui le fit élever est le dernier pharaon indigène, et la chapelle de la terrasse du temple de Denderah, sont construits sur ce plan. Chaque colonne, dans sa partie supérieure, se détache avec une netteté très-grande sur la teinte azurée du ciel. L'élégance et la légèreté sont les caractères les plus saillants de ces charmants monuments. La solidité et la lourdeur caractérisent au contraire les constructions antérieures. Cette différence suffit à elle seule pour indiquer que ces chapelles à jour, si loin du type primitif, appartiennent à une époque de décadence. Elles sont le produit d'une architecture qui, dans le principe, était mâle et forte, mais qui petit à petit, s'est efféminée. Entre elles et les grands temples du moyen empire, il y a toute la différence qui sépare les habitudes guerrières des Ramsès d'avec les mœurs relâchées des Ptolémées.

Mobilier des temples

Après avoir indiqué les dispositions générales des temples égyptiens, aux deux grandes époques de l'art, sous le nouvel empire et sous les Ptolémées, il nous reste à passer en revue les divers objets qui les ornaient, et qui en formaient pour ainsi dire l'ameublement.

Il faut mettre en première ligne, les statues des dieux. Nous savons que, dans les spéos ou chapelles creusées dans le flanc de la montagne, on ménageait une niche carrée, pour les recevoir. Elles étaient sculptées dans la roche elle-même : elles restaient donc adhérentes au monument. Dans les temples proprement dits, elles occupaient le sanctuaire ; parfois elles étaient renfermées dans un tabernacle nommé le *naos*. Nous savons que c'est un édicule de granit, rappelant la forme extérieure d'un temple, les parois inclinées et surmontées de la corniche classique. L'intérieur forme une niche profonde que des portes de bronze permettaient d'ouvrir et de fermer à volonté. C'est aussi dans le naos qu'était renfermé, à la place de la statue inerte de la divinité, l'emblème vivant sous lequel elle était adorée dans certaines localités.

On employait pour l'image des dieux les matières les plus précieuses ; les pierres les plus dures, et par suite les plus estimées des Égyptiens, étaient choisies de préférence. Une inscription découverte par M. Mariette, près du sphinx de Gizeh (déposée au musée de Boulaq et cataloguée sous le n° 581), au nom de Khoufou (Chéops, quatrième dynastie) mentionne avec quelques détails les diverses statues que le pharaon fit placer dans le sanctuaire du temple reconstruit par lui. On y voit que la statue du dieu générateur avait une coudée et une palme de haut, et que le socle en était doré ; que l'épervier d'Horus et l'ibis de Thoth étaient en bois doré ; que la barque *trois fois belle* d'Isis était aussi en bois doré, avec incrustations de *pierres* ; que la statue de l'Isis principale était d'or et d'argent, que la statue de Nephthys était de bronze doré et avait trois palmes de hauteur ; que celle d'Horus, vengeur de son père, était en bois avec des yeux de pierre ; que Pascht était en bronze, etc.

Les rois avaient aussi le privilége d'ériger leurs statues dans les temples. Assimilés aux dieux, ne devaient-ils pas avoir les mêmes honneurs ? Quelques hauts personnages semblent avoir joui du même privilége. La nature de ce droit est encore inconnue.

A côté des statues se voyaient les tables à libations et les tables à offrandes, en pierres dures et recherchées. Les tables à libations, formées d'un seul bloc dont la surface supérieure présentait une pente assez forte pour permettre au vin et à l'eau lustrale de couler, se terminaient par un appendice creusé en godet. Les libations jouaient un rôle important dans le culte. Au dire de Diodore, dans le bourg d'Acanthus, voisin de Memphis, s'élevait un temple d'Osiris, où les prêtres répandaient chaque jour trois cent soixante libations d'eau du Nil dans un tonneau percé. Le même nombre était répandu à l'*Abaton* de Philæ. (Diod., l. I, ch. xcvi.) La table à offrandes présentait des formes variées : elle offrait tantôt une série de petites excavations destinées à recevoir des vases ; parfois elle se composait d'un disque entouré d'un rebord épais ; parfois encore, elle était rectangulaire, et divisée en deux parties, l'une plate, l'autre creusée en plusieurs compartiments. Beaucoup de ces tables portent la nomenclature des choses à consacrer. Déposées sur ces monuments destinés à les recevoir, les offrandes y restaient quelque temps, jusqu'à ce que les prêtres vinssent les enlever. C'est ce que donne à entendre le chapitre LX du rituel funéraire, où le défunt faisant une confession négative, dit : « Je n'ai pas dérobé les offrandes déposées dans les temples et dans les tombeaux. »

Enfin le trésor des temples comprenait des vases d'or et d'argent, dons de la munificence des rois et même des particuliers ; les baris ou barques sacrées dont nous avons déjà parlé, et les insignes de différente forme qui se portaient dans les processions. Les principaux sont l'*ous cheb*, composé d'un singe cynocéphale accroupi sur une corbeille, symbole des panégyries et adossé à une sorte de gerbe, nouée transversalement et qui signifie une période. Entre les mains d'un roi, le seul personnage qui le porte, cet emblème, n'est peut-être pas sans rapport, selon l'opinion de M. Mariette, avec les grandes panégyries trentenaires, sorte de jubilé que les rois célébraient au trentième anniversaire de leur règne ; ce ne serait que l'expression d'un vœu de longévité. Le sistre se rencontre fréquemment : c'est un disque accompagné d'un manche. C'est l'instrument de la joie. Dans les tombeaux on en trouve beaucoup qui ont été brisés.

Cette rupture indique une allégorie facile à saisir. Les autres emblèmes présentent des formes plus ou moins compliquées. On ignore encore la destination de plusieurs d'entre eux. En donner la description ici serait superflu.

L'énumération qui précède est, en effet, suffisante pour nous montrer le luxe dont était entouré le culte en Égypte. Quand le sentiment religieux prend chez un peuple un développement aussi considérable que celui que nous avons pu constater dans la vallée du Nil, il exerce sur tous les arts et toutes les industries une sorte d'attraction. Chez lui, tout doit contribuer à la gloire de la Divinité : l'architecture, en élevant des temples ; la statuaire en figurant les images des dieux ; la peinture en représentant les mythes sacrés : l'orfévrerie en forgeant pour les cérémonies des vases d'or et d'argent, tout doit servir à honorer l'Être suprême. Mais le peuple égyptien a voulu contribuer non-seulement par ses œuvres, mais encore par la grandeur de sa morale à la glorification de la Divinité. Il a donc été religieux dans le sens le plus large de ce mot : religieux dans les créations sorties de ses mains, religieux surtout dans l'esprit qui les inspirait.

CHAPITRE VII

PALAIS

Nous avons eu plus d'une fois, dans le cours de ces études, l'occasion de remarquer que l'idée de l'éternité était familière aux Égyptiens. Faire en quelque sorte participer leurs œuvres à l'éternité par une durée indéfinie était leur constante préoccupation : toutes celles auxquelles leur destination n'assurait qu'une durée éphémère n'étaient pas regardées comme dignes de leurs soins. Les habitations se trouvaient dans ce cas : la vie humaine, comparée à l'éternité, leur semblait bien trop courte pour motiver des travaux importants. Aussi ne possédons-nous de ce peuple, dont la civilisation nous est chaque jour de plus en plus connue, aucun monument qui n'ait pas un caractère religieux ou funéraire. Cette disparition complète de tout vestige d'habitations anciennes s'explique, du reste, par l'emploi des matériaux qui entraient dans les constructions : les maisons étaient, comme de nos jours, bâties en briques pétries avec le limon du Nil, auquel un peu de paille hachée donnait de la consistance et séchées au soleil. Ces murailles qui offrent, quand leur épaisseur mesure plusieurs pieds, une étonnante résistance, sont amenées à disparaître promptement quand elles n'ont que de faibles dimensions. Le débordement du Nil est-il une année plus considérable qu'il n'a été prévu, l'eau baigne le pied des maisons, qu'elle sape par la base : c'est un village à reconstruire : les ruines de l'ancien formeront le noyau d'un tertre qui grossira à mesure que les nouvelles constructions s'ébouleront à leur tour. Les fragments de poterie qui se trouveront mélangés à la terre démontreront que le tertre était l'emplacement d'un bourg ou d'une ville. Le voisinage de tombeaux l'attestera encore, mais aucune fondation, ni aucun pan de mur ne donneront une preuve tangible que ces lieux ont été habités.

A l'époque des pharaons, comme de nos jours, les habitations se divisaient en deux catégories : celles de la campagne et celles des villes. Celles des champs ne méritaient pas ce nom plus que celles des fellahs d'à présent ; c'étaient des cahutes couvertes de roseaux ; mais Diodore, auquel nous devons ce renseignement, ajoute qu'à Thèbes, les maisons avaient jusqu'à quatre et cinq étages. (Diodore de Sicile, l. I, § 55, liv. II,

§ 45.) Il y a peut-être quelque exagération dans la hauteur indiquée, mais quelques rares peintures représentant des habitations privées nous laissent voir un premier étage surhaussant un rez-de-chaussée. Une cour intérieure donnait accès dans les différentes pièces de la maison.

Les souverains vivaient-ils comme leurs sujets dans des habitations en terre ?

L'idée élevée que l'on a toujours eue en Égypte de la majesté royale ne nous permet pas de le supposer. Nous savons que le respect du peuple pour les pharaons allait jusqu'à l'adoration, et que, la flatterie aidant, la personne royale se confondait avec la Divinité représentée sous les traits du souverain et désignée par son nom. De plus, les pharaons semblent avoir exercé les plus hautes fonctions sacerdotales : les cérémonies religieuses auxquelles ils devaient prendre part, la place d'honneur qu'ils occupent dans les processions, permettent de les regarder comme les pontifes de la religion égyptienne ; leur habitation devait être un lieu sacré : si elle n'était pas un temple proprement dit, elle devait être l'annexe d'un temple.

D'ailleurs, le respect que les Égyptiens avaient pour les lieux consacrés par la religion ne s'opposait pas à ce qu'ils servissent d'habitation à des êtres humains. Nous avons de nombreuses preuves qu'à l'époque grecque les temples étaient habités par leurs desservants. De curieux papyrus, trouvés à Memphis, contiennent des pétitions adressées à Ptolémée Philopator et à la reine Cléopâtre, sa mère, par deux jumelles chargées de faire des libations quotidiennes dans le Sérapéum, qui avaient été placées fort jeunes dans le temple (papyrus du Louvre, n° 22). Elles étaient protégées par un nommé Ptolémée, fils de Glaucios, qui dans diverses pétitions au roi, mentionne sa longue réclusion dans le temple, réclusion sans doute volontaire, sorte de claustration résultant d'un vœu.

Différentes inscriptions permettent de supposer que ces consécrations au service divin, n'étaient pas rares sous les Ptolémées.

Les cours et les portiques du Sérapéum ont même servi de marché et d'hôtellerie : les pèlerins qui venaient y faire des sacrifices pouvaient y passer la nuit. Quelle raison donc aurait pu, si les lois religieuses permettaient aux dépendances du temple de servir de demeure aux prêtres et pèlerins, leur interdire de servir d'habitation aux pharaons? (Voy. le Mémoire sur le Sérapéum de Memphis, par M. Brunet de Presle, dans les Mémoires de l'Académie des inscriptions. — Savants étrangers, 1re série, sujets divers, t. II, 1852.)

Nous savons, du reste, par des textes positifs que les prêtres formaient la société habituelle des rois. « Quant aux prêtres, nous dit Strabon, ils se livraient à l'étude de la philosophie, de l'astronomie et vivaient dans la société des rois, » et ailleurs, à propos des découvertes géographiques, le même historien écrit : « Quant aux anciens rois, ils ne s'occupaient pas beaucoup de ces choses, quoiqu'ils fussent livrés à l'étude des sciences, ainsi que les prêtres dans la société desquels ils passaient la plus grande partie de leur vie. » (Strabon, l. XVI, ch. i.) Ces rapports fréquents entre le trône et l'autel ne semblent-ils pas indiquer l'extrême voisinage du temple et du palais?

L'étude des anciens palais, que nous connaissons par les descriptions qui nous en sont parvenues, ou par les ruines que nous pouvons consulter, appuient ces considérations générales.

Passons-les rapidement en revue. Le plus ancien palais dont il est fait mention avec quelque détail, est le labyrinthe dans le Fayoum. Il est l'œuvre d'Amenemha, de la douzième dynastie. Hérodote et Strabon l'ont visité et en parlent en des termes pleins d'admiration. Le second ajoute qu'il contenait autant de parties distinctes qu'il y avait de nomes ou provinces en Égypte, parce qu'il était d'usage qu'à certaines époques, chaque nome envoyât au roi des représentants, qui traitaient avec lui des affaires de la province et offraient des sacrifices aux dieux. Cette phrase n'indique-t-elle pas le caractère semi-religieux, semi-civil de l'édifice? La description des deux historiens se complète l'une l'autre. Citons ici la plus ancienne, celle d'Hérodote, qui en attribue la fondation aux rois confédérés (vingt-cinquième dynastie). « Et comme ils fussent suivant ce beau train de régner, ils délibérèrent laisser mémoire commune à eux tous, et firent bâtir à leur grande gloire le labyrinthe, un petit au-dessus de l'estang Meris, près une ville nommée la ville des crocodiles. Je l'ai vu, et certes c'est un édifice plus grand qu'on ne saurait exprimer, car si on voulait faire comparaison des bâtiments, forteresses, et ouvrages qui sont en la Grèce, certainement ils trouveraient que tous sont de moindre labeur et despense que n'est le labyrinthe. J'entends bien que le temple d'Éphèse et celluy de Samos méritent d'être estimez : mais les pyramides essorent langue et plume : car de plusieurs l'une se peut égaller à tous les édifices des Grecz : et néanmoins il est ainsi que le labyrinthe surmonte les pyramides, car en premier lieu il y a douze salles voûtées qui ont leurs portes vis-à-vis les unes des autres. Six regardent le septentrion, et six le midi contiguës, et suivantes d'un dactile. Elles sont toutes comprises dans l'enceinte d'une même muraille. Et y a double logis, l'un soubz terre, et l'autre à raiz-dechaussée, contenant chacun membres, mil cinq cents, qui est pour les deux trois mille. J'ai tourné et suivy tout ce qui est par terre, et je parle de ce que j'ai veu. Quant au bas, j'en parle par ouïr dire, pour autant que capitaines et conciergers de céans nullement voulurent me montrer ce qui est soubz terre : alléguant que là dessoubz sont sépulcres des rois qui commencèrent à édifier ce labyrinthe, et des crocodiles sacrés. Quant au-dessus, nous l'avons veu pour le plus grand ouvrage des humains : car les escaliers qui mènent par les voûtes, les traverses, tours et retours régnant parmy les sales sont si différents qu'ils donnent un million de merveilles. D'une sale ils passent aux cabinetz et des cabinetz en autres sales. Le comble de tout l'édifice est de pierre, et pareillement les murailles lesquelles sont remplies de la sculpture de plusieurs et diverses effigies. Plus, chascune sale est complantée de colonnes faictes d'une pierre blanche fort polie et bien taillée. » (Hérodote, liv. II, § 148, trad. de Pierre Saliat.)

Strabon nous indique ce qu'il faut entendre par des salles voûtées : elles étaient recouvertes de dalles monolithes.

Le renseignement qu'Hérodote nous donne sur le dépôt de momies dans les cryptes, dépôt sans aucun doute postérieur à l'érection du monument, contribue à rendre très-vraisemblable le caractère religieux qu'il devait présenter : connaissant le culte dont les Égyptiens entouraient les morts, nous ne saurions supposer qu'on ait pu regarder comme renfermant des momies royales, un lieu que la religion n'aurait pas consacré.

Quant à la description elle-même de l'édifice, elle est rédigée en termes trop vagues pour nous permettre de le reconstituer par la pensée, mais elle ne contient aucun détail qui ne puisse convenir à un temple; les cours entourées de portiques se succédaient l'une à l'autre, et donnaient accès à une infinité de petites pièces dont le nombre a pu être exagéré, mais qui devaient, en tous cas, être nombreuses.

Si nous passons aux grands temples du nouvel empire dont nous pouvons étudier la disposition sur leurs ruines, nous y trouverons aussi quelques cours et quelques salles qui ont pu constituer une habitation royale, à côté du sanctuaire des dieux.

Jetons les yeux sur le plan de Karnak. Après la grande cour, la salle hypostyle, et les cours aux cariatides, nous voyons le sanctuaire de petite dimension, entouré de pièces plus petites encore, comme nous en retrouvons dans tous les temples, et auxquelles le voisinage même du sanctuaire assigne une destination religieuse. Mais derrière l'amas de constructions qu'elles forment s'étend une nouvelle cour, suivie d'une nouvelle salle hypostyle : sur le prolongement de son axe se voit un nouveau sanctuaire, mais l'irrégularité qui se remarque dans la distribution des pièces attenantes à droite et à gauche, la grandeur de quelques-unes d'entre elles qui sont ornées de colonnes, permettent de supposer avec vraisemblance qu'elles n'étaient pas des pièces de service pour la seconde chapelle, et que c'est avec raison qu'on a appelé cette partie des ruines le palais de Thoutmès III dont on voit le cartouche.

Des piédestaux sur lesquels s'élevaient sans doute des obélisques et des colosses précèdent la salle hypostyle, et rappellent la décoration usitée pour les temples proprement dits.

A Louqsor, nous retrouvons également derrière le sanctuaire du grand temple de grandes et vastes salles, décorées de colonnes et de peintures qui peuvent avoir servi d'habitation aux pharaons. Le nom que portent ces ruines, qui est une altération du mot arabe El-Koussor, qui signifie les palais, ne semble-t-il pas d'ailleurs indiquer que, d'après la tradition, ces constructions avaient une distinction autant civile que religieuse?

Du reste, les temples derrière lesquels se trouvent ces annexes ne se rencontrent qu'à Thèbes, c'est-à-dire dans une des capitales de l'Égypte, une des résidences de ces pharaons. Nous devrions en retrouver des traces dans les autres capitales de la monarchie; mais c'est à peine si nous y connaissons quelques ruines. Quant aux localités célèbres par le culte des divinités qui y étaient adorées et qui n'ont pas été honorées du titre de capitale, nous n'y voyons aucune de ces dépendances, quelle que soit l'importance du temple qui s'y élevait.

On pourrait m'objecter ici la destination de l'édifice bizarre de Médinet Abou, connu sous le nom de pavillon royal. Les sculptures qui garnissent les chambres encore debout semblent indiquer qu'il renfermait des appartements destinés à la vie privée : on y voyait, de plus, dans une salle du second étage, aujourd'hui renversée, des tableaux où le maître était représenté prenant un fruit de la main d'une femme, jouant à un jeu qui rappelle les échecs, ou rafraîchi par le jeu de grands éventails, que des esclaves agitent au-dessus de sa tête. Le nom de Ramsès III figurant sur le monument, on s'est peut-être trop hâté d'en conclure que c'était là son habitation, et de donner à l'édifice la désignation de pavillon royal. Les ornements curvilignes qui s'y remarquent ont motivé de notre part l'examen des différentes raisons qui nous font rejeter l'origine civile de cette construction. Nous les avons exposés à propos des caractères particuliers de l'architecture aux grandes époques de l'art en Égypte ; nous n'avons donc pas à y revenir ici. Cet édifice n'était, selon nous, qu'une entrée triomphale du grand temple qu'il précède, et destiné à rappeler par son aspect les succès militaires du règne de son fondateur. Que les salles contenues dans ce monument aient servi d'habitation, nous l'admettrons volontiers; mais nous sommes loin encore, ce point concédé, de nous trouver d'accord avec ceux qui veulent y voir les restes d'une demeure royale. Quelque avancé que soit l'état de destruction de ces ruines, une façade reste entière : se trouvant sur l'axe du grand temple auquel sa porte correspond, cette façade devait être la principale de l'édifice ; elle ne compte que trois fenêtres dans sa largeur ! Ce seraient là, il faut l'avouer, des dimensions bien mesquines pour le palais de l'un de ces Ramsès, si portés à construire et à donner à leurs monuments ces proportions prodigieuses qui confondent notre imagination. Ce pouvait être l'habitation des prêtres desservant le grand temple. Nous savons que souvent les desservants des édifices sacrés y avaient leur demeure.

Ainsi, du nouvel empire, il ne nous resterait que deux palais : Louqsor et Karnak ; peut-être conviendrait-il d'en ajouter un troisième, celui de Médinet-Abou, derrière le pavillon royal ; mais l'état de déblayement des ruines n'est pas assez avancé pour permettre de se prononcer sur la question : le sanctuaire est encore sous terre ; néanmoins le mur de la façade postérieure, dans sa partie dégagée, semble indiquer qu'il n'y a au delà aucune pièce pouvant servir d'habitation royale.

Si les chambres que nous avons parcourues constituaient les appartements réservés aux pharaons, il nous faut en conclure que leur vie se passait dans les cours et les salles hypostyles : les petites pièces obscures desservies par des couloirs longs et sombres ne pouvaient être occupées que par les gens de leur suite.

De l'époque grecque, nous ne possédons, en fait de palais, aucune ruine. Alexandrie, ayant hérité du titre de capitale, a dû voir s'élever dans son sein des constructions analogues à celles que ce même titre de capitale, au commencement du nouvel empire, a values à Thèbes. Strabon, qui a visité Alexandrie au temps de sa splendeur, la décrit dans les termes suivants :

« La ville d'Alexandrie renferme de superbes emplacements ou jardins publics, et des palais royaux qui occupent le quart ou même le tiers de son étendue, car chacun des rois, jaloux d'embellir à son tour de quelque nouvel ornement les édifices publics, ne l'était pas moins d'ajouter dans les palais royaux quelque construction à celles qui existaient déjà ; en sorte qu'on pourrait maintenant appliquer à ces palais les paroles du poëte : *Ils sortent les uns des autres.* En effet, tous ces édifices, situés sur le port, et même ceux qui s'étendent au delà, sont contigus entre eux.

« Le *muséum* fait partie du palais des rois, il renferme une promenade, un lieu garni de siéges et une grande salle, où les savants qui composent le muséum prennent en commun leurs repas.

« ... Le lieu nommé Sôma fait aussi partie du même palais : c'est une enceinte qui renferme les tombeaux des rois et celui d'Alexandre. » (Strabon, liv. XVII, ch. 1, trad. de Laporte du Theil.)

Cette dernière ligne confirme le passage d'Hérodote relatif à la sépulture des rois sous le labyrinthe, à une époque qu'il n'indique pas. C'est là un usage nouveau qui n'a dû s'établir en Égypte qu'après les grandes dynasties thébaines : l'étude des tombeaux nous a démontré que jusqu'à la vingtième dynastie inclusivement, l'hypogée royal était complétement séparé, non-seulement de toute habitation, mais encore du temple, chapelle funéraire, où se réunissaient les personnes attachées au défunt pour les sacrifices ordonnés par la loi religieuse. C'est sans doute sous l'influence grecque que s'établit l'usage en Égypte de rapprocher les tombes des habitations, et même de les confondre dans une même enceinte, comme nous le voyons ici.

Le palais d'Alexandrie se composait donc d'une agglomération de palais, dont plusieurs avaient reçu une destination différente : à côté du *musée* réservé aux savants, il convient de mentionner la bibliothèque ouverte à toutes les personnes avides de science. C'est là qu'étaient déposés les 700,000 manuscrits que consuma l'incendie allumé par César, assiégé dans le quartier de la ville qui les contenait, et qui furent plus tard remplacés par les 200,000 volumes formant la bibliothèque de Pergame, et offerts à Cléopâtre par Autoine. Cette seconde collection semble avoir été déposée au Sérapéum d'Alexandrie, formant une agglomération de temples consacrés aux diverses divinités qui se partageaient le culte des Alexandrins. La disposition de cette partie du Sérapéum rappelait sans doute la disposition de la portion du palais royal affectée au même usage; aussi n'est-il pas sans intérêt de rappeler les termes dont se sert le rhéteur Aphthonius pour la décrire, au troisième siècle de notre ère :

« Quand on entre dans la citadelle (le Sérapéum était placé sur une éminence), on trouve un emplacement borné par quatre côtés égaux : au milieu est une cour environnée de colonnes, et à cette cour succèdent des portiques. Au dedans des portiques, on a construit des cabinets; les uns, qui servent à renfermer des livres, sont ouverts à ceux qui veulent s'appliquer à l'étude de la philosophie, et offrent à toute la ville un moyen facile d'acquérir la sagesse; les autres ont été consacrés au culte des anciennes divinités. » (Aphthonius, *Progymnasmata*, trad. de Ampère.)

On ne peut lire ces lignes sans être frappé de l'analogie que présente avec la bibliothèque d'Alexandrie l'université actuelle du Caire, réputée dans tout l'Orient. Le « Gama-el-Azhar, la mosquée splendide, » commencée au dixième siècle de notre ère, se compose d'une grande cour entourée de colonnes; sur l'un de ses côtés se dresse un portique spécialement consacré à la prière, car l'édifice a toujours conservé le double caractère de maison d'enseignement et de lieu de prières. Les portiques latéraux ont été changés en cellules où se tiennent les étudiants : de vastes armoires renferment les manuscrits.

Le souvenir des anciennes constructions affectées à Memphis et à Alexandrie à cet usage, n'aurait-il pas inspiré les anciens architectes arabes? Nous pouvons le supposer avec d'autant plus de vraisemblance qu'à ces caractères de temple et de bibliothèque, communs aux anciens Sérapéums et à El-Azhar, se joint celui d'hôtellerie pour les pauvres. Nous savons qu'à Memphis, les pèlerins passaient la nuit dans les dépendances du temple : au Caire, les pauvres et les étrangers à la ville passent la nuit sous les portiques de la mosquée.

De ces différents renseignements nous ne pouvons tirer de conclusions précises : il nous semble du moins en résulter, sinon d'une manière irréfutable, du moins avec beaucoup de vraisemblance, que le caractère des habitations royales était aussi religieux que civil; que les temples et les palais présentaient entre eux de nombreux points de ressemblance, et que les uns comme les autres se composaient de cours, de portiques, de salles hypostyles et de petites chambres.

Rien n'était grand, aux yeux des Égyptiens, qui ne fût marqué d'une idée religieuse. Les pharaons étaient *les fils aînés des dieux*, et divinisés après leur mort : ne devaient-ils pas communiquer à tout ce qui les entourait quelque chose de cette grandeur auguste? leurs palais ne devaient-ils participer à la vénération dont ils étaient entourés, au respect et à la piété du peuple? Oui, sans aucun doute, et la connaissance du caractère égyptien peut nous fournir un argument nouveau. A défaut de preuves matérielles suffisantes, nous avons une preuve morale qui peut y suppléer : l'archéologie peut se tromper, mais la logique est infaillible.

CHAPITRE VIII

SCULPTURE ET PEINTURE

Sculpture

I

Le caractère le plus accentué de la statuaire égyptienne est la roideur. Elle résulte du rôle secondaire que la sculpture jouait dans l'architecture égyptienne, comme dans l'architecture de tous les peuples de la haute antiquité. L'architecture est un art concret, qui contient en lui les germes de la peinture et de la sculpture. Ces deux éléments de l'architecture ne s'en sont séparés qu'à la longue pour devenir des arts indépendants. Ils n'étaient dans le principe que des arts décoratifs. Ceci nous explique pourquoi les œuvres les plus anciennes de sculpture sont toujours dénuées de mouvement et de vie : destinées à orner un édifice, dont elles étaient une partie intégrante, elles devaient participer à son immobilité. Nous trouvons encore ici la raison des formes droites et carrées affectées par la sculpture égyptienne. Elle devait être en rapport avec le style architectural dont elle était le complément. Les statues devaient présenter dans leur ensemble des lignes droites, verticales et horizontales, comme les monuments. Le corps ne doit être incliné ni à droite ni à gauche; les bras ne doivent pas s'écarter du corps sur les côtés, pour que la largeur de la statue n'excède pas la ligne des épaules. La tête est droite; le cou roide; le personnage est le plus souvent représenté debout; s'il est assis, le buste et les jambes sont placés verticalement. L'usage de ne jamais sculpter une tunique pour les hommes, même sous les dynasties qui l'ont adoptée, de n'employer qu'une robe collante pour les femmes, accuse le dessin qu'a le sculpteur de ne pas vouloir cacher, par l'ampleur du vêtement, la ligne droite du corps.

En un mot, jamais en Égypte la sculpture ne s'est affranchie de l'architecture : elle ne s'y est jamais élevée à la hauteur d'un art indépendant. C'est donc au point de vue purement architectural que nous devons l'étudier. Nous trouverons peut-être alors sa roideur moins disgracieuse, parce qu'elle ne nous apparaîtra plus comme le résultat d'un manque d'habileté, mais comme un parti pris, parfaitement motivé.

Les statues les plus anciennes que nous connaissons remontent à la troisième dynastie. Elles proviennent d'un tombeau de Memphis et représentent un personnage du nom de Sépa et deux de ses fils. Elles ornent aujourd'hui les galeries du Louvre. Elles sont cataloguées A 36, 37, 38. Elles présentent une certaine rudesse qui montre, qu'à cette époque reculée, l'art était encore bien imparfait. Elles sont ornées d'un trait vert sous les yeux : c'est la seule couleur dont elles aient été jamais revêtues, ce qui semble indiquer que l'usage de peindre les statues en entier, que nous voyons universellement répandu à partir de la quatrième dynastie, n'était pas encore adopté.

Les statues que nous possédons de la quatrième à la sixième dynastie sont nombreuses. En les étudiant, on est frappé de la supériorité qu'elles offrent sur celles qui datent d'une époque postérieure. L'art, à ce moment, est à son apogée : il jouit d'une certaine liberté d'allures que la convention hiératique fera disparaître plus tard. Quelques échantillons sont même si loin de la roideur habituelle des statues égyptiennes, qu'un œil peu exercé pourrait se tromper sur leur origine. Quoique l'ensemble de la statue présente toujours des lignes droites, et que le corps ne soit jamais incliné ni à droite ni à gauche, quelques-unes d'entre elles ont une pose naturelle : la merveilleuse statue de bois de Ra-em-Ké (cinquième dynastie) le représente marchant, appuyé sur un long bâton. Plusieurs statuettes figurent des femmes agenouillées et pétrissant sur une pierre, placée devant elles, les pains sacrés destinés aux dieux. La tendance réaliste de l'art à cette époque se traduit par le naturel du modelé : les muscles sont indiqués presque avec exagération : les genoux et les jambes sont étudiés avec soin. Il suffit de jeter les yeux sur une de ces statues pour voir que l'artiste qui l'a sculptée a eu l'intention de copier la nature telle qu'elle était, de faire un véritable portrait. Quelques physionomies ont une expression saisissante. Le type auquel elles se rapportent se distingue par des caractères nettement tranchés du type adopté à partir du moyen empire. La race aurait-elle changé de la sixième à la onzième dynastie, sous l'influence des invasions qui ont pu avoir lieu entre deux? Non, sans doute, car si un mélange de sang étranger avait pu altérer la vieille race égyptienne, la population actuelle de la vallée du Nil serait loin de ressembler à celle des temps primitifs qui nous occupent : les invasions nombreuses qu'elle a subies depuis ne nous permettraient plus de retrouver en elle des points de ressemblance aussi frappants que ceux que nous remarquons entre les modèles vivants que nous avons sous les yeux et les modèles de pierre de nos musées. Nous verrons que cette différence dans le type provient de l'adoption d'un type unique, d'un canon de proportions au moyen empire : l'étude de la nature a été alors laissée pour un type de convention.

La race que nous représentent les statues de l'ancien empire est forte et légèrement trapue : le visage est large du bas; le nez un peu épais, les yeux grands, mais peu fendus, les membres sont peu déliés. Comme signe caractéristique de cette époque, nous devons citer la grosse perruque à échelons, dont l'utilité devait égaler, dans ces climats torrides, celle du turban employé par les Arabes. Elle garantissait la tête de l'ardeur des rayons solaires. La perruque est toujours peinte en noir : le reste du corps est badigeonné d'une teinte qui tient le milieu entre le rouge de la brique et le brun de l'acajou. Elle reproduit assez bien la couleur bronzée de la population indigène. Le globe de l'œil est peint en blanc, et contribue puissamment à donner de l'expression à la tête. Quant au costume, il a été le même presque à toutes les époques : les reins seuls sont couverts par un linge noué en avant et nommé schenti. La coiffure royale n'a également pas varié : elle est de deux sortes : le bandeau, dit claft et le spchent. Le bandeau, seul employé pour les sphinx, se dresse sur le front : les bouts sont disposés de manière à accompagner les deux côtés du visage, en passant derrière l'oreille. Ils présentent une certaine largeur, vus de face. — Le spchent est une sorte de tiare élevée dont le dessin ci-contre donnera une idée plus juste qu'une description minutieuse. (Voy. planche I, fig. 1 et 3.)

Toutes les statues appartenant à l'ancien empire représentent soit des rois, soit des personnages d'un rang plus ou moins élevé. Les premières se reconnaissent à un appendice carré, au bas du menton qui simule la barbe. Toutes proviennent de tombeaux. Le rôle qu'elles y jouaient, et dont nous nous sommes occupés dans le chapitre consacré aux sépultures, nous explique la multitude qui en fut faite. Aucune d'elles ne représente une divinité. Nous savons, en effet, que rien dans les tombes de l'ancien empire ne rappelait la religion, si ce n'est les peintures du sarcophage.

II

Il n'en est plus de même à partir du moyen empire : les statues déposées dans les tombes, dans la chambre dite *serdab*, ne sont plus cachées par un mur : elles ornent une niche ouverte. Elles deviennent moins nombreuses : une seule décore en général la tombe, tandis que les séries de dix à vingt se rencontrent fréquemment dans les tombes de l'ancien empire. Quoique les sujets religieux n'aient pas encore envahi les murailles qu'elles recouvriront à partir de la dix-huitième dynastie, l'idée de la Divinité n'est pas proscrite de l'ornementation de la chapelle : le défunt est souvent représenté à genoux, tenant devant lui un bas-relief représentant une divinité qu'il invoque. C'est donc à partir du moyen empire, que nous voyons pour la première fois la sculpture et la religion se rapprocher : cette alliance devait être funeste à l'art égyptien, car, loin de s'émanciper et de former de la statuaire une branche à part de l'art, il étouffe sous les règles hiératiques que les prêtres lui imposent.

A partir de ce moment disparaît des statues égyptiennes cette tendance au réalisme qui caractérise les productions de l'ancien empire. La nature ne sera plus servilement imitée, elle sera idéalisée, et le type admis comme reproduisant le mieux les beautés du corps humain sera sans cesse recopié. Dans ce type nouveau nous remarquons les mêmes caractères qui distinguent l'architecture à cette époque. La réforme introduite à la onzième et surtout à la douzième dynastie est de même nature dans les monuments et dans les statues. Le désir d'arriver à l'élégance, qui a substitué l'emploi de gracieux modèles de colonnes à celui de lourds piliers carrés, fait renoncer au type un peu trapu et épais reproduit par les statuaires de l'ancien empire, pour un type plus élancé et plus svelte. Le cou est allongé; les épaules élargies, la taille amincie, l'épaisseur des bras et des jambes diminuée, les yeux plus fendus. Sous l'ancien empire, on accentuait parfois outre mesure les muscles et les articulations; sous le moyen empire, on exagérera les défauts contraires. Le naturel a disparu : la convention l'a remplacé.

Tant que l'art a copié la nature, les modèles qu'il avait sous les yeux lui suffisaient : quand il l'a rejetée pour un idéal qu'il croyait plus parfait, il lui fallut un modèle de convention. Ce modèle tendant à se rapprocher de la perfection des formes, devait être invariable comme le beau absolu. Aussi, comme nous le dit Platon « les modèles étaient déposés dans le temple, et défense était faite aux artistes de s'en écarter jamais. »

L'adoption d'un modèle fixe, d'un *canon*, doit remonter aux premières dynasties. Le quadrillé rouge qui se voit sur un tombeau inachevé de Memphis semble en être la preuve; mais à cette époque reculée, les règles du canon avaient moins de précision : elles laissaient à l'artiste un peu de liberté. Ce n'est qu'à partir du moyen empire qu'elles deviennent de plus en plus étroites.

On appliquait ces règles sur des statues-modèles[1].

---

[1] Le Louvre en possède plusieurs.

On y traçait des lignes horizontales et verticales, se coupant à angle droit et formant un quadrillé. Le côté de chaque petit carré correspondait à l'unité de mesure. On a longtemps regardé ces lignes comme une *mise au carreau*. La mise au carreau est un procédé souvent suivi pour agrandir ou rapetisser un modèle que l'on copie : on trace sur la matière qui doit recevoir la copie des carrés en nombre égal à ceux que l'on a tracés sur l'original, mais d'une dimension proportionnelle à la grandeur de la reproduction. C'est un guide pour l'artiste. Cette méthode était-elle connue du peuple égyptien? Nous devons le supposer, car elle est élémentaire et n'avait pas dû échapper à la connaissance des habiles sculpteurs de la vallée du Nil. M. Ch. Blanc a le premier reconnu la véritable signification de ces lignes, qui sont des lignes de proportions.

Un passage de Diodore de Sicile l'a mis sur la trace de cette découverte. « Après avoir disposé et taillé leur pierre, les Égyptiens, dit le vieil auteur grec, exécutent leur ouvrage, de manière que toutes les parties s'adaptent les unes aux autres dans les moindres détails. C'est pourquoi ils divisent le corps humain en vingt et une parties et un quart, et ils règlent là-dessus toute la symétrie de l'œuvre. » L'indication de Diodore était erronée : la présence d'une fraction semble l'indiquer : du reste, en expérimentant cette manière de mesurer, on ne rencontre pas justement les points de section marqués par la nature elle-même, c'est-à-dire les articulations. — L'erreur de Diodore provient de ce que le canon qu'il a mesuré représentait un roi couronné du spchent : la coiffure royale dont il aurait dû défalquer la hauteur, compte, en effet, pour deux mesures et un quart, comme on a pu le vérifier sur les statues qui en sont surmontées. Il reste dix-neuf mesures, ce qui est la véritable dimension adoptée par les statuaires égyptiens. Ce chiffre de dix-neuf correspond au nombre des carrés des canons. Il restait à constater quelle était la partie du corps qui avait donné cette mesure, et qui correspondait à la dix-neuvième partie de la hauteur totale du corps. M. Blanc a remarqué que, sur les figures quadrillées, dans la position hiératique, debout, les bras pendants, et les doigts allongés, le médius se trouvait exactement compris entre deux lignes : le médius correspondait donc à l'unité de mesure. (Voir planche VIII.)

Cette unité de mesure avait l'avantage d'être invariable pour tous les âges de l'homme. Les autres membres varient avec le nombre des années dans leur rapport avec la hauteur du corps : le front se redresse dans l'âge mûr et s'affaisse dans la vieillesse. De tous les os de l'homme, ceux de la main sont les seuls qui croissent toujours dans la même proportion, de sorte que depuis l'enfance jusqu'à la virilité, la main garde constamment le même rapport de longueur avec l'ensemble du corps.

Après avoir trouvé dans le médius la clef des proportions de l'homme, M. Blanc fut conduit par analogie à chercher dans ses phalanges les petites mesures, celles de la face par exemple : c'est l'index qui les contient, sauf pourtant pour la distance qui sépare le nez de l'oreille, que mesure la longueur du médius. On pourrait peut-être déduire de cette série de remarques le rôle des doigts de pierre que contiennent tous les musées égyptiens. Tantôt le médius est seul, tantôt il est joint à l'index. Les articulations sont marquées par des traits. Ces doigts ne seraient-ils pas une ancienne mesure de statuaire? (Voy. Ch. Blanc, *Grammaire des arts du dessin*).

Sous le moyen empire, la physionomie particulière à chaque personnage est de moins en moins marquée. Les figures cessent d'être vivantes ; ce n'est pas en les extrayant des tombeaux qui les recèlent que les ouvriers pourraient les baptiser, comme cela a lieu pour celles de l'ancien empire, du nom de certains fonctionnaires de notre époque. Elles ne devaient offrir qu'une vague ressemblance avec les personnages dont elles rappelaient les traits, uniquement les traits. Les figures sont calmes et reposées, leur sérénité leur donne un air de majesté qui leur ôte tout caractère humain. Elles sont impassibles comme des figures divines.

Cette absence de toute expression avait sous l'ancien empire été mise en pratique par les artistes appelés à l'honneur de sculpter les statues des pharaons. La majesté royale, dont les Égyptiens avaient une si haute idée qu'ils l'identifièrent plus tard avec la majesté divine, tendait de sa nature à écarter toute expression de sentiments humains. Quand on voulut, sous le moyen empire, imiter un type idéal et se rapprocher du beau absolu, on négligea encore comme trop humain et trop réaliste l'expression particulière à chacun.

La roideur des statues qui augmente à cette époque, par l'adoption de poses de plus en plus droites et par le rapprochement des bras du corps, jointe à la sérénité uniforme des figures, donne à toutes les têtes de cette époque une ressemblance sous laquelle il faut un œil plus exercé que le nôtre pour saisir les individualités. Quand une race présente un type nettement accentué, les caractères communs dominent dans la physionomie des individus appartenant à cette race ; les étrangers ont peine à saisir les nuances particulières à chacune d'elles. Pour nos yeux européens, tous les nègres se ressemblent ; nous ne saurions dire, à la seule inspection de leurs traits, s'ils appartiennent à une tribu du Sénégal, du Dahomey ou de l'intérieur de l'Afrique. Réciproquement, pour les noirs tous les blancs se ressemblent. Nous pouvons donc être assurés, malgré la ressemblance apparente des statues égyptiennes, qu'elles ont continué à être des portraits comme sous l'ancien empire.

Le costume a subi, sous le moyen empire, quelques modifications qui peuvent dans certains cas, sinon aider à préciser l'époque à laquelle remontent les statues, du moins empêcher de leur donner une antiquité trop reculée. Les costumes généralement employés, à partir de cette époque, l'ont été jusqu'à la fin du nouvel empire, ils n'indiquent donc pas une date précise, mais, n'ayant pas été adoptés sous l'ancien empire, les personnages qui en sont revêtus, dans leurs statues ne peuvent avoir vécu à cette époque. La perruque ronde à échelons a disparu, elle est remplacée par une perruque plus longue, garnissant le cou et retombant sur le devant des épaules; elle se compose de fines tresses alignées avec soin l'une à côté de l'autre. Quant à la schenti, elle est souvent allongée et élargie au point de dégénérer en jupon. Son ampleur permet d'en disposer les plis en avant, tous sont réunis en faisceau à la ceinture et donnent à la partie antérieure de la jupe l'aspect d'un tablier.

Nous n'avons que peu de détails à donner sur les œuvres qui remontent à la fin du moyen empire, aux pasteurs. Nous n'en possédons qu'un petit nombre auxquelles nous pouvons attribuer avec certitude cette origine étrangère. Elles proviennent de Iau, la capitale des Hycsos, la plus remarquable est « un groupe de deux personnages debout sur un socle commun. D'énormes perruques disposées en tresses épaisses leur couvrent la tête. Leurs traits sont durs, accusés, et offrent une grande ressemblance avec ceux des sphinx à crinière de lion. La lèvre supérieure est rasée, mais les joues et le menton sont ornés d'une longue barbe ondulée, chacun d'eux soutient sur les mains étendues des groupes ingénieusement arrangés d'oiseaux aquatiques et de poissons mêlés à des fleurs de baschnin. » (Catalogue du musée de Boulaq.)

Les sphinx à crinière de lion, dont il est question dans cette citation, étaient des portraits royaux, les cartouches qui les accompagnent ne peuvent laisser aucun doute à cet égard. M. Mariette a retrouvé parmi les tribus de pêcheurs qui habitent les bords du lac Menzaleh (isthme de Suez) des types analogues à ceux que nous présentent ces statues, les pommettes sont saillantes, la bouche grande et dédaigneuse, les traits anguleux. Les membres de ces tribus sont fiers dans leur misère, ils se disent de race royale. Peut-être sont-ils les descendants de ces terribles Hycsos qui, après leur défaite, repoussés vers l'Est, se seront établis dans le pays marécageux compris entre la Méditerranée et les lacs salés.

III

Nous savons que le chef de la dix-huitième dynastie, Amasis, expulsa les pasteurs; avec lui disparaît l'art particulier de leur époque, avec lui recommencent les traditions, un moment interrompues, du grand art égyptien. Le nouvel empire est l'époque la plus brillante de l'histoire de l'antique monarchie égyptienne. La gloire des armes et l'éclat des arts signalent les dix-huitième, dix-neuvième et vingtième dynasties. A cette époque les monuments revêtent un caractère de grandeur inaccoutumée. La pureté des lignes et la sobriété des ornements contribuent à faire ressortir encore leurs dimensions colossales. La même ampleur se remarque dans le style des statues de cette époque; ce n'est plus le type étriqué, étiré en longueur, du moyen empire, ce n'est plus le type un peu trapu et lourd de l'ancien empire; c'est un type qui tient le milieu entre eux deux. Les profils sont d'une grande pureté, la bouche est souriante, les jambes ne sont plus nerveuses comme aux dynasties précédentes, elles sont trop rondes. Mais tandis qu'aux époques antérieures, l'art se soutenait au même niveau, il nous présente sous le nouvel empire de grandes inégalités qui sont un signe de décadence. Si les statues royales et divines sont traitées avec un art réel, les monuments consacrés par les particuliers nous montrent un ciseau mal assuré.

C'est avec raison que j'ai dit les monuments et non pas les statues dus à des particuliers. Je me bornerai à rappeler simplement ici que, sous le nouvel empire, l'usage de placer des statues dans les tombeaux a disparu; on en garnit les salles des temples, mais les divinités et les rois ont seuls le droit d'y voir leurs images; ce n'est qu'à titre exceptionnel que cet honneur était accordé à de hauts fonctionnaires.

Les costumes de cette époque sont parfois efféminés et laissent deviner que les expéditions faites en Asie ont réagi sur les mœurs sévères de l'Égypte. La longue schenti du moyen empire est souvent accompagnée d'un corsage aux larges manches. L'étoffe est légère et transparente comme de la mousseline. Les perruques deviennent de plus en plus ouvragées, mais elles sont souvent remplacées par les coiffures symboliques en forme de mitre et de tiare. Ces coiffures semblent s'adapter sur le crâne nu et laissent supposer exact le renseignement que nous donne Hérodote sur l'usage où étaient les Égyptiens de se raser la tête.

IV

Les statues sont généralement de grande taille; souvent elles sont colossales. Sous les Saïtes, dont le règne aurait été compris dans l'époque grecque, si on s'était attaché pour la division des dynasties en groupes, aux caractères de l'art et non à l'origine des familles régnantes, l'art abandonne pour n'y plus revenir les grandes proportions. Quoiqu'il se ressente de l'influence grecque qui est chaque jour de plus en plus marquée, il reste égyptien, il conserve le type primitivement adopté et les règles hiératiques, mais par le soin qu'il donne au modelé des chairs, il imprime à toutes ses productions une grâce qui lui est particulière. Il serait difficile de dire en quoi consiste cette élégance, elle échappe à l'analyse, mais elle ne peut échapper aux yeux. Cette grâce dans l'exécution s'allie à la raideur du style, elle en est en quelque sorte indépendante et semble inhérente au coup de ciseau du sculpteur. Dans la sérénité des traits, il y a plus que cet air d'immuable impassibilité qui figure le repos éternel dans les statues des époques antérieures, on sent que la vie n'y est pas éteinte ; on y devine une âme véritablement humaine, agissante et vivifiante.

Sous les Saïtes, la statuaire a fait un progrès immense ; elle a fait un pas vers son émancipation. La vie de ses productions tend à la séparer de l'architecture qui est un art inanimé, et qui doit repousser dans tous ces éléments toute tendance au mouvement qui contrasterait avec l'immobilité de sa nature. La statuaire ne pourra constituer un art dans l'acception ample de ce mot, que lorsque dégagée de toute préoccupation architecturale, elle produira des œuvres qui se suffiront à elles seules. Pour être une œuvre d'art, une statue doit être une statue, c'est-a-dire un bloc de pierre façonné de telle sorte qu'il puisse être considéré en lui-même, abstraction faite de tout ce qui l'entoure.

Sous les Saïtes, la statuaire n'arrivera pas à se dégager ainsi complétement des étreintes de l'architecture, mais elle fera dans ce sens un effort dont il faut lui tenir compte.

La simplicité dans l'ajustement du costume était commandée par le goût exquis des Grecs. Ne pouvant disposer de vêtements à leur guise, ni modifier l'arrangement rectiligne des plis, ils ont rejeté la longue robe pour ne dessiner que le nu du corps. Ils ont abandonné la perruque ornée de tresses pour une coiffure plus simple; une pièce d'étoffe enveloppe les cheveux en entier, et les bouts retombent derrière les épaules, l'ensemble rappelle le claft royal.

Quoique en Égypte l'art sous les Saïtes, s'identifie avec l'art sous les Ptolémées, au point de vue de ses caractères, il atteint rarement sous ceux-ci le degré de perfection auquel il était arrivé sous ceux-là. C'est donc sous l'école saïte que se trouve le point culminant de l'art en Égypte. A partir de ce moment, il décroît lentement, il perd de sa vigueur ; les formes sont moins nettes, les détails moins étudiés, on sent un peu de négligence dans l'exécution. Malgré ces imperfections, l'art ptolmoïque tient encore un rang élevé.

Il ne saurait être ici question que de la branche indigène de l'art, à cette époque qui nous présente, comme la figure de Janus, deux faces différentes, l'une égyptienne et l'autre grecque. Les Ptolémées ont en effet attiré auprès d'eux de nombreux artistes grecs ; leurs œuvres ou celles de leurs disciples ont contribué à la décoration des monuments publics. Une série de statues, représentant les philosophes de la Grèce, dessinaient un hémicycle près du sérapéum de Memphis, à l'extrémité de l'avenue de lions qui remplaçait l'antique avenue de sphinx. La position hiératique a été complétement abandonnée, l'animal a les pattes croisées l'une sur l'autre, il est un peu couché sur le flanc et relève sa tête sur l'épaule, c'est le modèle des lions de bronze de l'Institut. L'art grec s'y montre pur ; quant à l'autre branche, la branche égyptienne, la seule qui doit nous occuper, on sent qu'elle n'a plus assez de vitalité pour résister à l'absorption dont elle est menacée.

Son originalité a été atteinte, non pas en apparence, mais dans ses éléments les plus intimes. Dans le corps égyptien on ne sent plus circuler le sang épais de la race indigène, mais le sang lymphatique des Grecs. La dégénérescence qui n'est pas encore visible est toute préparée; que les Romains s'établissent sur ce sol, le vieux temple égyptien qui a étendu sa domination de la Mésopotamie à l'Éthiopie n'aura plus l'énergie de les repousser ; que l'art romain débarque avec les légions dans le Delta, et le vieil art égyptien qui a su s'imposer à la domination de ses vainqueurs, qu'ils fussent les rois pasteurs ou les rois du Soudan, ne saura résister. Après les Ptolémées, l'Égypte n'existera plus ni comme état politique, ni comme école des arts.

Peinture

Comme la statuaire, la peinture n'a jamais été en Égypte qu'un art secondaire, un complément de l'art architectural. Nous avons indiqué, à propos des caractères particuliers des monuments aux grandes époques de l'art, la marche progressive de l'usage de la couleur comme décoration. Nous ne l'avons vue employée, sous l'ancien empire, que pour les édifices qui affectaient, comme le sphinx gigantesque de Gizeh, la forme d'une statue, tandis que sous le moyen empire, elle décore les plafonds et les colonnes des tombeaux; sous le nouvel empire et sous l'époque grecque, elle recouvre en entier les façades extérieures. Mais ces couches de badigeon d'une teinte tantôt unie, tantôt de nuances variées, habilement combinées entre elles pour produire un heureux effet, ne constituent pas ce que nous appelons la peinture égyptienne. Sous cette dénomination, nous ne comprenons pas la peinture décorative, mais uniquement la peinture *représentative*.

La peinture et la sculpture sont deux arts qui ont trop de rapports ensemble pour ne pas présenter, chez le même peuple, des caractères communs. L'un et l'autre ont pour but la reproduction inanimée d'images vivantes. Le même système d'interprétation de la nature sera appliqué par le peintre et par le sculpteur.

C'est ainsi que la plupart des observations que nous avons faites à propos des types adoptés par les statuaires des trois grandes périodes de l'art en Égypte, pourraient trouver leur place ici. Nous n'y reviendrons pas.

Ce que nous avons dit du canon des proportions du corps humain peut également s'appliquer ici. Les peintres employaient la même méthode que les sculpteurs, comme le prouve le quadrillé rouge tracé sur la paroi d'un tombeau inachevé de l'ancien empire, rapporté par M. Lepsius, de Memphis à Berlin. Ces traits servaient de guide au dessinateur, pour la longueur à donner à chaque membre.

Toutefois la roideur particulière aux statues égyptiennes ne se retrouve pas systématiquement appliquée aux peintures. Les corps y affectent des poses infiniment variées ; ceci tient de la différence même du rôle que ces deux arts jouent dans l'architecture. Les statues par leur relief attiraient le regard, leurs contours devaient s'harmoniser avec les lignes des monuments qu'elles ornaient. Les peintures, au contraire, ne décoraient que des panneaux, l'œil embrassait leur ensemble sans se fixer sur les figures particulières qu'elles représentaient. Il suffisait pour produire cette harmonie des lignes, si appréciée des Égyptiens, que leur encadrement fût droit.

Malgré les nombreux rapports qui existent entre la peinture et la sculpture, celle-ci a eu dans la haute antiquité un avantage marqué sur l'autre, celui de la simplicité.

La matière sur laquelle le sculpteur travaille, a une épaisseur qui lui permet de rendre en relief les saillies du corps. Les plans sont réellement distancés les uns des autres. Le fond sur lequel le peintre met de la couleur ne lui présente, au contraire, qu'une surface ; les saillies qu'il voudra indiquer ne seront que simulées ; les plans qu'il voudra tracer ne seront que figurés. Pour arriver à ce résultat, le peintre a besoin de recourir aux ombres et de connaître les lois de la perspective. Ce sont là deux genres de notions dont le peuple égyptien ne semble pas même avoir soupçonné l'existence. Qu'est-ce qu'une nuance par rapport à la couleur à laquelle elle se rattache? Une nuance est une augmentation ou une diminution d'intensité de la couleur primitive, produite par une augmentation ou une diminution de lumière. La théorie des nuances se rattache donc à la théorie de l'ombre. Mais l'ombre elle-même varie d'intensité et de forme avec l'éloignement des plans sur lesquels elle se projette, et les angles qu'ils forment entre eux, et par ce point, la théorie de l'ombre se rattache à la théorie de la perspective. Nous ne devons pas être surpris de voir ces notions inconnues aux Égyptiens; elles ne pouvaient résulter que d'observations attentives, et nous avons déjà eu mainte fois l'occasion de remarquer que le peuple égyptien n'était pas observateur.

Dans ces conditions, la peinture devait rester à l'état rudimentaire. Le peintre devait se borner à tracer des contours qu'il remplissait d'une teinte plate. Dans l'impossibilité où il se trouvait de représenter une figure de face, de faire un raccourci, il traçait toujours ses personnages de profil, quant à la figure et quant aux pieds. La position du torse ne se trouvait pas, le plus souvent, en rapport avec celle des extrémités. Était-ce là un défaut? Assurément, car c'était le résultat d'un manque d'habileté, mais ce défaut ne devait pas paraître aux Égyptiens aussi grave qu'à nous-mêmes. Les peintures, pour eux, étaient moins des tableaux que des pages d'un livre. Le but qu'ils se proposaient était de conserver le souvenir de certains faits : ce but était atteint, dès que la vue de ces peintures éveillait dans l'esprit de la personne qui les regardait, l'idée même de ces faits. La même idée pouvait donc s'exprimer toutes les fois qu'elle revenait dans la même scène, par la même figure, de même que dans notre écriture nous répétons la même lettre toutes les fois que nous voulons reproduire le même son. L'emploi des figures et des signes correspondant à certaines idées n'avait donc pas besoin de varier, c'était un alphabet dessiné plus facile à déchiffrer que tous les autres.

Ceci nous explique la répétition multipliée des mêmes signes, et les longues séries de figures semblables les unes aux autres, qui donnent parfois aux peintures de l'ancien et du nouvel empire un caractère de régularité étrange ; elles devaient être lues et non pas contemplées. C'est la raison pour laquelle ce système de peinture a continué à être en vigueur en Égypte, sous les Ptolémées, alors que les connaissances grecques s'étaient fait jour en Égypte. On sait que Ptolémée Soter fit venir Apelles à Alexandrie. Ptolémée Philadelphe obtenait d'Aratus plusieurs tableaux célèbres de l'école de Sicyone. Ce fut enfin un des rois de sa famille qui y apporta l'Hyacinthe de Nicias, célébré par Martial, et rapporté d'Alexandrie par Auguste. (Voy. Ampère, *Voyage en Égypte et en Nubie*, p. 78.) Mais ces chefs-d'œuvre n'étaient sans doute pas appréciés du peuple égyptien, pour lequel un tableau ne devait être qu'un *rébus* facile à comprendre.

Sous l'ancien, comme sous le moyen empire, les tableaux représentent des scènes de la vie privée, surtout de la vie champêtre. On y passe en revue toutes les occupations et toutes les richesses du défunt. On pourrait y trouver le sujet d'innombrables peintures.

Comme pour en multiplier le nombre, les parois des tombeaux étaient divisées horizontalement en bandes, parfois au nombre d'une dizaine dites registres. Il y avait donc superposition de tableaux. Les dimensions des personnages étaient toujours de beaucoup inférieures à celles de la nature.

Jusqu'au nouvel empire, les peintures ne forment qu'une classe, elles ne traitent que de sujets tirés de la vie ordinaire des hommes. A partir du nouvel empire, elles comprennent deux catégories, celles des tombeaux qui sont religieuses et celles des temples qui sont le plus souvent historiques.

Nous ne reviendrons pas sur les détails qui figurent au chapitre des tombeaux, sur les représentations funèbres qui décorent toutes les parois des hypogées de cette époque. Toutes sont tirées du rituel ; leur caractère religieux devait les soumettre à des règles hiératiques que le peintre ne pouvait rejeter. Ce n'est plus seulement la pose des personnages qui lui est imposée par les prêtres, il doit se conformer, pour la coiffure qui couvrira la tête de chaque divinité, comme pour la couleur qu'il emploiera, à des règles fixes. Coiffures et couleurs variaient avec les trois formes différentes, sous lesquelles les divinités étaient représentées. Tantôt on les figurait sous la forme humaine pure, avec les attributs spéciaux au dieu ; tantôt sous un corps humain, avec la tête de l'animal spécialement consacré à ce dieu ; tantôt sous la forme complète de cet animal. Champollion-Figeac a publié la liste de ces coiffures et de ces attributs. (*Égypte ancienne*, collection de l'*Univers pittoresque*, p. 256.)

J'en cite quelques-uns :

Dieux de forme humaine pure.

Deux longues plumes droites, le nu peint en bleu ; Ammon, le créateur du monde.

Deux cornes de bouc, coiffure blanche, visage vert, deux serpents uræus dressés sur les cornes, un disque au milieu et deux plumes droites surmontant le tout, Souk (Cronos, Saturne).

La mitre flanquée de deux appendices recourbés par le haut, le fléau et le crochet dans les mains, le corps en gaîne, Osiris (roi de l'Amenthe, l'enfer égyptien).

Divinités de forme humaine à tête d'animal.

Tête de bélier, bleue, surmontée du disque et de deux plumes, Ammon.

Tête d'épervier ornée du croissant lunaire, un disque au milieu, Pooh hieracocéphale.

Tête d'ibis; deux cornes longues, deux uræus, la mitre du pschent très-ornée, Thoth.

Divinités de forme animale.

Scarabée à tête de bélier ornée du disque et de deux agathodémons sur ses cornes auxquelles deux croix ansées sont appendues, Chnouphis-Nilus.

Vautour coiffé de la mitre du pschent, ornée, et portant une palme dans chacune de ses serres, Neith.

Épervier, le disque rouge sur la tête, avec deux uræus, une palme et une croix ansée, Thoth trismégiste.

La croix ansée (ou T surmonté d'un anneau), qui revient si souvent est le symbole de la vie divine. Il figure souvent dans la main des rois. La plume est l'emblème de la justice. — On voit par ces exemples combien le symbolisme était un ennemi redoutable pour l'art. Ces peintures funéraires, de même que les peintures religieuses qui garnissent les parois et les colonnes de certaines pièces des temples, sous le nouvel empire ne doivent être indiquées, dans un aperçu sur la peinture égyptienne, que pour rendre le travail complet. Ce n'est point sur les innombrables tableaux de cette sorte que nous connaissons, que nous devons baser nos appréciations sur le mérite des peintres égyptiens. Nous devons pour cela étudier avec soin les tableaux historiques qui se déroulent dans plusieurs palais, le long d'immenses murailles qui semblent n'avoir été construites que pour les recevoir. Ce sont des peintures en quelque sorte officielles, exécutées par l'ordre des pharaons désireux de transmettre à la postérité le souvenir des événements importants de leur règne. Selon toute vraisemblance, le soin de peindre ces scènes n'a pas été confié sans discernement aux peintres qui les ont tracés : ils devaient être réputés habiles à manier le pinceau.

Un grand nombre de personnages figurent dans les tableaux dont plusieurs représentent une bataille. Malgré les difficultés que présentait l'absence d'un second et d'un troisième plan nettement indiqués, pour grouper ses combattants; malgré l'obligation où il se trouvait de tracer toutes les têtes de profil, l'artiste a su donner à ses compositions un mouvement que la gaucherie des attitudes ne détruit qu'en partie. Les poses sont variées et naturelles, quoique la tête et les pieds ne s'accordent jamais avec la position du torse; mais l'œil ne s'arrête pas à ce détail : il corrige facilement l'inhabileté du peintre, et c'est ainsi rectifié que le tableau se présente à nos yeux, ou plutôt à notre imagination. L'ensemble de la composition présente un grand caractère de hardiesse, l'artiste ne semble pas avoir soupçonné toutes les difficultés de son entreprise, ou du moins, s'il s'en est rendu compte, il passe outre sans hésiter : il agit avec son pinceau comme ces vieux guerriers qui, ignorant les principes les plus élémentaires de la tactique, savent remporter la victoire par les coups dont ils frappent de tous côtés l'ennemi, et que nous qualifions familièrement de sabreurs. Le peintre sous le nouvel empire va toujours de l'avant : il dessine, dessine jusqu'au bout de son tableau, il enchevêtre ses personnages les uns dans les autres, mais au milieu de la confusion qui en résulte, il trace son sujet et lui donne tout le développement qu'il comporte. Il rapporte tout au personnage principal du tableau dont la taille est calculée sur la dignité ; il donne aux rois la stature d'un géant, comparée à celle de leurs généraux et de leurs soldats : il a fait ce que l'on a ingénieusement proposé d'appeler de la perspective morale. Cette franchise d'allures, si contraire aux habitudes du véritable artiste, communique au tableau tout entier une certaine animation qu'aurait étouffée une composition plus étudiée.

A ce point de vue les tableaux historiques qui nous

sont connus, ceux de Médinet Abou entre autres, sont des œuvres remarquables. Nous sentons dans le peintre qui les a tracés une imagination d'artiste que l'ignorance de certaines notions sur la perspective et le modelé a seule empêché de se développer. Dans toute œuvre artistique, une apparence de vie, qu'elle se traduise par l'expression d'un sentiment ou le naturel d'une pose, est une qualité réelle. Mais dans l'art égyptien, si froid et si compassé, cette qualité, quand elle se rencontre, semble plus précieuse qu'ailleurs. Nous n'avons pas eu occasion de la remarquer dans les peintures antérieures au nouvel empire : elle nous apparaît pour la première fois sous les grandes dynasties thébaines : elle méritait d'attirer notre attention.

Elle ne devait malheureusement pas persister longtemps. La peinture en Égypte n'était pas née viable ; elle ne pouvait se développer dans l'ignorance du modelé et de la perspective. Les efforts qu'elle a faits un moment pour se débarrasser de ses langes ne pouvaient amener de résultat durable ; aussi, à l'époque grecque, lorsque la sculpture, à l'exception de l'une de ses branches, le bas-relief, continue à fleurir, la peinture tombe promptement en décadence. Elle a été en quelque sorte entraînée sur cette voie par l'architecture : les monuments ptolémaïques, nous l'avons dit plus haut, sont encore égyptiens par le style, mais plus par les proportions. Leurs dimensions qui tendent à diminuer de plus en plus, proscrivent les longues séries de tableaux historiques, les seuls dont les sujets pouvaient inspirer le talent des artistes. Les représentations mythologiques et religieuses, si contraires à l'art, par suite du respect que le peintre devait avoir pour des formes et même pour des couleurs établies par des règles sacrées, couvrent les murs et les colonnes des temples. Le culte d'Isis les inspire en grand nombre. La pensée d'Isis, la sœur d'Osiris, se retrouve même dans les nombreuses figures astronomiques qui ornent les plafonds. Son âme était placée dans l'étoile de Sirius qui, sous le nom de Sothis, jouait un très-grand rôle dans le calendrier et l'astronomie mythiques des Égyptiens. Sur un fond bleu, parsemé d'étoiles, simulant l'éther, on distingue le soleil monté dans une barque qu'il dirige au milieu de groupes symboliques représentant les douze signes du zodiaque et parfois les différentes heures du jour.

L'une de ces représentations astronomiques, connues sous le nom de zodiaque de Denderah, a rendu célèbre le temple qu'elle décorait. L'importance que l'on attacha à sa découverte n'était pas fondée ; on la faisait remonter aux plus vieilles dynasties égyptiennes : quand Champollion put déchiffrer le cartouche royal qui indiquait sa date, on apprit avec étonnement qu'elle ne remontait qu'au règne de Tibère.

C'est que la gaucherie des peintures du temple

et la rudesse de ces bas-reliefs coloriés, avaient fait supposer qu'elle devait appartenir à une époque où l'art n'était pas encore définitivement constitué. L'erreur était facile : la peinture à cette époque était en décadence, et rien ne ressemble plus à l'enfance d'un art que sa dégénérescence.

Les Égyptiens ont d'ailleurs fort bien compris l'infériorité de leur peinture. Ils ont appelé la sculpture à son aide, demandant au ciseau d'indiquer le modelé que le pinceau était impuissant à rendre. Un tableau pourrait donc s'appeler aussi bien un bas-relief.

Le tableau sculpté, on le peignait. Si la pierre était d'un grain fin, on appliquait la couleur immédiatement sur elle, si elle était d'une nature rebelle au ciseau, comme le grès, ou trop friable comme le calcaire des environs de Thèbes, on le recouvrait d'une couche de stuc où il était facile de tracer des contours avec une grande netteté.

L'enduit posé, le sculpteur se mettait à l'œuvre. Une chambre inachevée du tombeau de Ramsès II (Sésostris) nous montre la marche de son travail. Il traçait à la légère, au trait rouge, les sujets qu'il devait représenter. Cette esquisse ne semble avoir pour but que de se rendre bien compte de l'espace qu'occupera chaque tableau. Chaque objet est retouché : sa forme est définitivement arrêtée au trait noir; elle est presque toujours dessinée avec une grande assurance de main, qui indique chez l'ouvrier une longue habitude du travail. Le stuc est enlevé sur les contours des figures pour leur donner du relief. Il ne reste plus qu'à apposer la couleur.

La composition du stuc a varié. Tantôt il est poli et froid au toucher comme du marbre; sa couleur terne se ravive avec un peu d'eau qui fait l'office de vernis, comme à Beni-Hassan. Tantôt son aspect est mat; tantôt enfin, comme dans les tombes de Kournah-Muraye, notamment celle portant le numéro 35, que lui a donné Wilkinson, l'enduit est simplement formé de terre et de paille hachée. Il est inutile d'ajouter que sur une matière aussi friable, les tableaux sont simplement peints.

Dans les bas-reliefs de dimensions ordinaires, la saillie ménagée par le sculpteur est peu accentuée. Dans les bas-reliefs qui recouvraient des murailles entières, et qui devaient se voir à une certaine distance, le relief a plus d'épaisseur. A l'époque grecque, on rencontre des bas-reliefs en ronde bosse. Mais, à toutes les époques, on a employé pour les sculptures extérieures, un relief ménagé dans l'épaisseur de la pierre, ne faisant pas saillie sur le nu du mur.

Les rapports si intimes qui lient les bas-reliefs aux tableaux en Égypte, empêchent de les séparer les uns des autres dans les appréciations que je puis en faire. Les bas-reliefs se rattachent donc beaucoup plus en

Égypte à la peinture qu'à la sculpture. Ils peuvent néanmoins être considérés comme un trait d'union entre elles deux.

En nous montrant le lien qui rapproche l'une de l'autre ces deux parties de l'art, ils nous laissent supposer que les autres branches ne demeurent pas isolées, et nous mettent sur la voie de cette grande vérité, qu'à l'origine tous les arts n'étaient pas divisés, mais qu'ils rentraient l'un dans l'autre; qu'ils ne sont que des rayons échappés d'un même centre dans des directions différentes et que leur point de départ commun est le beau absolu.

CHAPITRE IX

RAPPORTS DE L'ARCHITECTURE GRECQUE

AVEC L'ARCHITECTURE ÉGYPTIENNE

Peu de civilisations sont originales. L'imitation est dans la nature de l'homme : son génie accepte plus volontiers l'œuvre d'un autre qu'il n'en crée une nouvelle. Toutefois il s'approprie cette œuvre d'emprunt par les modifications qu'il y apporte, pour la mettre en rapport avec ses goûts et ses besoins. Il y travaille d'une manière incessante : il la recouvre de ses propres productions ; aussi, un espace de quelques siècles suffit souvent pour dérober à des yeux peu investigateurs, l'œuvre primitive. Le canevas a disparu sous la broderie.

C'est ainsi que l'art grec qui est arrivé par le sentiment de la grâce et de l'harmonie, à réaliser le plus beau type d'architecture, ne rappelle plus le vieil art égyptien qui l'a inspiré. Il semble être un produit naturel de cette terre classique, tant il est approprié à la nature du pays et au caractère de ses anciens habitants. C'est pourtant des lourds piliers des monuments pharaoniques qu'il a su tirer ses colonnes élégantes et légères; c'est des temples d'Ammon qu'il a tiré le plan des temples de ses déesses; c'est enfin des statues rigides qui les décoraient, qu'il a tiré les têtes admirables qu'il nous a laissées. Mais aussi il n'a fait que germer sur le sol stérile du désert; transplanté dans la terre fertile de Grèce, il devait s'y développer et s'y épanouir dans tout son éclat. Sur cette terre privilégiée, la graine de l'églantier devait produire des roses.

Toutefois le vieil art égyptien, renfermé en lui-même et ennemi de toute innovation étrangère, ne put contempler sans admiration le jeune art grec. Il l'imita, autant qu'il le put, sans altérer sa vieille physionomie. A la fin du nouvel empire, à partir des Saïtes (vingt-sixième dynastie), les monuments se ressentent de l'influence grecque. La Grèce rend alors à l'Égypte le présent qu'elle a reçu d'elle: elle a reçu d'elle les principes fondamentaux de son architecture; elle lui offre en retour l'harmonie des proportions et les effets heureux d'une sage ornementation.

On ne saurait étudier l'archéologie égyptienne sans être frappé de l'existence de ce courant qui, traversant la mer Égée, commence au rivage africain pour aboutir à la rive hellénique, et qui plus tard, régnant en sens inverse, se dirige de la Grèce vers l'Égypte.

La fable, qui n'est qu'une forme allégorique de l'histoire, a symbolisé ce double courant d'influence par un double récit. Elle nous montre sous le règne de Sésostris (Ramsès II, dix-neuvième dynastie, première moitié du quatorzième siècle), un étranger du nom de Cécrops débarquant avec quelques compagnons sur les côtes de l'Attique où il aurait fondé Athènes.

Mille ans plus tard, sous le règne de Psométik I (le Psammithicus des Grecs), elle nous fait assister à l'événement inverse. C'est une bande de soldats grecs revêtus de leurs armures, qui abordent après un naufrage sur la côte égyptienne. Le roi auquel un oracle avait prédit qu'il serait vengé par des hommes de bronze de l'affront que lui avaient fait subir les onze rois confédérés qui partageaient le pouvoir avec lui, accueillit avec empressement ces réfugiés. Avec leur secours, il affermit sa puissance. De là la protection qu'il se plut à accorder aux étrangers, et l'amour tout particulier qu'il eut pour la Grèce, dont il fit, au dire de Diodore de Sicile, apprendre la langue à ses enfants.

Nous n'avons du reste nul besoin de cette assertion de la fable. L'étude des monuments nous suffit pour établir d'une manière définitive la filiation de l'architecture grecque. A première vue, nous constatons dans ses productions ce que je pourrais appeler un air de famille, avec les constructions égyptiennes ; mais si nous passons de l'ensemble aux détails, si nous examinons séparément la distribution des édifices, les colonnes qui les soutiennent, et les peintures qui les ornent, cette vague ressemblance s'accusera de plus en plus.

L'absence des lignes courbes est le trait caractéristique de l'architecture grecque et de l'architecture égyptienne. Nous avons dit ailleurs pourquoi cette dernière les bannissait. Nous avons établi que ce n'était pas par l'ignorance de la voûte, puisqu'on en rencontrait plusieurs exemples remontant à une époque fort reculée, mais par un sentiment d'harmonie générale. La nature en Égypte n'offre à l'œil que des lignes droites, verticales ou horizontales. Les monuments ne devaient pas faire exception et nous présenter des lignes courbes dont le contraste eut été saisissant. Les architectes égyptiens cherchaient d'ailleurs à donner à leurs constructions un caractère grandiose qui répugnait à la ligne courbe. La ligne droite n'a en quelque sorte pas de limites. L'œil la prolonge à ses deux extrémités aussi loin que le regard peut atteindre. La ligne courbe au contraire est forcément restreinte, l'œil ne saurait la prolonger sans faire un effort ; en tout cas son prolongement s'arrêterait brusquement au point où elle rencontrerait une autre plan.

Ce double motif d'exclusion pour la ligne courbe n'existait pas en Grèce. Là, l'horizon est restreint, circonscrit le plus souvent par une ceinture de collines et de montagnes. Si la mer baigne la rive, c'est en y dessinant une baie ou un golfe. Loin de proscrire la ligne courbe, la nature en Grèce semble l'avoir adoptée, de préférence à toute autre. La rareté de ses paysages d'autre part, n'écrasait pas l'œuvre de l'homme comme la majestueuse monotonie des paysages d'Égypte. Il n'y avait donc pas ici à lutter comme là, contre cet effet de rapetissement.

Le caractère trompeur des Grecs les porta, il est vrai, à mettre la ruse au service de l'art, et à remplacer la réalité des dimensions par l'illusion. Nous avons parlé ailleurs des procédés ingénieux qu'ils employèrent pour donner à leurs édifices une importance qui ne résultait pas de leurs propres dimensions. Mais cette tendance à l'agrandissement ne se constate que dans les monuments importants; les petits édifices, qui s'élevaient en si grand nombre, étaient construits avec plus de franchise : l'œil accusait la même longueur et la même élévation que la toise du maçon. Pour eux aussi, la proscription de la ligne courbe dont le motif indiqué ci-dessus peut rendre raison pour les grands édifices, reste à expliquer. L'art ne s'opposait point à son emploi. Les charmants temples circulaires que nous ont laissé les Romains nous en fournissent des preuves.

Les Grecs, je le répète, ont été en architecture beaucoup plus imitateurs que créateurs; ils n'ont innové de leur propre inspiration, que lorsque le manque absolu de modèles à imiter, leur en a fait une nécessité. Ils ont copié la forme rectangulaire et rectiligne des édifices égyptiens, et cette forme leur suffisant, ils n'ont point cherché à la modifier. Ils n'y ont apporté qu'un changement, contraints en cela par la différence du climat. La terrasse dallée des temples égyptiens ne pouvait convenir qu'à une région que l'eau du ciel n'arrose que rarement. Il fallait dans une contrée où le soleil se voile souvent de nuages, une pente sur la terrasse, que sa double inclinaison des deux côtés d'une arête changeait en un toit. Pour dissimuler ce toit, on exhaussa les corniches qui en masquaient les bords; on inventa le fronton qui cachait la hauteur de l'arête.

Le fronton terminait la façade d'une manière heureuse. Son emploi fut général. Il devint une partie essentielle de tout monument, alors même que l'absence d'une toiture lui retirait sa raison d'être. L'œil affecte une préférence pour les dispositions triangulaires. Si nous en cherchions le motif, nous le trouverions peut-être dans cette loi de la perspective, qui fait converger sur un point de l'espace toutes les lignes que notre regard embrasse. Ce besoin de concentration est en partie satisfait par l'ordonnance pyramidale. Le sommet du triangle est le point de contact des lignes convergentes. A ce point de vue, l'adoption du fronton est pleinement justifiée. Elle n'est pas le résultat d'un caprice de goût, mais l'expression du goût général des hommes.

Les façades grecques rappellent les façades égyptiennes par un autre point de vue, les unes comme les autres présentent une certaine inclinaison, et un certain amincissement dans la partie supérieure du fût des colonnes.

Des murailles pleines et des colonnes sont les seuls éléments dont dispose l'architecture grecque : ce sont les seuls qu'admettait l'architecture égyptienne. Dans l'une comme dans l'autre la solidité était la qualité la plus appréciée, mais la solidité apparente et tangible, résultant de la nature même de la construction, et non cette solidité d'équilibre, qui échappe à l'œil et que la durée du monument peut seule prouver. Dans les murailles massives, peu d'ouvertures qui nuiraient à leur stabilité. Pas de fenêtres : la lumière pénètre à l'intérieur par l'orifice supérieur, et par la baie de la porte. S'agit-il de relier une muraille à une autre, une colonne à une colonne, ou une colonne à une muraille, on a recours en Égypte à un lourd linteau de pierre qui reçoit une large dalle : on emploie en

Grèce le même procédé. Le type des styles est donc le même, et ce type, dégagé de tous les accessoires qui peuvent en modifier le caractère originel, consiste dans une masse nettement accentuée, massive comme tout ce qui est résistant, et se détachant avec netteté sur le fond qui l'entoure.

Nous avons vu que les monuments égyptiens étaient enduits d'un badigeon, pour en faire mieux ressortir la silhouette. La teinte jaune de la pierre se rapprochait trop de la nuance dorée du sable. On la remplaçait par une couleur foncée. Nous retrouvons en Grèce le même principe. Quoique construits en marbre du grain le plus fin, les chefs-d'œuvre de l'architecture grecque étaient recouverts d'un enduit de couleur. Le Parthénon était teinté de pourpre.

La colonne, en Grèce comme en Égypte, était non-seulement un ornement mais une nécessité de la construction. La portée restreinte des dalles, quelles que fussent d'ailleurs leurs dimensions, contraignait à multiplier les points d'appui. Nous avons vu comment les Égyptiens, partant du pilier carré, étaient arrivés à l'adoption de la colonne cylindrique, par l'emploi intermédiaire du pilier à pans coupés. Nous avons ajouté que quelques archéologues avaient surnommé ce type de pilier, colonnes protodoriques. Cette désignation indique, que dans leur pensée la colonne dorique en dérive. La colonne dorique est la vraie colonne grecque ; l'ordre à laquelle elle appartient est le plus ancien des trois qui furent adoptés en Grèce. A strictement parler, l'ordre ionique n'est pas un ordre d'architecture, puisqu'il n'a jamais été employé que pour les édifices de petites dimensions. Quant à l'ordre corinthien, il est relativement nouveau. C'est une dégénérescence de l'art grec ; il n'a pris naissance qu'à l'époque où le goût commençant à se corrompre, perdait le sentiment du beau, et le plaçait dans l'ornementation plus que dans l'harmonie des lignes. A raison de son ancienneté, comme à raison de la généralité de son emploi, l'ordre dorique peut donc être considéré comme type de l'architecture grecque. Réduisons-le ici à sa partie essentielle, à la disposition de la colonne qui lui est propre, et confrontons-le avec le style employé sous la onzième dynastie en Égypte. Dans ce dernier le fût manque de base, et, je pourrais presque dire, de chapiteau. Un simple abaque, en effet, termine le pilier protodorique ; dans la colonne dorique, le chapiteau existe, mais il ne consiste que dans une épaisse moulure. Il est réduit à sa plus simple expression, et complétement subordonné comme importance, à l'abaque dont il n'est, à la rigueur, que le complément. L'absence d'une base et d'un chapiteau est, comme je l'ai remarqué ailleurs, le caractère particulier du pilier protodorique ; elle est aussi le caractère particulier de la colonne dorique. L'analogie des fûts, présentant tous deux un nombre plus ou moins grand de facettes, vient compléter la ressemblance de ces deux colonnes.

En Égypte, le nombre des facettes a été porté de huit à seize, par un dédoublement des faces provenant de l'abattage des angles. En Grèce il a été jusqu'à vingt et vingt-quatre ; mais les plus anciens échantillons que nous en possédons, les fûts des colonnes de Sélinonte, en Sicile, n'en comptent également que seize.

La colonne dorique n'est pas, du reste, la seule dont les Grecs ont emprunté l'idée aux Égyptiens. Le temple de Minerve, construit à l'acropole d'Athènes, présente le plus ancien modèle de cariatides. Quatre statues représentant les femmes de Carie, traitées en esclaves après la prise de la ville révoltée, en supportent la corniche. L'imagination des Grecs, toujours au service de leurs passions, avait su trouver dans l'amour de la vengeance qui leur était commun, un charmant motif de décoration. L'idée était ingénieuse à tous les points de vue. Ils voulaient infliger un éternel affront aux habitants de la péninsule qui s'étaient soulevés ; ils ont immortalisé leur défaite par l'érection de ce grand édifice. Qui se souviendrait sans lui de l'obscure petite ville de Carie? Ils voulaient enfin introduire un élément nouveau dans l'architecture nationale ; nous connaissons tous le parti que les arts en ont tiré.

Le pilier cariatide est d'origine grecque, nous ne

saurions le contester; mais il est, selon moi, d'inspiration égyptienne. Il n'est que l'imitation heureuse du pilier osiriaque. Les palais du Ramesseeon et de Medinet-Abou, ainsi que les temples de Karnac et d'Ibsamboul, nous montrent que l'usage de ce dernier était assez répandu sur les rives du Nil. C'était un pilier carré, sur une face duquel était adossée une statue d'Osiris, dans la pose consacrée : les pieds joints, les bras croisés sur la poitrine, les mains tenant la crosse et le martinet, et la tête couronnée du pschent. La statue, toutefois, quoique sculptée dans le même bloc que le pilier, en était indépendante; elle faisait saillie sur lui, et n'augmentait point sa force. La statue du monstre Typhon remplaça, à une époque plus récente, la statue d'Osiris sur les piliers; elle constitua une variété du pilier osiriaque, mais comme les exemples connus ne datent que de l'époque grecque, nous n'avons pas à nous en occuper ici. Dans le pilier cariatide nous ne remarquons pas deux parties distinctes, le pilier et la statue, l'un et l'autre sont confondus; c'est la statue qui sert de pilier, c'est le pilier qui fournit la matière de la statue. La différence est importante. L'idée est la même, mais rendue d'une manière plus élégante, elle semble une idée neuve; elle est originale par la forme, elle ne l'est pas par le fond.

Ce qui constitue le style, ce sont les traits principaux d'un monument, sa décoration pure et simple, celle qui n'est pas commandée par la disposition même de l'édifice, n'en fait pas partie. Les colonnes contribuent à l'ornementation d'une construction, mais, en étant une partie essentielle, elles doivent être considérées comme un élément fondamental du style. Il en est de même pour le revêtement de peinture, qui couvre les façades, et qui doit accentuer la forme générale de l'édifice. Il n'en est pas de même, au contraire, pour les peintures destinées à décorer une seule partie du monument, et dont l'effet ne s'applique qu'à un point isolé. C'est ainsi que nous n'avons pas à nous occuper ici, d'un certain nombre d'ornements particuliers que leur emploi répété semble pourtant rattacher intimement au style grec. L'un des plus caractéristiques est celui qui porte le nom, même significatif, de grecque. Il se compose d'une ligne brisée à angles droits, et dessinant de capricieux méandres. C'est le seul que je mentionne en passant, car il n'est que la copie des dessins qui couvrent les voûtes des tombeaux de Beni-Hassan, dans la moyenne Égypte.

Nous pouvons pousser plus loin encore cette assimilation du style grec et du style égyptien, et trouver une preuve de plus de la filiation de l'un par l'autre, dans la comparaison de la distribution des temples dans ces deux pays. Les différences de religion, se traduisant par des différences de culte, devaient faire varier la place des édifices consacrés à la divinité.

C'est ainsi que la religion grecque, dont le sensualisme était la base, était servie par un culte extérieur et matériel. La religion égyptienne dont les données fondamentales étaient, comme nous l'avons dit, les diverses manifestations de la divinité subdivisée en trois êtres distincts, et l'idée de la rédemption, avait, au contraire, dicté à ses adeptes un culte de mystère et de muette adoration. Là, il fallait la clarté du soleil pour donner aux cérémonies religieuses un éclat de plus. Ici il fallait l'obscurité pour les rendre plus recueillies. Aussi, le temple grec ne contient qu'une salle, la cella, inondée de lumière, au fond de laquelle se dresse la statue du dieu. Parfois, derrière la cella, mais indépendante d'elle, une seconde salle, l'opisthodome à laquelle on arrivait par la façade postérieure ; on y gardait les objets précieux que la sainteté du lieu devait protéger contre des mains sacrilèges. Le temple égyptien renferme une série de pièces où la clarté décroît progressivement ; la dernière est le sanctuaire, où est pieusement déposée l'image de la divinité. Les regards profanes ne sauraient y pénétrer. Les ténèbres, l'isolement et le silence prédisposent le peuple à la vénération.

Les deux cultes procèdent d'un principe opposé, mais on sent l'emprunt que l'un a fait à l'autre, dans ce fait étrange qu'à l'imitation du sanctuaire obscur de l'Égypte, la cella éclairée de la Grèce ne reçoit pas le jour par une fenêtre. Le respect de l'imitation a fait adopter, dans la construction des temples, une disposition contradictoire avec elle-même. La cella est éclairée par sa partie supérieure, mais vue extérieurement elle paraît devoir être sombre. Elle l'était bien parfois, comme à l'Érechtheion d'Athènes, où la statue de Minerve n'était éclairée que par la lueur de la lampe d'or due à Callimaque, ce n'était là, toutefois, qu'une exception.

Sur certains points pourtant, les cultes de Jupiter et d'Ammon se rapprochaient l'un de l'autre. Tous deux admettaient la pompe des longues processions, où le peuple marchant derrière le prêtre, cessait un moment d'être simple spectateur pour jouer un rôle secondaire dans la cérémonie. Dès que les deux cultes se rapprochent, la disposition des temples devient analogue. En Grèce comme en Égypte, des longues colonnades déterminent le parcours des processions. Ces colonnades, en Égypte, s'allongent le long des murs élevés qui dominent la cour d'honneur. C'est à leur ombre et derrière leurs murailles, qui, semblables à celles d'un cloître, isolent de tout aspect et de tout bruit extérieur le terrain qu'elles entourent, que défile la procession. Les assistants seuls peuvent en admirer le spectacle grandiose. Le culte semblerait profané s'il se célébrait en public; il ne doit montrer ses cérémonies qu'aux familiers du temple. C'était appliquer à la divinité le sentiment que l'Orient professe de nos jours encore à l'égard de la femme, qui ne doit point sortir du harem, et ne laisser voir ses traits qu'aux membres de sa famille.

En Grèce, où tout sentiment de réserve est inconnu, les processions sont publiques; les colonnades qu'elles parcourent sont extérieures au lieu d'être intérieures; elles contournent les façades des temples. C'est la colonnade égyptienne qui, au lieu de s'avancer devant le temple, est rabattue sur ses deux côtés. La disposition en est simplement renversée. L'effet produit en diffère pourtant essentiellement. Au lieu de la massive construction du temple égyptien, que la cour à colonnade intérieure vient allonger de toute la dimension de ses murs, la cella entourée de colonnes, qui masquent sa forme primitive, gagne de la grâce et de la légèreté. Ici encore les architectes grecs, guidés par le sentiment de l'élégance des formes, ont su tirer un merveilleux parti du vieux modèle qu'ils avaient sous les yeux. Ils ont en quelque sorte démonté pièce par pièce le temple de l'antique Égypte et en le réédifiant ils ont changé la place respective de chacune d'elles. Ils ont accompli le travail du joaillier qui confectionne un bijou dans le goût du jour avec les gemmes d'un bijou démodé. Les pierres sont toutes les mêmes; l'ajustement qui, seul diffère, suffit pour en changer l'aspect.

Nous rencontrons en Égypte un certain nombre de temples qui se rapprochent davantage du temple grec que ceux dont j'ai brièvement indiqué le plan. Ceux de Denderah, d'Esneh, d'Edfou, pour ne citer que les plus célèbres présentent un portique. Le Typhonium, aussi à Denderah, et le petit temple d'Isis à l'île de Philœ, sont même entourés d'une colonnade extérieure. Mais, nous occupant ici, de l'influence que l'architecture égyptienne a exercée sur l'architecture grecque, nous devons laisser de côté tous les monuments postérieurs au nouvel empire, c'est-à-dire postérieurs à la fondation de l'art architectural grec, et ceux-là sont du nombre. Les monuments qui ne sont pas antérieurs aux Saïtes (vingt-sixième dynastie), présentent avec les monuments grecs une analogie de plus en plus marquée. Mais l'art grec avait à cette époque atteint son complet développement; il n'existait plus : il vivait de son existence propre. C'est le moment où, contrairement à ce qui avait lieu précédemment, les artistes égyptiens s'inspiraient des œuvres des artistes grecs; l'analogie que présentent les monuments à cette époque, loin de venir comme précédemment de l'influence de l'Égypte sur la Grèce, venait de l'influence grecque sur l'Égypte. Le courant avait changé de direction. — Ce serait donc tomber dans une grave erreur que de vouloir pour établir par un point de ressemblance de plus, la filiation de l'art grec par l'art égyptien, invoquer la conformité des monuments postérieurs au nouvel empire : ce serait prendre l'effet pour la cause.

Il nous reste à parler d'un genre de monuments particuliers aux peuples de l'antiquité : les portes d'honneur. Les arcs de triomphe doivent en être le dérivé; mais tandis que ceux-ci forment une construction complète par eux-mêmes, celles-là n'étaient qu'un édifice accessoire. Elles se rattachaient, non pas toujours matériellement par un mur, mais au moins par l'effet de l'ensemble, soit à un monument seul, soit à un groupe de monuments. Ces portes dont l'Égypte était amplement pourvue, qui décoraient, au dire d'Hérodote, au nombre de cent, la cité célèbre de Thèbes, assertion que ne dément point l'aspect de ses ruines immenses, sont désignées sous le nom de pylones (πύλων, porte). Elles se retrouvent en Grèce sous le nom de propylées. Mais tandis qu'en Égypte, elles se dressent devant chaque temple et devant chaque palais, souvent sur plusieurs files, et devant chaque façade, en Grèce elles ne s'élèvent que sur un point; la construction qu'elles forment n'y est jamais répétée. L'importance qui leur est donnée, ne serait pas en rapport avec les dimensions d'un seul édifice. Les propylées ne décorent que les enceintes plus ou moins vastes, consacrées tout entières à une divinité, et où temples et sanctuaires, colonnes et statues se pressent confondus. Les acropoles, sont dans ce cas ; la traduction habituelle du mot par celui de citadelle, nous porte à les considérer comme un lieu retranché et dont l'aspect doit rappeler la guerre plus que la religion. L'acropole dominait la cité, servait de refuge à ses habitants et d'abri à ses soldats, la muraille qui l'entourait, crénelée et flanquée de tours, constituait sa seule défense. Son enceinte était consacrée au dieu protecteur de la ville : un temple lui était dédié ; et autour de ce temple principal, la dévotion du peuple en érigeait une série d'autres. L'acropole était le quartier sacré de la ville ; dont elle était séparée par un mur : les propylées en étaient l'entrée.

Les pylones et les propylées étaient construits dans le style des temples qu'ils accompagnaient. En Égypte leur façade était massive et unie comme celles de tous les monuments. En Grèce elle était ornée de colonnes, comme le péristyle des temples. Nous ne saurions constater aucun rapport dans leur décoration. Il nous faut néanmoins reconnaître que les uns ont été inspirés par les autres. C'est ici encore, la répétition de la même idée sous une forme différente.

Notons enfin pour terminer ce parallélisme entre l'architecture grecque et égyptienne, la ressemblance que la statuaire de ces deux pays nous présente. Il ne peut évidemment être ici question que des échantillons les plus anciens que nous possédons de la statuaire grecque, jetons un coup d'œil sur les planches insérées dans les *Chefs-d'œuvre de l'art antique* (2⁸ série, tome 4, Paris 1868).

Nous y trouverons la reproduction de la statue archaïque d'Apollon qui a été découverte à Ténée, non loin de Corinthe et de Sicyone, et que possède la glyptothèque de Munich. Le type et le style s'en retrouvent dans une statuette de bronze argienne, passée de la collection Pourtalès au musée de Saint-Pétersbourg, et dans le fragment d'un colosse que M. Fr. Lenormant a exhumé à Mégare. Le dieu est représenté debout, les bras pendants et collés au corps : c'est le type égyptien. Ces quelques spécimens nous permettent de nous faire une idée de la manière dont l'école de Sicyone, une des plus anciennes de la Grèce, traitait les sujets.

Les anciennes écoles de Samos et de Chios, de l'une desquelles doivent relever les statues du temple d'Apollon Didyméen (voir l'ouvrage indiqué ci-dessus), à Branchides, près de Milet, trouvées par M. Newton, et transportées au musée britannique, suivaient la même méthode, ces statues de femmes ont une des poses habituelles aux statues égyptiennes. Elles sont assises sur un siége élevé : le buste est droit, les jambes sont l'une auprès de l'autre, les bras allongés en avant, les mains sur les genoux. Elles bordaient une avenue qui précédait le temple, et qui

semble rappeler les allées de sphinx et de béliers de la vieille Égypte. La tête fait malheureusement défaut. Quoique M. Lenormant y voie une étonnante ressemblance avec le petit nombre de statues de ronde bosse extraites des ruines de Ninive ; quoique M. de Longpérier pense que « lorsque les Grecs entrèrent en
« rapport avec les Assyriens, avec les Phéniciens leurs
« voisins, les Pélasges et les Hellènes avaient tout à
« apprendre en fait de beaux-arts, et il était naturel
« qu'ils se laissassent pénétrer par les principes de
« gens plus habiles et plus expérimentés ; » quoique enfin le célèbre bas-relief du musée d'Athènes, connu sous le nom de Guerrier de Marathon, dû au ciseau d'Aristoclès, le frère aîné de Canachus, de l'école dorienne, présente des caractères assyriens très-marqués, je préfère m'appuyer sur le passage suivant de Diodore dont mes observations particulières semblent confirmer l'exactitude.

« Les Égyptiens, nous dit cet auteur, réclament comme leurs disciples, les plus anciens sculpteurs grecs, surtout Téléclès et Théodore, tous deux fils de Ræcus, qui exécutèrent pour les habitants de Samos, la statue de l'Apollon pythien[1] ; » et cette assertion est encore appuyée par un passage de Galien, dont la portée, sinon le sens, a longtemps échappé à ses tra-

[1] Ces deux sculpteurs vivaient au huitième siècle avant notre ère.

ducteurs. Pour le comprendre, rappelons-nous les détails qui précèdent sur la longueur du médius, unité de mesure pour les différentes parties du corps humain chez les Égyptiens. « Il pense (dit Galien en parlant de Chrysippe) que la beauté consiste non dans la convenance des éléments (le froid et le chaud, l'humide et le sec), mais dans l'harmonie des membres, savoir, dans le rapport du *doigt* avec le *doigt*, des doigts avec le métacarpe et le carpe, de ces parties avec le cubitus, du cubitus avec le bras, et de tous ces membres avec l'ensemble du corps, ainsi qu'il est écrit dans *le canon de Polyclète.* »

Cette ingénieuse interprétation d'un texte obscur est due à M. Ch. Blanc, qui a consacré, dans son remarquable ouvrage intitulé *Grammaire des arts du dessin*, un intéressant chapitre à l'identité des proportions du corps humain dans les préceptes de l'art égyptien et de l'art grec.

« Perfectionnant le système tracé par un autre sculpteur fameux, Pythagore de Rhégium, Polyclète, écrit-il, avait composé un tracé sur les proportions du corps humain, et pour joindre l'exemple au précepte, il avait traduit en marbre ses propres leçons. La statue qu'il modela pour expliquer son écrit, et qui fit l'admiration de toute la Grèce, représentait un garde du roi de Perse, armé d'une lance, un *doryphore*. A cette figure normale, Polyclète donna le même nom qu'à son livre, le *canon*, c'est-à-dire la règle par excellence. Mais quelle était la loi des proportions. Voilà ce que l'on ne savait point et voilà ce qui est pourtant expliqué clairement pour nous dans un passage de Galien. »

On ne saurait douter, après les vérifications faites par M. Blanc, que l'unité de mesure, ou, pour mieux dire, le commun diviseur de toutes les parties du corps, ne fût en Grèce comme en Égypte, la longueur du médius. Écoutons-le encore parler:

« Il est malaisé sans doute de vérifier ces mesures sur les statues antiques, puisque la plupart sont mutilées et que leurs doigts sont presque toujours des restaurations modernes ; mais comme la règle égyptienne nous le montre, le médius est égal à la hauteur de la cheville interne, à la longueur du genou, à la distance de la base du nez au pli des frontaux, et l'une ou l'autre de ces mesures étant faciles à prendre, nous avons pu les comparer à celles du canon égyptien, et voici le résultat de nos opérations.

« En mesurant les figures archaïques du temple d'Égine et les plus anciennes statues grecques du Louvre, telles que l'*Athlète* et l'*Achille*, nous avons trouvé justes toutes nos mesures, mais seulement quand nous avons mesuré les longueurs déterminées par des os. La distance du nombril aux pectoraux est la seule qui ne soit point exacte. Dans le modèle égyptien, cette distance est de trois médius ; dans toutes les figures dont nous parlons, elle est moindre ; mais il faut observer que lorsque l'homme s'affaisse sur lui-même ou s'allonge en se roidissant, ce sont les parties molles qui seules se prêtent, par leur élasticité, au raccourcissement ou à l'extension du corps. La différence que nous avons constatée dans la distance du nombril au creux de l'estomac, s'explique donc naturellement par la position droite et roide du modèle égyptien, comparée à celle des autres figures qui portent toutes, plus ou moins sur une hanche, et ne sont jamais dans la pose d'un homme que l'on mesure. »

Cette identité de proportions se retrouve dans les corps des animaux comme dans le corps de l'homme. On raconte de Phidias, que d'après l'ongle d'un lion, il détermina la taille et les proportions de l'animal. Un lion égyptien divisé en dix-neuf parties comme le modèle humain, a pour unité de mesure son ongle le plus long, celui qui répond exactement au médius de l'homme.

Ces différents rapprochements établissent à nos yeux d'une manière indiscutable, la génération de la statuaire grecque par la statuaire égyptienne. L'on ne saurait objecter que toutes deux, reposant sur un rapport constant des parties du corps humain entre elles, devaient présenter forcément cette exactitude : elles auraient pu présenter une très-grande ressemblance, mais elles n'auraient pu aboutir à cette merveilleuse similitude : le point de départ peut en effet varier ; la base de ces proportions est le type idéal de l'homme, et ce type peut présenter quelques légères variantes dans toutes les conceptions qui en sont faites : ces variantes entraîneraient forcément une légère différence dans la mesure des rapports. Arrêter un point de départ était une chose si délicate et si difficile, que les Égyptiens seuls y sont parvenus. Et quand il fut perdu, les Grecs essayèrent de le retrouver, quoiqu'ils eussent le modèle de Philoclète sous les yeux. Rome et le moyen âge n'y réussirent pas, puisqu'ils suivirent les préceptes de Vitruve qui ne sont pas aussi exacts. Cette unité de mesure n'a été retrouvée que de nos jours. Il n'est certes pas impossible que Philoclète ait conçu l'idéal de l'homme identiquement à l'idéal admis par les Égyptiens. Mais, je le répète, il est beaucoup plus simple d'admettre, au lieu de ce hasard merveilleux, qu'il a eu connaissance des canons égyptiens. Les différentes considérations qui précèdent, permettent d'admettre seule cette hypothèse.

C'est un argument de plus à ajouter à ceux qui précèdent pour prouver l'influence de l'art égyptien sur l'art grec, et qui peuvent se résumer dans l'identité du type du style grec avec le type du style égyptien; dans l'emploi exclusif des lignes droites, dans la coloration des façades extérieures, dans la ressemblance des piliers protodoriques et osiriaques, avec les colonnes doriques et les cariatides ; dans la disposition des temples et des portes monumentales, enfin, dans le style des anciennes sculptures.

Les études qui précèdent sur l'architecture égyptienne, en ont fait ressortir à nos yeux les qualités fondamentales, qui sont la puissance, la grandeur et l'originalité : elles constituent ce que je pourrais appeler sa valeur intrinsèque. Ce n'est pas la seule qu'elle doit avoir à nos yeux. Elle est la source de l'architecture grecque, et par elle, le fondement des architectures romane et byzantine, qui ne sont que les fleurs des divers rameaux de ce tronc séculaire. Elle est à proprement parler une architecture-mère : celles qui sont sorties de son type, en rehaussent le mérite. La beauté de l'architecture grecque doit faire mieux ressortir celle de l'architecture égyptienne, et ce rapport de filiation entre l'une et l'autre, que l'étude des monuments de la vallée du Nil fait si nettement ressortir, est important sous le double point de vue de l'histoire générale de l'art, et de l'histoire particulière du peuple égyptien. C'est un fleuron de plus de retrouvé de la couronne encore incomplète du vieil empire d'Égypte.

TABLE

Avant-propos. 1

Chap. Ier. L'architecture égyptienne. 5

— II. Marche de l'art en Égypte. 18

— III. Matériaux et mode de construction. 37

— IV. Caractères distinctifs des monuments aux grandes époques de l'art. 64

— V. Tombeaux. 107

— VI. Temples. . . . . 2`0

— VII. Palais. 261

— VIII. Sculpture et peinture. 277

— IX. Rapports de l'architecture grecque avec l'architecture égyptienne 314

PARIS. — IMP. SIMON RAÇON ET COMP., RUE D'ERFURTH, 1.

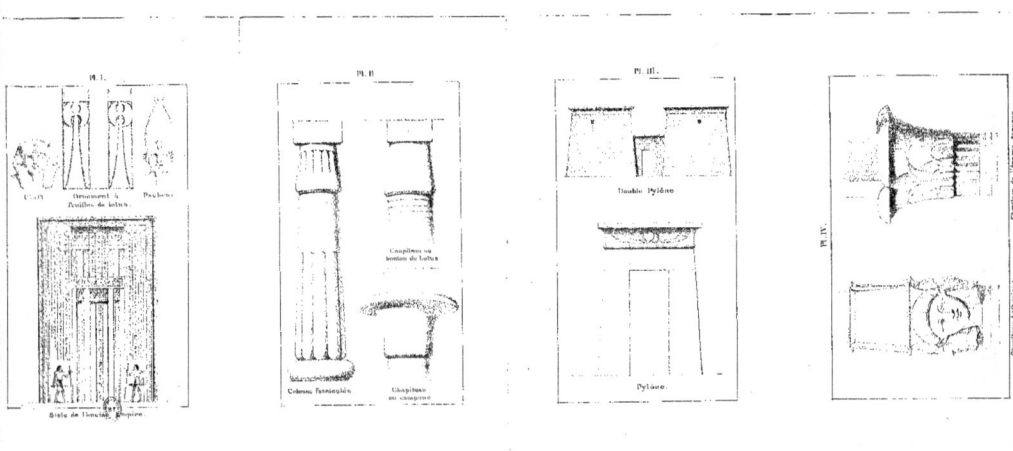

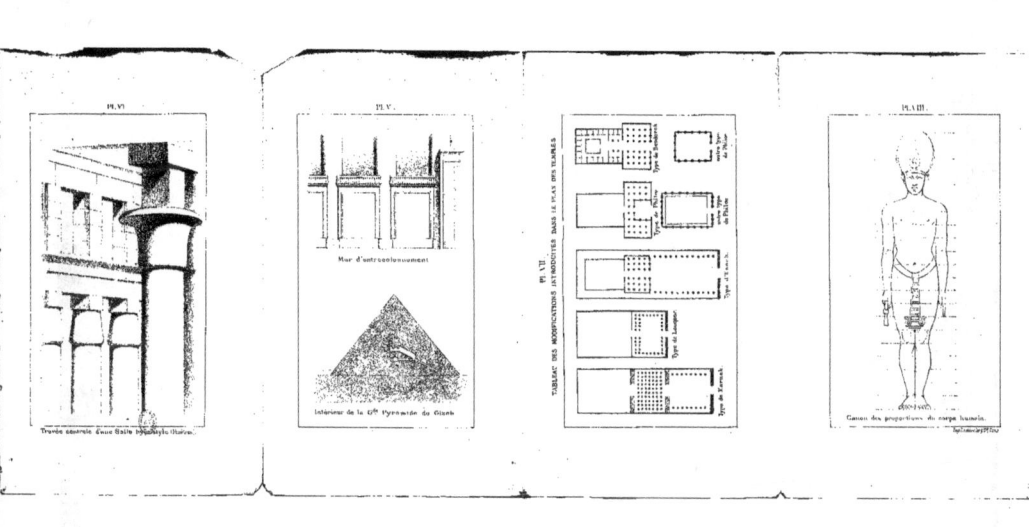

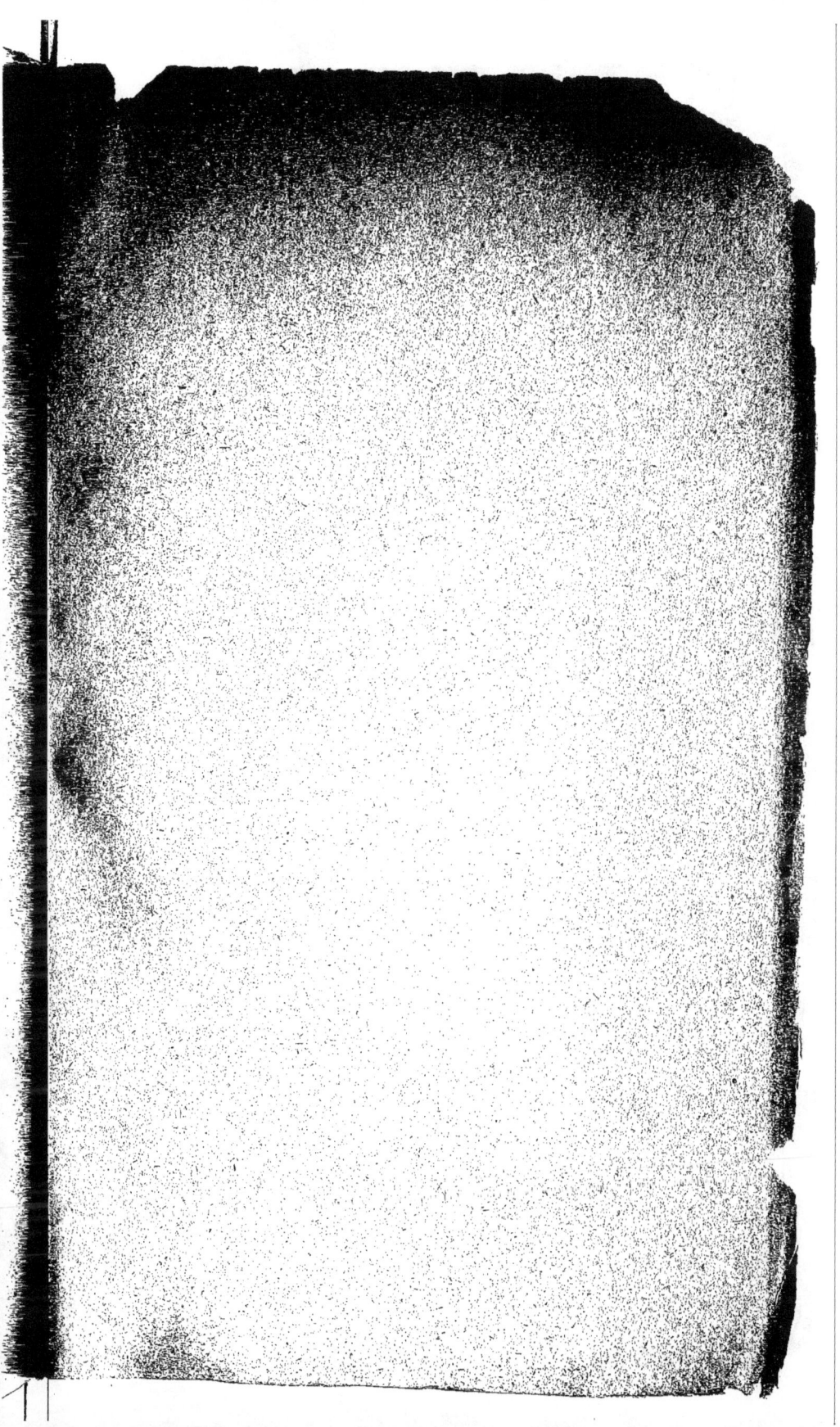

www.ingramcontent.com/pod-product-compliance
Lightning Source LLC
Chambersburg PA
CBHW050807170426
43202CB00013B/2591